Língua portuguesa: história e formação

SÉRIE POR DENTRO DA LÍNGUA PORTUGUESA

Maria Lúcia de Castro Gomes

Língua portuguesa: história e formação

inter saberes

Rua Clara Vendramin, 58 . Mossunguê
CEP 81200-170 . Curitiba . PR . Brasil
Fone: (41) 2106-4170
www.intersaberes.com
editora@intersaberes.com

Conselho editorial Dr. Alexandre Coutinho Pagliarini Dr.ª Elena Godoy Dr. Neri dos Santos M.ª Maria Lúcia Prado Sabatella	**Preparação de originais** Ana Maria Ziccardi **Edição de textos** Palavra do Editor
Editora-chefe Lindsay Azambuja	**Capa** Luana Machado Amaro (*design*) Washdog e Kwangmoozaa/ Shutterstock (imagens)
Gerente editorial Ariadne Nunes Wenger	
Assistente editorial Daniela Viroli Pereira Pinto	**Projeto gráfico** Raphael Bernadelli (*design*) Charles L. da Silva (adaptação)
	Diagramação Estúdio Nótua
	Designer responsável Luana Machado Amaro
	Iconografia Regina Claudia Cruz Prestes

1ª edição, 2023.
Foi feito o depósito legal.

Informamos que é de inteira responsabilidade da autora a emissão de conceitos.

Nenhuma parte desta publicação poderá ser reproduzida por qualquer meio ou forma sem a prévia autorização da Editora InterSaberes.

A violação dos direitos autorais é crime estabelecido na Lei n. 9.610/1998 e punido pelo art. 184 do Código Penal.

Dados Internacionais de Catalogação na Publicação (CIP)
(Câmara Brasileira do Livro, SP, Brasil)

Gomes, Maria Lúcia de Castro
  Língua portuguesa : história e formação / Maria Lúcia de Castro Gomes. -- Curitiba : Editora Intersaberes, 2023. -- (Série por dentro da língua portuguesa).

Bibliografia.
ISBN 978-65-5517-056-6

1. Língua portuguesa - História I. Título. II. Série.

22-134675   CDD-469.09

Índices para catálogo sistemático:

1. Língua portuguesa : História 469.09
        Cibele Maria Dias - Bibliotecária - CRB-8/9427

Sumário

Apresentação, 9

Como aproveitar ao máximo este livro, 15

(1) Fatos históricos na origem do português: gênese, formação, evolução e diversificação, 19

(1.1) A gênese: pré-romance galaico e protorromance galego, 24

(1.2) A formação: romance galego-português, 28

(1.3) A evolução: português pré-clássico e português clássico, 35

(1.4) Da diversificação ao português europeu contemporâneo, 39

(1.5) Da diversificação ao português brasileiro contemporâneo, 41

(1.6) Da diversificação às outras variedades do português, 46

(2) A evolução da língua e as características dos diversos ciclos de formação, 59

(2.1) Do latim ao português: as questões fonético-fonológicas, 64

(2.2) Do latim ao português: as questões morfológicas e sintáticas, 88

(2.3) Do latim ao português: as questões do léxico, 99

(3) O português brasileiro: uma multiplicidade de línguas, 109

(3.1) O português do Brasil: o multilinguismo a partir das línguas indígenas e africanas, 112

(3.2) A influência das línguas e culturas dos imigrantes europeus e asiáticos sobre o português brasileiro no século XX, 122

(3.3) Português ou brasileiro: que língua falamos?, 135

(3.4) A tese do conservadorismo, 139

(4) O português brasileiro: características especiais, 149

(4.1) Aspectos fonético-fonológicos do português brasileiro, 152

(4.2) Aspectos morfológicos e sintáticos do português brasileiro, 172

(4.3) Aspectos lexicais do português brasileiro, 198

(5) Estandardização, norma, variação e ensino, 229

(5.1) A estandardização da língua, 232

(5.2) A instituição de uma norma "brasileira", 239

(5.3) A variação que vivemos, 247

(5.4) Norma, variação e ensino, 255

(6) Língua portuguesa hoje e amanhã, 265

(6.1) A linguagem politicamente correta, 268

(6.2) A linguagem neutra, 273

(6.3) O português brasileiro em Portugal, 277

(6.4) Lusofonia, 281

(6.5) O português para falantes de outras línguas e o Exame Celpe-Bras, 284

(6.6) Políticas linguísticas, 289

Considerações finais, 301

Glossário, 305

Referências, 309

Bibliografia comentada, 321

Respostas, 325

Sobre a autora, 327

Apresentação

Quero iniciar este texto falando do meu contentamento quando recebi o convite da Editora InterSaberes para escrever este livro. Já havia escrito dois – o primeiro, em parceria com a amiga Luzia, fazia parte de uma coleção para um curso de Metodologia do Ensino de Língua Portuguesa e Estrangeira, com o título *Estudos linguísticos: dos problemas estruturais aos novos campos de pesquisa* (Dias; Gomes, 2015). O segundo, intitulado *Metodologia do ensino de Língua Portuguesa* (Gomes, 2015), foi um livro que me deu, e continua dando, muitas alegrias, pois tem uma boa aceitação na área da educação. Ocasionalmente, alguma professora ou professor entra em contato comigo para falar do livro, pedir alguma orientação, trocar ideias. Esses livros foram lançados em 2008 e 2007, respectivamente. O primeiro foi escrito antes, mas lançado depois do segundo e, em 2015, os dois livros passaram por uma revisão e uma ampliação. Foi uma experiência incrível poder reler, fazer pequenas correções, atualizar os temas.

Faço essa introdução porque tenho, mais uma vez, a oportunidade de retomar temas importantes apresentados naquelas obras, mas, agora, com um enfoque diferente – uma abordagem histórica. Falar da história de uma língua, da nossa língua, é entrar numa miríade de temas que nos deixam ora felizes, ora muito deprimidos, pois aprendemos sobre fatos interessantes da nossa ancestralidade, mas escancaramos as atrocidades históricas. Lidamos, em muitos momentos, com temas polêmicos que nos forçam a tomar posições. Nem sempre deixo explícita minha posição, mas as palavras nunca são isentas, sempre carregam nossas marcas, nossas ideias.

Quando recebi o convite para escrever o livro, a primeira decisão que tomei foi visitar o Museu da Língua Portuguesa, que tinha sido recém-reinaugurado depois de um incêndio em 2015. O museu é maravilhoso e de lá tirei muitas ideias para os temas aqui desenvolvidos. Logo no primeiro vídeo apresentado aos visitantes, ouvi uma frase que me tocou muito: a língua nos dá um superpoder! Lembrei-me, naquele momento, das palavras de Steven Pinker, em seu fascinante livro *O instinto da linguagem*. Já citei as palavras de Pinker em outra obra (Dias; Gomes, 2015), mas o vídeo no museu me fez voltar a elas: o ser humano tem uma habilidade incrível de criar eventos nos cérebros de outros seres humanos com admirável precisão. Pinker chama esse poder de *milagre*, o milagre do instinto da linguagem (Pinker, 2000a), o superpoder da linguagem!

Nos livros anteriores, abordamos o superpoder da linguagem no sentido da aquisição, da produção e da percepção. Aqui, vamos tratar do superpoder da variação e da mudança, da heterogeneidade por meio dos caminhos que a língua percorre, tomando diferentes rumos, produzindo outras línguas. Vamos tratar também de ideias e atitudes, atitudes dos homens que definem esses caminhos, que influenciam esses rumos. Ideias e atitudes que, muito frequentemente, geram conflitos, polêmicas. E, verdade seja dita, polêmica vai ser o tema central desta história!

Do que, então, vamos tratar? No Capítulo 1, examinamos os fatos históricos que moldaram a formação da língua portuguesa, desde a chegada dos romanos à Península Ibérica, mais especificamente à região noroeste da península, onde hoje se situam a Galiza (comunidade autônoma da Espanha) e o norte de Portugal. Analisamos os fatos históricos que levaram os romanos a essa região, bem como sua queda com os domínios bárbaros, a dominação árabe e o período de Reconquista. Na sequência, abordamos a expansão marítima e a diversificação da língua na América, na África e na Ásia. Voltamos nosso foco também para os fatos históricos no Brasil e a formação do português brasileiro.

Se, no primeiro capítulo, enfatizamos os fatos históricos, no Capítulo 2, destacamos a língua, igualmente sob uma perspectiva histórica. Descrevemos as características dos diversos ciclos de formação do português: latim, galego-português, português clássico e português contemporâneo. Discorremos sobre questões fonético-fonológicas, morfológicas, sintáticas e lexicais, e sobre as inovações do galego, do português europeu e do português brasileiro.

O multilinguismo é o tema do Capítulo 3, dedicado à discussão sobre muitas questões polêmicas relacionadas à formação do português brasileiro: Qual o papel da multiplicidade de línguas indígenas e africanas na formação da nossa língua? Houve ou não uma língua crioula no Brasil? Qual a influência das línguas e das culturas dos imigrantes que para cá vieram a partir do final do século XIX? Falamos português ou brasileiro? O português brasileiro é uma língua mais antiga do que o português europeu? A maioria dessas questões não têm repostas definitivas, mas estão pautadas em posicionamentos teóricos que, às vezes, se aproximam e, muitas vezes, se colidem.

No Capítulo 4, descrevemos características especiais do português brasileiro, retomando a inovação abordada no Capítulo 2, mas com mais detalhes. Analisamos as questões fonético-fonológicas, morfológicas, sintáticas e lexicais específicas do português brasileiro. Principalmente nas análises morfológicas e sintáticas, o tom adotado pode ser sintetizado pela seguinte indagação: Por que é errado se é assim que funciona para nós, brasileiros?

Considerando toda a diversidade dos elementos específicos do português brasileiro, no Capítulo 5, contamos a história da estandardização da língua e questionamos o estabelecimento de uma norma com base no padrão europeu. Discutimos a variação que vivemos e relacionamos toda a diversidade à norma e ao ensino. Também é um capítulo cheio de polêmicas!

No Capítulo 6, colocamos em destaque mais algumas polêmicas, essas mais recentes. Tratamos da linguagem inclusiva, abordando a linguagem politicamente correta e a linguagem neutra, temas mais do que controversos. Polêmicos também são o conceito de lusofonia e a posição de Portugal em relação ao português nas ex-colônias. Esse tema remete à pretensão de internacionalização da língua portuguesa em tempos de globalização e inclusão digital. Encerramos nossas reflexões pensando no futuro da língua portuguesa, com o foco em políticas linguísticas.

O objetivo da obra é apresentar um panorama tanto da história como do momento atual da língua portuguesa. Pretendemos aqui informar, entreter, fazer refletir! Embora o público-alvo sejam professores em formação e em exercício, acreditamos que o livro possa ser útil a todas as pessoas que se interessam pela língua e pela história. Entendemos que, mesmo nos pontos em que as questões mais técnicas são discutidas, como nos Capítulos 2 e 4, em que se descrevem dados estruturais da língua, a linguagem é bastante acessível. Aqueles termos mais específicos estão no glossário que consta ao final do livro, para auxiliar na compreensão de todos os temas discutidos.

Esperamos, cara leitora, caro leitor, que a leitura deste livro seja útil e agradável, mas que também deixe muitas questões para reflexão sobre a nossa língua portuguesa... Ou seria brasileira?

Como aproveitar ao máximo este livro

Empregamos nesta obra recursos que visam enriquecer seu aprendizado, facilitar a compreensão dos conteúdos e tornar a leitura mais dinâmica. Conheça a seguir cada uma dessas ferramentas e saiba como estão distribuídas no decorrer deste livro para bem aproveitá-las.

Introdução do capítulo

Logo na abertura do capítulo, informamos os temas de estudo e os objetivos de aprendizagem que serão nele abrangidos, fazendo considerações preliminares sobre as temáticas em foco.

Curiosidade

Nestes boxes, apresentamos informações complementares e interessantes relacionadas aos assuntos expostos no capítulo.

Síntese

Ao final de cada capítulo, relacionamos as principais informações nele abordadas a fim de que você avalie as conclusões a que chegou, confirmando-as ou redefinindo-as.

Atividades de autoavaliação

Apresentamos estas questões objetivas para que você verifique o grau de assimilação dos conceitos examinados, motivando-se a progredir em seus estudos.

Atividades de aprendizagem

Aqui apresentamos questões que aproximam conhecimentos teóricos e práticos a fim de que você analise criticamente determinado assunto.

Bibliografia comentada

Nesta seção, comentamos algumas obras de referência para o estudo dos temas examinados ao longo do livro.

(1)

Fatos históricos na origem do português: gênese, formação, evolução e diversificação

A formação de uma língua é um processo complexo e de longo tempo. É complexo porque depende de incontáveis variáveis desde a sua gênese até o seu desaparecimento e a formação de novas línguas. As variáveis estão relacionadas à interação entre povos, à relação de dominação, aos contextos sociais e culturais. O processo é demorado e constituído por muitos estágios. A língua portuguesa passou por vários períodos até se transformar no conjunto de variedades que hoje existem em quatro continentes. Iniciamos, então, nosso percurso pela história do português escolhendo uma proposta de periodização.

Existem muitos textos que tratam da história da língua portuguesa e há muitas propostas de periodização para as fases de desenvolvimento da língua. Ilari e Basso (2009) apresentam um quadro interessante com propostas de cinco autores para os diferentes períodos pelos quais passou a língua portuguesa. O objetivo do quadro foi demonstrar a divergência entre esses autores na definição dos momentos históricos e, ainda, justificar sua opção, na descrição da história da língua, pelas três fases coincidentes nas cinco propostas – uma fase arcaica, uma fase clássica e uma fase contemporânea.

Esse quadro foi adaptado de Castro (2004)[a], que, após a apresentação da periodização dos cinco autores, propõe "encarar a língua portuguesa em duas grandes unidades cíclicas, refletindo a história da ocupação do território, a formação do estado e os grandes movimentos da nação" (Castro, 2004, p. 84). Essas duas unidades cíclicas seriam o ciclo da formação da língua e o ciclo da expansão da língua. Na esteira da sugestão de Castro, Monteagudo (2012) detalha os dois ciclos, inserindo "microciclos" de curta duração. É essa proposta que apresentamos neste texto para descrever a história da língua portuguesa.

O que despertou maior interesse nos ciclos de Monteagudo (2012) foi a inclusão do galego, a partir da separação do português, como língua independente. Nas demais propostas, o galego desaparece e fica no leitor a curiosidade sobre sua história. Em seu texto, Monteagudo faz uma síntese da evolução diacrônica do galego, do português europeu e do português brasileiro, ressaltando a filiação genética entre os três (sub)sistemas. Não é nosso objetivo aqui detalhar a evolução do galego da mesma forma que faremos com relação à do português, mas é interessante mencionar alguns fatos da história comum desses

---

a. O quadro apresentado por Castro (2004, p. 83) compara as propostas de periodização de Leite Vasconcelos, Serafim Silva Neto, Pilar Vasquez Cuesta e Luís Filipe Lindley Cintra. Ilari e Basso (2009, p. 21) acrescentam a esse quadro a proposta de Maria Helena Mira Mateus.

três sistemas e as circunstâncias que provocaram as separações, assim como os contextos que ainda os mantêm unidos.

A proposta de Monteagudo (2012) está sintetizada no Quadro 1.1.

Quadro 1.1 – Ciclos de formação do português

Séculos VII a XII	Séculos XIII a XIV	Século XV	Séculos XVI a XVIII	Séculos XIX-XX
Gênese	Emergência/formação	Evolução		Diversificação
Pré-romance galaico Protor-romance galego	Romance galego-português	Galego de transição	Galego médio	Galego contemporâneo
		Português pré-clássico	Português clássico	Português europeu contemporâneo
				Português brasileiro contemporâneo
				Outras variedades do português

Fonte: Monteagudo, 2012, p. 44, tradução nossa.

A **gênese** da língua portuguesa, segundo o autor, teria acontecido entre os séculos VII e XII e seria configurada por dois microciclos: o primeiro microciclo, que o autor nomeia como **germinal**, corresponde ao pré-romance galaico (séculos VII-IX), e o segundo microciclo, chamado de **eclosão**, ao protorromance galego (séculos X-XII). No primeiro ciclo, os falares no noroeste ibérico se afastam do latim e evoluem, em um segundo ciclo, para as diferentes línguas românicas, entre as quais nos interessa especificamente o galego-português.

Monteagudo (2012) subdivide o macro ciclo de desenvolvimento da língua em três ciclos: 1) nos séculos XIII a XV, o ciclo da **formação**, ou arcaico, com a emergência do galego, ou galego-português (discutiremos adiante esses termos); 2) nos séculos XVI a XVIII, o ciclo da **evolução**, ou alto-moderno, que comporta o galego médio e o português clássico; 3) nos séculos XIX e XX, o ciclo da **diversificação**, com as configurações contemporâneas do galego, do português europeu e do português brasileiro.

Faremos uma jornada por todos esses séculos seguindo essa periodização de Monteagudo (2012), mas considerando também descrições de outros autores. Primeiramente, neste capítulo, adotaremos uma perspectiva histórica, política e social e, no próximo, uma perspectiva linguística.

(1.1) A gênese: pré-romance galaico e protorromance galego

Conforme o Quadro 1.1, o ciclo germinal começa no século VII, mas, antes de enfocar esse período, vamos voltar no tempo para tratar de fatos anteriores a essa fase, de modo a elucidar a origem latina da língua portuguesa e os diferentes caminhos percorridos pelas demais línguas ibéricas. Vamos voltar até o século III antes de nossa era, especificamente o ano 218 AEC[b], quando o exército romano começou

---

b. Neste livro, usamos as siglas AEC (antes da Era Comum) e EC (Era Comum) em lugar de a.C. (antes de Cristo) e d.C. (depois de Cristo).

o processo de romanização ao desembarcar na Península Ibérica. A conquista do território somente se completou 200 anos depois, com a vitória dos romanos sobre os povos das Astúrias e da Cantábria. O Império Romano dividiu a península em províncias: Lusitânia ao norte e Bética ao sul; posteriormente, o Noroeste ganhou estatuto de província autônoma com o nome de Gallaecia. Segundo Teyssier (1997), nesse território, o processo de romanização foi mais lento do que no Sul, e os povos que habitavam a zona mais setentrional conservaram por mais tempo os costumes dos povos anteriores.

Os romanos conquistaram toda a Península Ibérica, gradativamente impondo sua língua e sua religião. Os povos se cristianizaram e adotaram o latim vulgar, que foi se mesclando aos diferentes falares de cada região, dando formas especiais a cada variedade. É importante, neste ponto, alertar que o adjetivo *vulgar* na denominação *latim vulgar*, que se opõe a *latim culto*, tem origem no termo latino *vulgus*, que significa "povo", no sentido de "comum", "corriqueiro", em referência àquilo que é usado pelo povo no dia a dia. Tratava-se da língua dos soldados e comerciantes romanos que chegavam à península com a dominação romana. Como o domínio foi gradativo, em cada região o latim vulgar dos romanos entrava em contato com as línguas ali presentes, dando origem a diferentes falares.

Faraco (2019, p. 62) afirma que o isolamento da região noroeste da península

tece segura relevância linguística na medida em que a tardia romanização e implantação do latim deram sobrevida ao uso das línguas pré-romanas daquela área e, consequentemente, prolongaram sua ação de substrato em relação ao latim, que ali se estabeleceu e foi progressivamente adotado pela população local.

No século V, o Império Romano entrou em decadência na Península Ibérica com a chegada dos povos germânicos – vândalos, suevos, alanos e, mais tarde, visigodos. Na Gallaecia e na Lusitânia, os suevos foram os que primeiramente se estabeleceram e fundaram um reino, mantido por aproximadamente um século, mas dominado, no século VI, pelos visigodos. Esses povos fundiram-se com a população românica e adotaram o latim vulgar ali falado e a religião cristã. Os invasores germânicos se mantiveram na península até o ano 711, quando ocorreu a invasão muçulmana.

Cientes dos fatos históricos ocorridos até o século VII, podemos voltar ao período germinal de Monteagudo (2012), que o define como um período de incubação para o protorromance galaico, o qual, como já mencionado, seria o rompimento definitivo do latim para se transformar no pré-romance galaico, como uma ruptura precipitada pela conquista muçulmana que aconteceu em toda a Península Ibérica no início do século VIII.

Todas as línguas românicas medievais nasceriam de protorromances nas diversas províncias, como o asturo-leonês, o castelão e, na Gallaecia Magna (a Galícia atual mais o norte de Portugal até o Douro, ou o Vouga), o galego-português.

Curiosidade

Reinos bárbaros no Ocidente

O termo *bárbaro* foi criado pelos gregos para designar os povos que não falavam grego e não compartilhavam de sua cultura e de sua civilização. Os romanos associaram o termo de forma pejorativa aos povos que viviam fora das fronteiras do Império e não falavam latim. A maioria desses povos habitava a região da Germânia, a leste do Rio Reno. Eram tribos diversas, cada qual com sua cultura, suas características. Alguns desses povos, de início, fizeram acordos com o Império Romano para defender as fronteiras e até para ocupar territórios, alguns como agricultores, outros contratados como soldados. No século V, porém, fugindo das invasões dos hunos aos seus territórios, diversos povos germânicos se espalharam pela Europa, ocupando de forma violenta os territórios romanos. Essas invasões, aliadas às crises econômicas e políticas, levaram à queda o Império Romano. Em 476, o Imperador Rômulo Augústulo foi deposto por Flavio Odoacro, que se tornou o primeiro rei da Itália. O Império Romano se desfez no Ocidente, mas o Império Romano do Oriente continuou até o século XV.

Mapa 1.1 – Domínio de suevos e visigodos na Península Ibérica

Fonte: Elaborado com base em Cunha; Cintra, 2017, p. 19.

Mapa 1.2 – Reinos bárbaros no Ocidente

Fonte: Elaborado com base em Cunha; Cintra, 2017; Ilari, 2018.

(1.2) A formação: romance galego-português

O domínio árabe na Península Ibérica começou em 711 e se estendeu até 1492, contribuindo culturalmente de forma bastante importante, especialmente nas regiões do Centro-Sul. Ao norte da península, grupos políticos formados por antigos nobres visigodos refugiados iniciaram um movimento para reconquistar os territórios invadidos pelos árabes.

Curiosidade

Domínio árabe

No ano 711, oriundas do norte da África, tropas islâmicas iniciaram invasões à Península Ibérica, expulsando os reinos visigóticos. Aos poucos, foram ampliando o domínio e tomando conta de grande parte do território. O domínio árabe se estendeu até o século XV.

Mapa 1.3 – Domínio árabe

FONTE: Elaborado com base em Cunha; Cintra, 2017, p. 19.

O longo movimento da Reconquista gerou grandes repercussões religiosas, políticas e linguísticas. Os cristãos do Norte foram gradativamente expulsando os muçulmanos para o Sul, atraindo nobres de toda a Europa para a batalha e transformando o movimento em uma verdadeira guerra santa. Vários atos políticos de concessão de condados e divisões territoriais pela aristocracia culminaram na criação do Reino de Portugal, em 1143, com o reconhecimento da independência de Portugal pelo Papa Alexandre III em 1179. Ao longo do movimento da Reconquista, cristãos e árabes conviveram na península, formando culturas diferentes, em especial, dois grupos: 1) os **moçárabes**, cristãos que viviam em territórios dominados pelos árabes e se integravam a sua cultura; e 2) os **mudéjares**, árabes que viviam em território cristão e lá permaneceram depois da reconquista. O termo *moçárabe* também designava os falares românicos dessas populações que viviam sob o domínio muçulmano, que, além de não adotarem a religião do dominador, também não adotavam sua língua, a não ser nas relações comerciais.

As línguas de prestígio na época eram as faladas no Norte: o leonês, o asturiano, o castelhano, o aragonês e o galego. À medida que o movimento da Reconquista se dirigia para o Sul e dominava cada território, suas línguas eram impostas sobre o moçárabe. O romance falado na velha Gallaecia foi aos poucos se direcionando para o Sul e adquirindo características peculiares pelo contato com os moçárabes. Essa variedade linguística, o romance galego, também chamado *galego-português*[c], adquiriu prestígio em virtude da instauração do Reino de Portugal e da definição da capital Lisboa.

---

c. A designação *galego-português* não era usada pelos seus falantes, tendo sido proposta pelos gramáticos comparatistas no século XIX. Faraco (2019) prefere evitar seu uso; Monteagudo (2012) afirma que o termo galego é mais apropriado do que o "composto moderno" *galego-português*; Leite de Vasconcelos (1926, citado por Bechara, 2010a) utiliza o termo *português arcaico*; vários outros autores adotam o termo composto *galego-português* (Tessyer, 1997; Castro, 2004; Cardeira, 2006). Assim, seguimos usando aqui o termo composto.

Monteagudo (2012) divide o ciclo de formação do romance galego em duas fases – uma fase pré-literária (séculos XI/XII) e uma fase literária (XIII/XIV) –, ao mesmo tempo que enaltece o peso do elemento galego nesse ciclo, pois é no noroeste ibérico que a língua tem origem. Os documentos da época eram escritos em latim clássico, uma língua polida, requintada, usada por uma elite, mas as necessidades sociais se interpunham com os falares vernáculos que surgiam do latim vulgar, língua do povo, usada na comunicação diária.

Curiosidade

A Reconquista e as línguas faladas na Península Ibérica

Os muçulmanos não foram exitosos na conquista do norte da península, onde se iniciou o movimento da Reconquista, que se estendeu até o ano de 1492, quando os árabes foram definitivamente expulsos.

Os mapas a seguir mostram as línguas faladas nas diversas regiões da Península Ibérica em três momentos da história. Por volta do ano 1072, houve grande predomínio de dialetos moçárabes no território ocupado pelos árabes (Mapa 1.4). O Mapa 1.5, que ilustra o panorama por volta do ano 1300, mostra a Reconquista dos povos do Norte, que ocuparam verticalmente os territórios e impuseram sua língua, com os dialetos moçárabes ficando apenas no extremo sul na região de Andaluzia. No Mapa 1.6, vemos uma versão da situação linguística atual da península, já com o castelhano tomando grande extensão no território espanhol.

Contudo, cabe alertar que essas delimitações e contornos não podem ser vistos como estritos e definitivos. Acatamos a visão de Lagares (2011) de um *continuum* linguístico, cujos cortes imaginários criam identidades associadas a cada comunidade de fala. Esses cortes se relacionam com diversos aspectos, tais como: isolamento de determinadas comunidades, movimentos migratórios, fronteiras políticas, influência da língua escrita. Esses aspectos impõem modelos linguísticos para os falantes dos diversos territórios.

Mapa 1.4 – As línguas na Península Ibérica por volta do ano 1072

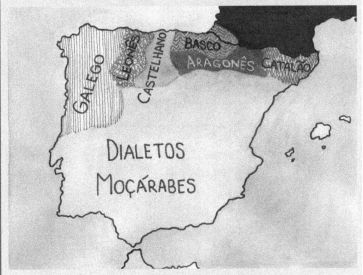

Fonte: Elaborado com base em Ilari, 2018; Entwistle, 1936.

Mapa 1.5 – As línguas na Península Ibérica por volta do ano 1300

Fonte: Elaborado com base em Ilari, 2018; Entwistle, 1936.

Mapa 1.6 – As línguas na Península Ibérica na atualidade

Fonte: Elaborado com base em Ilari, 2018; Entwistle, 1936.

Os primeiros textos de que se tomou conhecimento são a *Notícia do Torto*, de 1211, e o *Testamento do Rei Afonso II*, de 1214 (Faraco, 2019). Segundo Cardeira (2006), a análise desses dois documentos permite observar duas tradições diferentes:

> *Documentos como a **Notícia do Torto** ilustram o trabalho esforçado de notários que, isolados, tentam verter num modelo latino que têm em mente, e com um sistema gráfico que conhecem – o latino –, os novos fonemas da língua que ouvem. O resultado é uma escrita individualizada, oscilando entre formas latinas e romances, em documentos que um falante de Português terá, hoje, dificuldade em interpretar. Por outro lado, o **Testamento de Afonso II**, produzido numa Chancelaria régia, atesta o ambiente estável de um* scriptorium *onde se vislumbravam já escolhas e convenções mais niveladas que prenunciam a constituição de normas gráficas.* (Cardeira, 2006, p. 47, grifo do original)

Faraco (2019, p. 181-182) nos apresenta, em uma cronologia da história da língua, além do registro desses dois documentos inaugurais da escrita da língua, outros fatos importantes dessa fase literária da formação da língua portuguesa:

- 1211 – Criação do Livro de Registro da Chancelaria de Portugal. Esse ato promoveu a valorização da escrita na organização jurídico-administrativa do reino, pois seriam registrados nesse livro todos os atos jurídico-administrativos advindos do rei.
- 1279-1325 – Período do reinado de D. Dinis, que foi de grande importância para a língua românica de Portugal. D. Dinis, que era um poeta refinado, ordenou a tradução do *Livro das Partidas*, um conjunto de leis escrito na língua românica de Castela.
- 1284 – Esse foi o primeiro ano em que a documentação da Chancelaria Real portuguesa teve os textos escritos em língua românica em número superior aos escritos em latim.
- 1290 – Criação dos Estudos Gerais (Universidade). Embora o ensino se fizesse em latim até o século XVIII, essa instituição foi fundamental para a consolidação da elite letrada no reino.

Apesar da ascensão sociocultural da língua românica, no século XV, o ensino continuou a ser em latim. A língua românica começou a se expandir em diferentes funções sociais, mas foi um processo de longo prazo. Com o avanço das atividades da corte portuguesa e o impulso à cultura escrita, a divisão linguística foi se consolidando. Quanto à separação em duas línguas, Monteagudo (2012) afirma que a nobreza galega e a portuguesa eram praticamente a mesma até a metade do século XIV e que é provável que a separação de identidade entre Portugal e a Galícia nasceu e se difundiu nos meios clericais, com diferenças de interesse entre comunidades eclesiásticas, mas, como já mencionado, foi um processo principalmente político, que aconteceu de forma gradual.

Em razão das transformações históricas e das consequentes alterações socioculturais e políticas, as variedades linguísticas centro-meridionais vão ganhando prestígio e ascendência sobre os falares originais das regiões setentrionais. Esses falares do Centro-Sul formarão a base para uma norma de referência para Portugal, o que provoca a formação das duas línguas, o galego e o português.

O caminho percorrido por essas duas línguas tem sido alvo de muitas discussões, e as opiniões de estudiosos, segundo Castro (2004, p. 86), são divergentes: "alguns autores separam o galego do português muito cedo, por altura da fundação do reino de Portugal, enquanto outros defendem que eles constituem uma língua única até aos nossos dias". Castro (2004) considera que a separação definitiva aconteceu no final do ciclo de formação por meio de uma série de modificações no português que o tornaram cada vez mais afastado daquela língua medieval, ou seja, do galego-português. Nesse processo, chamado por Castro (2004) de *elaboração da língua*, algumas transformações teriam caráter deliberado, como a relatinização do léxico, enquanto outras seriam inconscientes, de ordem gramatical (trataremos dessas transformações no próximo capítulo).

Enquanto o português se consolida em altas funções sociais, ampliando o uso da língua escrita e desenvolvendo uma literatura consistente e uma gramatização sistemática, na Galiza castelhanizada o galego deixa de ser cultivado como língua literária e só sobrevive no uso oral. Segundo Lagares (2012, p. 16), "enquanto o português se viu submetido, já no século XVI, a um processo gradual de gramatização, de construção de uma norma escrita, com a redação das primeiras gramáticas e dos primeiros dicionários, o idioma falado no território da Galiza ficou à margem dessas transformações".

O português passa a ser considerado uma língua elegante, e o galego, uma espécie de português deturpado. Além do prestígio adquirido na região centro-meridional pela constituição do Reino de Portugal, aumentando também o prestígio do português sobre o galego, na Galícia se inicia "um conflito linguístico causado pela imposição do idioma do Estado, o castelhano, que nesse momento começa a se constituir em 'espanhol'" (Lagares, 2012, p. 16). Como consequência, o galego sofre evoluções fonéticas que vão torná-lo mais distante do português (Teyssier, 1997). Mais do que um conflito estrutural linguístico, Lagares (2012) aponta para questões de valorização histórica que colocam o galego ou num ostracismo ou num incômodo do qual era preciso se libertar para manter as origens "puras" do português dentro dos limites de Portugal.

(1.3) A evolução: português pré-clássico e português clássico

Faraco (2019) resume a demarcação da língua portuguesa e da língua galega com base em alguns fatores:

a) o deslocamento das fronteiras do Condado Portucalense cada vez mais para o Sul;
b) a constituição de um novo reino;
c) a fixação da corte portuguesa no Centro-Sul;
d) as mudanças demográficas e políticas;
e) o início da gramatização dos falares centro-meridionais no século XVI.

Como já afirmamos, essas movimentações políticas de reconquistas territoriais e religiosas de retomada da fé cristã sobre os muçulmanos invasores tiveram direta repercussão linguística. O prestígio dos falares do Centro-Sul e a valorização dessa variedade na consolidação do Império despertaram o interesse pela fixação de uma norma linguística. Cardeira (2006, p. 69) assevera que "nacionalismo, ideal unificador e expansionista traduzem-se em preocupação com o ensino da língua portuguesa. Multiplicam-se as gramáticas, os vocabulários e as 'cartinhas' (cartilhas)".

Na trilha da valorização da língua, surgiram muitas gramáticas e dicionários, e a escrita foi valorizada, seja na produção de documentos jurídicos e administrativos, seja na poética e no desenvolvimento da prosa, seja nas atividades de tradução. Nesse momento, já havia um esforço para fixar a denominação *português, linguagem portuguesa* ou *língua portuguesa*[d]. O latim ficava restrito à filosofia, à teologia e aos tratados científicos.

Um fator muito relevante que se impõe na história e na cultura portuguesas, e que deixa marcas importantes na língua, é a força da religião nos tempos da Inquisição. D. João III, em 1555, concedeu o monopólio do ensino aos jesuítas da Companhia de Jesus. Enquanto a Europa se deparava com o pensamento de Galileu, Newton, Pascal, Descartes, Espinosa, o ensino nas mãos dos jesuítas se baseava em Aristóteles e na Escolástica, e o desenvolvimento cultural estava condicionado a um sistema de censura. Apenas em finais do século XVI é que a cultura volta à Igreja e se desenvolve a literatura monástica – a poesia mística e a arte da oratória. Nesse último campo, aparece a figura mais representativa do século XVII, o Padre Antonio Vieira (Cardeira, 2006). Segundo Said Ali (2010), Antonio Vieira (1608-1697) foi o vulto mais notável de toda a nova época, e seus sermões

---

d. Segundo Faraco (2019), em 1438, aconteceu o primeiro registro do uso do termo *português* para a língua românica de Portugal. Esse registro foi feito no prefácio da tradução do livro *De Officis*, de Cícero, produzida pelo Infante D. Pedro, um dos filhos de D. João I.

fornecem abundante material para os estudiosos na investigação da língua portuguesa.

Antes do Padre Antonio Vieira, dois outros autores, certamente dos mais conhecidos da literatura portuguesa, foram importantíssimos nessa fase de evolução da língua: Luís Vaz de Camões (1524-1580) e Gil Vicente (1465-1536). Para Said Ali (2010, p. 22),

Camões não foi propriamente o criador do português moderno[e] porque essa nova linguagem escrita já vinha empregada por outros escritores. Libertou-a, sim, de alguns arcaísmos e foi um artista consumado e sem rival em burilar a frase portuguesa, descobrindo e aproveitando todos os recursos de que dispunha o idioma para representar as ideias de modo elegante, energético e expressivo. Reconhecida a superioridade da linguagem camoniana, a sua influência fez-se sentir na literatura de então em diante até os nossos dias.

De acordo com Cardeira (2006, p. 69), Gil Vicente "representa a ponte entre a cultura e a língua medievais e o Renascentismo, entre o Português Médio e o Clássico". A língua deixa de ser apenas um meio para a transmissão de uma mensagem e passa a ser um objeto que pode ter objetivo estético, pode ser analisada, descrita e estudada.

---

e. É importante esclarecer aqui a periodização adotada por Said Ali (2010), que indica o século XII como período inicial do português histórico e divide os períodos de evolução do idioma em dois principais: 1) o português antigo, usado na linguagem escrita nos primeiros anos do século XVI; e 2) o português moderno, que seria a linguagem empregada dessa época em diante. O autor também divide o português moderno em três fases: 1) a quinhentista; 2) a seiscentista; e 3) a hodierna, admitindo uma fase de transição entre as duas últimas, a setecentista. O imortal poema de Camões *Os Lusíadas* foi uma publicação quinhentista, de 1572.

Curiosidade

Renascentismo/Renascimento/Renascença

Conforme Queiroz (1995, p. 12), o Renascimento foi um período que se caracterizou por um "sentimento de oposição à Idade Média"; essa caracterização, porém, surgiu somente no século XIX. Como movimento político, intelectual, artístico, econômico e cultural, o Renascimento representaria uma renovação da consciência do homem. Com origem na Itália, no século XIV, o movimento se estendeu até o século XVII e teve seu ápice no século XVI, expandindo-se por toda a Europa. Período de transição entre a Idade Média e a Modernidade, suas principais características foram: racionalismo, cientificismo, individualismo e antropocentrismo. Pelo caráter essencialmente humanista, no Renascentismo a ação e o pensamento da Antiguidade Clássica comporiam o modelo ideal para atingir a beleza e a harmonia nos planos pessoal e social.

Dois movimentos históricos durante o Renascentismo foram cruciais para a evolução da língua portuguesa. O primeiro, e de menor repercussão, foi a relação de Portugal com a sua vizinha Espanha. Depois de um longo processo conflituoso, que culminou em problemas sucessórios da Coroa, no período de 1580 até 1640, Portugal perdeu sua independência e ficou sob o domínio da Coroa espanhola. Nesse período, chamado União Ibérica, o castelhano assumiu o papel de segunda língua em Portugal. De acordo com Teyssier (1997), é impossível que o bilinguismo português-espanhol não tenha deixado consequências em ambas as línguas; no entanto, ainda não foram realizados estudos suficientes para analisar esses efeitos.

O segundo movimento, certamente de enorme dimensão para a disseminação da língua, iniciado ainda no começo do século XV, foi a expansão marítima e a saída da língua das fronteiras europeias. Com os descobrimentos nos séculos XV e XVI, a língua portuguesa recebeu influência de línguas da África, da América e da Ásia. Portugal ampliou seu império e sua língua. Desde a conquista de Ceuta, no norte da África, em 1415, até a Revolução dos Cravos, em 1974, Portugal desenvolveu seu colonialismo, e a língua portuguesa passou por uma estupenda diversidade de contatos que resultaram em variedades linguísticas nos quatro continentes.

Como afirma Cardeira (2006, p. 86), "o Português deixou de pertencer a Portugal e tornou-se um elo essencial entre povos, culturas e nações". Para Castro (2004), o idioma se desdobra em duas histórias: a do português europeu e a do português extraeuropeu. Neste livro, entretanto, vamos contar três histórias: 1) a do português europeu; 2) a do português brasileiro; e 3) a das outras variedades do português.

(1.4) Da diversificação ao português europeu contemporâneo

Como vimos na seção anterior, o português clássico foi formado em um momento de mudança de mentalidade engendrada pela Inquisição, pelo Renascimento e pelas conquistas ultramarinas. As inovações tecnológicas e o Iluminismo deram impulso às decisões políticas. Os jesuítas foram expulsos de Portugal, e o ensino passou por uma renovação, atingindo a alfabetização e o ensino de português. A língua se estabilizou pela atuação de gramáticos e lexicógrafos, pela fixação da ortografia e pelo desenvolvimento da imprensa e da literatura. A língua se enriqueceu com novas palavras e sofreu algumas alterações morfológicas, sintáticas e fonéticas.

Curiosidade

Iluminismo

O Iluminismo foi um movimento cultural e filosófico ocorrido no período entre os séculos XVII e XVIII que surgiu na França e influenciou toda a Europa. Também denominado *Século das Luzes*, foi um período de mudanças políticas, econômicas e sociais. O movimento exaltou o conhecimento racional e condenou o absolutismo e os privilégios da nobreza e do clero. Na economia, propôs o liberalismo contra o mercantilismo; na política, defendeu o equilíbrio dos três poderes; ademais, sustentou a distinção entre religião e Estado, considerando que a fé deveria ser uma expressão individual.

Castro (2004, p. 87) aborda o enriquecimento do léxico como consequência de vários fatores: "contacto com línguas exóticas, importação de cultismos latinos e gregos, adopção do castelhano como segunda língua literária". Não foi só o léxico que sofreu alterações do português antigo para o moderno pelos fatores mencionados; também algumas construções frásicas e elementos da morfologia e do sistema sonoro foram assumindo progressivamente o perfil da língua que é hoje falada em Portugal. Na formação dos dialetos ao longo do tempo até o português moderno, havia um dialeto do Norte, conservador, e um do Centro-Sul, mais modernizado.

Com relação à pronúncia, Castro (2004) afirma que não houve alterações significativas depois do século XVIII. Cardeira (2006, p. 86) segue a mesma linha ao observar que, do século XVIII até os dias atuais, "o Português Moderno não tem sofrido mudanças linguísticas radicais. A norma, centrada em Lisboa, difunde-se agora, com facilidade, através do ensino e dos meios de comunicação".

Outro autor que segue esse mesmo pensamento é Monteagudo (2012), que atribui a nivelação da língua à imposição da variedade padrão. A pressão normativa teria resultado no desaparecimento ou marginalização de uma certa quantidade de fenômenos dialetais.

Em suma, apesar da diversidade, segundo esses autores, existe uma unidade linguística em todo o território português, o que resulta em fácil comunicação entre os falantes do Sul, do Norte ou das ilhas.

(1.5) Da diversificação ao português brasileiro contemporâneo

No primeiro ano do século XVI, a expedição de Pedro Álvares Cabral chegou à costa da América do Sul. Seu destino não era a América, mas fazia parte de um projeto do rei de Portugal de estabelecer uma rota comercial depois do sucesso de Vasco da Gama, em 1498, em sua busca pelo caminho das Índias. O projeto era abrangente e tinha três objetivos: 1) o estabelecimento do comércio global; 2) a fundação de colônias; e 3) a conversão dos povos para a fé cristã. A frota de Cabral se encaminhava para as Índias para fixar uma rota comercial, mas teve um contratempo marítimo que resultou em uma parada de nove dias na América. Essa parada foi registrada pelo escrivão Pero Vaz de Caminha.

A carta de Caminha, datada de 1º de maio de 1500 e localizada em Porto Seguro, Ilha de Vera Cruz (primeiro nome dado ao Brasil), relata todos os acontecimentos e suas impressões sobre a terra encontrada e sobre os seus habitantes. Os homens e as mulheres eram descritos como seres inocentes, graciosos e dóceis. Caminha logo viu neles o potencial para a conversão à fé cristã, posto que, segundo ele em suas palavras ao rei, pareciam não entender de crença alguma. Caminha também faz referência à impossibilidade de comunicação com esse povo, apesar da presença de um *língua*[f] na esquadra de

---

f. Kaltner, Teixeira e Santos (2019, p. 11), no artigo *Gaspar da Índia: o língua e o Brasil quinhentista*, apresentam a figura de Gaspar da Índia, o qual fazia parte da frota de Cabral e atuava como um *língua*, expressão que, conforme os autores, constituía um "metatermo quinhentista, utilizado para se referir aos intérpretes, em geral, da época das navegações e descobrimentos de que surgiu o império ultramarino português".

Cabral. Os comentários sobre a dificuldade de comunicação e o potencial missionário para com os povos recém-descobertos já antecipam o papel dos jesuítas, anos depois, na terra encontrada.

A colonização só começou nos anos 1530, em uma segunda etapa do projeto imperial português. Com a perda de entrepostos comerciais na Ásia para os holandeses, os portugueses iniciaram suas investidas na América, a princípio com a coleta de pau-brasil e com a exploração do trabalho indígena e, na sequência, com a produção açucareira baseada no trabalho escravo. De acordo com Faraco (2019, p. 99), o próprio tráfico de escravizados africanos seria uma fonte de riqueza para comerciantes portugueses, que "forneciam escravizados não só para o Brasil (seu principal destino), mas também para as colônias açucareiras nas Antilhas controladas por espanhóis, franceses, holandeses e ingleses". Em 1549, D. João III autorizou oficialmente, por meio de um alvará, o tráfico negreiro para o Brasil. A partir de então, a população negra escravizada cresceu vertiginosamente, principalmente no nordeste do país.

Assim, a população do Brasil foi se constituindo pela presença do português europeu, do indígena nativo e do negro africano. De início, apenas o litoral foi colonizado, mas a fundação de São Paulo abriu as portas para a interiorização, principalmente para a exploração do ouro, que acabou por determinar a ocupação do que é hoje o estado de Minas Gerais. As funções políticas, administrativas e religiosas se concentraram primeiro em Salvador e, depois, no Rio de Janeiro, duas capitais sucessivas, além de algumas vilas de importância média (Teyssier, 1997).

Linguisticamente, o país se constituiu em um caldeirão multilíngue. Em São Paulo e no Maranhão, a língua geral[g] facilitou a catequização dos indígenas pelos padres jesuítas. Na Amazônia, outra

---

g. Língua baseada no tupinambá, língua indígena pertencente à grande família tupi-guarani, simplificada por uma gramatização produzida pelos jesuítas. Tornou-se a língua comum para a comunicação entre portugueses e indígenas nos séculos XVI e XVII.

língua geral de base não tupi[h] também se formou para a catequização dos indígenas do Norte e do Nordeste. O português dos colonos de origem portuguesa adquiriu cada vez mais características específicas determinadas pelo contato com indígenas e negros. Os escravizados provindos de diferentes regiões da África falavam diversas línguas[i], mas eram separados na chegada para que não pudessem se comunicar em suas línguas nativas.

Lucchesi e Baxter (2009) destacam o cultivo da língua portuguesa em dois ambientes bastante diferentes. De um lado, nos ambientes finos dos centros urbanos, cultivava-se uma produção linguística fortemente ligada aos padrões da metrópole, configurando-se a elite colonial. De outro lado, o português dos escravizados domésticos, impregnado de marcas de sua aquisição imperfeita, influenciava a língua de seus senhores, "principalmente pela ação das amas que participavam diretamente da criação dos filhos do seu senhor" (Lucchesi; Baxter, 2009, p. 47).

Assim, a expansão da língua portuguesa aconteceu, primeiramente, com a cultura agroexportadora do açúcar, que atingiu seu ápice no século XVIII. Depois, com a decadência da produção açucareira, houve intensa movimentação de população para as minas de ouro – colonos portugueses em busca de enriquecimento e escravizados africanos para as demandas de mão de obra. Toda essa movimentação favoreceu a hegemonia da língua portuguesa e, em 1757, o Marquês de Pombal, ministro de D. José I, estabeleceu uma reforma para o ensino de língua portuguesa e criou o chamado *Diretório*, que proibiu o uso das línguas gerais e obrigou, por meio de um documento oficial, o uso da língua portuguesa. Esse documento tinha

---

h. O nheengatu, língua falada no Alto Rio Negro, é uma forma diferenciada da língua geral que chega até a Amazônia, adotada por tribos não tupi, basicamente dos grupos aruaque e macro-jê (Ilari; Basso, 2009; Lucchesi; Baxter, 2009).

i. Ver em Fiorin e Petter (2020) lista de mais de uma centena de famílias e línguas africanas citadas nos trabalhos ali publicados.

como um dos objetivos restringir a influência da Igreja e controlar as ações dos missionários. Os jesuítas, principais defensores da língua geral, foram expulsos do país.

O início do século XIX foi marcado pela chegada de grande quantidade de pessoas ao país, principalmente à cidade do Rio de Janeiro, porque, em 1808, a corte portuguesa de D. João VI, fugindo do exército de Napoleão, se instalou na capital brasileira. Faraco (2019, p. 182) afirma que "houve certamente um forte impacto sociolinguístico dessa avalanche humana numa cidade ainda acanhada, mas que cresceria rapidamente, pulando de 60 mil habitantes em 1808 para 100 mil em 1817". O padrão europeu se acentuou no uso da língua pela elite nas grandes cidades, que atraíram mais população e se tornaram centros de irradiação cultural, nivelando os falares regionais (Cardeira, 2006).

Em 1822, o Brasil se tornou independente e passou por grandes mudanças sociais, políticas e econômicas. A Inglaterra, com a preocupação em ampliar o mercado consumidor exigido pela Revolução Industrial, pressionou o governo brasileiro para acabar com as atividades de tráfico de escravizados. Em 1850, ficou proibido o tráfico no Brasil, mas a abolição da escravidão ocorreu somente em 1888.

Sem um plano nacional para absorção dos ex-escravizados, sem qualquer preocupação social por parte dos latifundiários e, ainda, com a pouca influência do movimento abolicionista nos centros de decisão do país, várias foram as implicações sociolinguísticas da abolição, conforme Lucchesi e Baxter (2009):

- Alguns escravizados receberam doações de terra e se dedicaram a uma cultura de subsistência, ficando à margem do processo produtivo.

- Outros abandonaram as grandes fazendas e se deslocaram ainda mais para o interior, em busca de locais ermos, onde pudessem livremente subsistir, confinando com a situação em que já se encontravam as comunidades quilombolas, de escravizados foragidos.

- Os que se dirigiam para as cidades eram mantidos nas periferias, em situação de grande miséria e marginalidade.

Segundo esses mesmos autores, essa situação levou a uma condição de polarização linguística: de um lado, a elite dos centros urbanos, formada pelos "grandes" da Colônia e do Império, adotava práticas linguísticas e culturais trazidas da metrópole d'além mar; de outro lado, no interior, a língua usada e transmitida por indígenas, africanos e mestiços provocava drásticas alterações na língua portuguesa, em um processo chamado por Lucchesi e Baxter (2009) de *transmissão linguística irregular* (voltaremos a esse tema no Capítulo 2).

Ilari e Basso (2009, p. 78) apresentam hipótese convergente ao afirmar que "o português são dois". O primeiro se inicia pelo ciclo do ouro no século XVII e é reforçado pela vinda da corte ao Rio de Janeiro. Seguindo os desígnios de Portugal, tem a prevalência da escrita sobre a fala e impõe-se pelo processo de urbanização. O outro, profundamente marcado pela interferência das línguas indígenas e africanas, segue ao longo do tempo uma deriva própria.

O final do século XIX e o início do século XX foram marcados como um período de grande imigração, impulsionada tanto pela transição para o trabalho assalariado como pela intenção de cumprir um projeto de branqueamento da população. De acordo com Faraco (2019, p. 184), "entraram perto de 4 milhões de imigrantes europeus e asiáticos, contribuindo para alterar o perfil demográfico da sociedade brasileira e trazendo para cá algumas dezenas de línguas, muitas das quais continuam a ser faladas como línguas de herança".

No início, a ocupação dos imigrantes ficava quase que restrita à zona rural, mas as comunidades foram formando núcleos nas vilas e cidades, deixando marcas importantes nas diversas regiões, principalmente no sul do país. Esses grupos usavam a língua materna em sua comunicação e, a princípio, cuidavam da educação dos filhos com alfabetização em suas línguas originais. No entanto, a campanha nacionalista do Estado Novo de Getúlio Vargas proibiu a alfabetização em qualquer língua estrangeira. Essa política estabeleceu uma noção de país monolíngue, uniforme e homogêneo.

Conforme apontam Lucchesi e Baxter (2009), com a industrialização, a crescente urbanização e a formação de grandes metrópoles, como São Paulo e Rio de Janeiro, o processo que alterou profundamente a fisionomia do país atenuou a acentuada polarização entre a fala das elites urbanas e a das populações rurais pobres. Esse processo foi desencadeado pela construção de rodovias e pelos meios de comunicação de massa. O português do Brasil, porém, em sua aparente homogeneidade, abrange grande variação tanto diatópica (com os diversos falares regionais) como diastrática (marcada pelas diferentes camadas na sociedade). Voltaremos a esse tema mais adiante.

Mas, embora as denominações *português europeu* e *português do Brasil*, difundidas respectivamente pelas siglas PE e PB, recebam grande destaque nas discussões, nos estudos e nas comparações relacionados à língua portuguesa, existem diversas variedades de português em outras partes do mundo.

(1.6) Da diversificação às outras variedades do português

Em seu projeto de internacionalização iniciado no final do século XV, os portugueses encontraram na região costeira da África o suporte para a condução de um bem-sucedido império mercantil. Como o principal objetivo, no início, era o comércio com as Índias, pequenos enclaves funcionavam ou como entrepostos para a obtenção dos produtos que movimentavam a rede mercantil portuguesa, ou como portos de apoio às frotas comerciais que transportavam as cobiçadas especiarias do Oriente (Faraco, 2019). A língua portuguesa funcionava como uma língua franca entre as populações costeiras do Oceano Índico.

Esse comércio marítimo, entretanto, foi perdendo força para os navegadores holandeses. Como consequência, cresceu a presença portuguesa no Atlântico Sul para a ocupação agrícola no Brasil. Iniciou-se, então, um longo comércio de escravizados na costa africana. A costa da África, que antes servia de apoio ao comércio de especiarias, agora se transformava em áreas de comércio de escravizados como "mão de obra demandada pela economia açucareira da América" (Faraco, 2019, p. 99).

Segundo Cardeira (2006), casamentos entre comerciantes e colonos portugueses com mulheres nativas dessas regiões costeiras da África resultaram em variedades linguísticas de intercâmbio, de base portuguesa e com influências das línguas locais. Algumas dessas variedades se expandiram e se tornaram a primeira língua de comunidades.

Conforme Faraco (2019, p. 99), "cada um desses empreendimentos coloniais teve história e desdobramentos diferentes, o que se reflete na situação de cada um desses territórios". Como já mencionamos, colônias iniciadas com interesse no comércio de especiarias se estenderam para o comércio de escravizados quando o foco principal de Portugal passou a ser a exploração no Brasil. Contudo, com a independência do Brasil, Portugal ampliou a presença colonial em terras africanas, e o uso da língua portuguesa foi estimulado pelo Estatuto do Indigenato – instrumento jurídico que sustentava o colonialismo português tardio na região. Esse estatuto estipulava a separação entre indígenas e não indígenas e reconhecia apenas os últimos como cidadãos. Para adquirir a condição de cidadão, um dos requisitos era falar corretamente a língua portuguesa. A língua passa, então, a ser fator de segregação na estrutura socioeconômica colonial.

Depois da derrubada da ditadura de Salazar, em 1974, pela Revolução dos Cravos, a estrutura colonial é desfeita. Em 1975, todos os países coloniais se tornam independentes de Portugal, mas adotam o português como língua oficial. O número de falantes da língua portuguesa aumenta substancialmente e com diversas repercussões sociolinguísticas.

Curiosidade

A Revolução dos Cravos

Em Portugal, o dia 25 de abril de 1974 marca a data de início do movimento responsável pelo golpe militar que depôs a ditadura salazarista, após 48 anos. Segundo Secco (2004, p. 7), "os oficiais do Movimento das Forças Armadas (MFA) despontaram de uma longa e friorenta madrugada para encarar o sol das multidões numa tarde de Lisboa. A canção que serviria de senha para a revolução [...] seria depois entoada como hino oficioso do país liberto". Os soldados eram ovacionados pelo público e recebiam flores das mulheres floristas nas ruas, por isso o nome de *Revolução dos Cravos*. Os objetivos da revolução eram: pôr fim à ditadura, resgatar o prestígio das Forças Armadas e terminar com a Guerra Colonial da África. O término da chamada *Guerra Ultramar* desfez o domínio de Portugal sobre as colônias na África, e os países colonizados na África e na Ásia tiveram decretada sua independência. Paulino (2014), em um artigo que registrou os 40 anos da revolução, afirma que "novas perspectivas se abriram após os dias revolucionários, ainda capazes de inspirar as gerações de agora".

(1.6.1) A língua portuguesa no mundo

Além de Portugal e do Brasil, em outros sete países o português é a língua oficial, cada um com suas características e peculiaridades. São eles: Angola, Cabo Verde, Guiné-Bissau, Guiné Equatorial, Moçambique, São Tomé e Príncipe e Timor-Leste. A seguir, apresentaremos cada um deles.

Mapa 1.7 – Países de língua portuguesa

FONTE: Elaborado com base em Cunha; Cintra, 2017, p. 22.

Angola é um país localizado no sul da África, com aproximadamente 33 milhões de habitantes. Durante quatro séculos de colonização, a interação dos portugueses com os povos nativos acontecia essencialmente no litoral. Depois da independência do Brasil, o investimento português no país se tornou mais significativo. Com o aumento da população colonial, o português lá falado foi se aproximando da norma portuguesa. O domínio português se estendeu até a independência, em 1975, porém, desde esse ano até 2002, o país viveu sob uma longa e devastadora guerra civil. O português é língua oficial, mas convive com outras línguas nacionais, como o umbundo, o quimbundo e o quicongo.

Com uma população de pouco mais de meio milhão de habitantes, **Cabo Verde** é uma nação formada por um arquipélago vulcânico no Oceano Atlântico, na costa africana. O português é língua oficial, mas outras línguas também são faladas no arquipélago, principalmente o crioulo cabo-verdiano. As ilhas são divididas em dois grupos, com diferentes histórias e formações linguísticas: o de Barlavento e o de Sotavento. Este último funcionou como entreposto de comercialização de escravizados e manteve contato direto com a Guiné, o que resultou em uma aproximação entre o crioulo da Guiné e o crioulo cabo-verdiano de Sotavento. Já Barlavento teve colonização mais tardia, menor período de escravatura e maior contato com portugueses, o que fez o crioulo de lá ficar mais próximo da norma portuguesa (Cardeira, 2006). A independência de Cabo Verde também foi proclamada em 1975.

Situado na costa oeste da África, a população de **Guiné-Bissau** é de aproximadamente 2 milhões de habitantes. O país se chamava Guiné Portuguesa durante o longo tempo de colonização, mas, ao se tornar independente, adotou o nome da capital Bissau, para se diferenciar do outro país também chamado Guiné. O português é língua oficial e convive com outras línguas, em especial o crioulo de base portuguesa, o kriol, ou lingu kriston.

Localizada na África Central, que inclui região continental e cinco ilhas vulcânicas ao longo da costa, a **Guiné Equatorial** foi colonizada pelos portugueses por três séculos e depois cedida à Espanha, obtendo sua independência em 1968. Os idiomas oficiais do país são o espanhol, o português e o francês e, segundo Cardeira (2006), a situação linguística é complexa. Além de todas as línguas autóctones e das línguas oficiais, existe um crioulo, que serve de língua veicular entre os falantes de diversas línguas maternas. Nas ilhas de Ano Bom (ou Pigalu) e Fernando Pó (antigo nome da Ilha de Bioko), por estarem próximas de São Tomé e Príncipe, a comunicação se dá basicamente por meio de dialetos crioulos de base portuguesa.

Moçambique, país localizado no sudoeste do continente africano e banhado pelo Oceano Índico, foi incorporado ao Império Português no ano de 1505, depois de ter sido reconhecido por Vasco da Gama. Com história e situação linguística muito parecidas com as de Angola, o país recebeu mais atenção dos portugueses após a independência do Brasil. Sua independência também ocorreu em 1975 e foi sucedida por um longo período de guerra civil. Cardeira (2006) afirma que, assim como em Angola, em Moçambique não existe um crioulo, em razão do aumento da população colonial, pois houve pressão da norma de Portugal. O português é a língua oficial, mas existem diversas línguas nacionais, como o lomué, makondé, shona, tsonga e chicheua.

São Tomé e Príncipe é um pequeno Estado insular formado por duas ilhas principais, a Ilha de São Tomé e a Ilha de Príncipe, localizadas na costa equatorial ocidental da África Central. Sofreu igualmente um longo período de colonização portuguesa, serviu de centro comercial de escravizados ao longo do século XVI, e sua independência também foi proclamada em 1975. Com uma pequena população de aproximadamente 220 mil habitantes, a língua oficial é o português, falada por mais de 80% da população das ilhas, mas, na comunicação diária, também se falam o angolar (dialeto vindo de Angola dos povos Umbundo) e os crioulos, de base portuguesa, forro e moncó (ou lunguyè).

Diferente dos anteriores, todos países africanos, **Timor-Leste** está localizado no sudeste asiático e ocupa a parte oriental da Ilha de Timor. Durante o período como colônia portuguesa, era chamado

Timor Português. Em 1975, teve declarada sua independência, mas foi anexado à Indonésia no mesmo ano. O ensino da língua portuguesa, que convivia com o tétum, língua nacional, foi proibido durante a anexação, mas ela era usada como símbolo de resistência, conforme Cardeira (2006).

O português também é falado em outros territórios por uma certa parcela da população, como pequenos focos espalhados pelo mundo. Aqui, destacaremos alguns desses lugares que ainda falam português ou mantêm crioulos de base portuguesa: Macau, Goa, Damão e Diu, Malaca, Sri Lanka e as ilhas Aruba, Bonaire e Curaçau.

Localizada na China, **Macau** é uma cidade que foi dominada pelos portugueses de 1557 a 1999. O crioulo de Macau desapareceu com seus últimos falantes. Ainda existe, porém, um reduzido número de falantes de português como segunda língua.

Goa é um estado na costa oeste da Índia, no Mar Arábico, que foi colônia portuguesa até 1961, quando forças indianas invadiram o território. No entanto, Portugal só reconheceu a anexação de Goa à Índia após a queda de Salazar, em 1974. Em 1987, Goa tornou-se um estado de direito próprio da União. Segundo Cardeira (2006, p. 87), "ainda há falantes de português em Goa onde, no início do século XX, o crioulo foi substituído por um português muito próximo da norma europeia". Depois da integração à Índia, o inglês passou a ser a língua oficial, e o português ficou reservado ao ambiente familiar de uma restrita comunidade cristã. Como a língua portuguesa já não faz parte do currículo escolar, há sérios riscos de se tornar uma língua extinta nesse estado.

Também na Índia, **Damão e Diu** são enclaves situados no Mar Arábico que foram possessões portuguesas por 450 anos e, assim como Goa, foram devolvidos à Índia com a Revolução dos Cravos. Diferentemente de Goa, contudo, não se tornaram estados autônomos, permanecendo como distritos da União da Índia. Existiam ali alguns crioulos portugueses, conhecidos como *língua da casa*, mas estão em franca extinção em virtude da pressão da língua oficial, o gujarati.

Malaca, um estado da Malásia que teve feitoria portuguesa por quase um século e meio, entre 1511 e 1641, desenvolveu-se como importante ponto comercial e geopolítico para o Império Colonial Português. Os portugueses foram derrotados pelos holandeses e estes pelos britânicos. Mesmo assim, muitos portugueses lá permaneceram e formaram comunidades de língua portuguesa, mantendo sua cultura e seus costumes. Ainda hoje, sobrevive um crioulo de base portuguesa, o papiá kristang. Segundo Cardeira (2006, p. 88), "pescadores descendentes longínquos de portugueses [...] conservam e acarinham um legado cultural português que consiste na língua e em tradições folclóricas e festas religiosas".

Antigo Ceilão, ou Taprobana, como registrado em *Os Lusíadas*, de Camões, o **Sri Lanka** é um país insular no sul da Ásia. Os portugueses foram os primeiros europeus a desembarcar na ilha; eles mantiveram uma colonização de 150 anos e deixaram marcas na língua e no complexo sistema religioso. Ainda hoje existem milhares de pessoas falantes de crioulo de base portuguesa.

Localizadas no Caribe, as **Ilhas ABC** são as ilhas de Aruba, Bonaire e Curaçau, de domínio holandês, ao norte da Venezuela. Lá existe um crioulo de base ibérica, com o qual o português e o castelhano partilham grande parte do léxico – o papiamento. Tem estatuto de língua oficial ao lado do neerlandês.

Pereira (2006) afirma que, na Malásia, existem crioulos em outras localidades além de Malaca, como Kuala Lumpur, Singapura e nas ilhas de Java, Flores, Ternate, Ambom e Macassar, conhecidos como *malaio-portugueses*; na Índia, além dos já referidos ao tratarmos de Goa, Damão e Diu, há crioulos também em Bombaim, Chaul, Korlai, Mangalor, Cananor, Tellicherry, Mahé, Vaipim e Quilom e na Costa de Coromandel e de Bengala; na América, soma-se ao crioulo das Ilhas ABC um crioulo de base portuguesa falado no Suriname, o saramacano.

Os sete países descritos no início desta seção, juntamente com Brasil e Portugal, formam a Comunidade dos Países de Língua Portuguesa, instituição da qual trataremos a seguir.

(1.6.2) Comunidade dos Países de Língua Portuguesa (CPLP)

Já no início da década de 1980, houve uma primeira conversa para a realização de encontros regulares político-diplomáticos entre os chefes de Estado e de Governo dos países de língua portuguesa. O primeiro passo concreto aconteceu em um encontro no Maranhão, em 1989, em que foi criado o Instituto Internacional de Língua Portuguesa (IILP), com a participação dos sete países: Angola, Brasil, Cabo Verde, Guiné-Bissau, Moçambique, Portugal e São Tomé e Príncipe.

Os ministros dos Negócios Estrangeiros e das Relações Exteriores desses sete países, em reunião em Brasília, no ano de 1994, decidiram indicar a realização de uma cimeira de chefes de Estado e de Governo, a se concretizar em Lisboa, para a constituição da Comunidade dos Países de Língua Portuguesa (CPLP). A convenção foi realizada em Lisboa, em 17 de julho de 1996, com a participação dos sete países.

Em 2002, o Timor-Leste, depois de conquistar sua independência, também se tornou um país-membro da CPLP e, em 2014, a Guiné Equatorial se tornou o nono participante da comunidade.

Os três grandes objetivos da CPLP (2022) são:

- A concertação político-diplomática entre seus estados membros, nomeadamente para o reforço da sua presença no cenário internacional;
- A cooperação em todos os domínios, inclusive os da educação, saúde, ciência e tecnologia, defesa, agricultura, administração pública, comunicações, justiça, segurança pública, cultura, desporto e comunicação social;
- A materialização de projetos de promoção e difusão da língua portuguesa.

Apesar dos objetivos construtivos, a criação de organismos como a CPLP pode despertar alguma desconfiança pelo risco de seguir um perigoso caminho de uniformização linguística e cultural. Faraco (2019, p. 55) adverte para esse risco quando discute sobre projetos de promoção da lusofonia justificados com base em "uma pressuposta e idealizada irmandade de 'sentimentos e tradições' num senso de lírica pertença a uma indefinida comunidade transnacional e intercontinental, unida pelo imaginário da mesma língua e de tudo que o acompanha".

Não podemos esquecer que as histórias desses nove países se formaram em bases de imensa desigualdade de forças. É preciso que as individualidades dentro da diversidade sejam respeitadas e preservadas. Os acordos, a cooperação e a materialização de projetos devem sempre ser pautados por esse respeito.

Síntese

Neste primeiro capítulo, tratamos da história da língua portuguesa, voltando nossa atenção para os tempos anteriores a nossa era, quando os romanos começaram a espalhar sua língua e chegaram à Península Ibérica. Abordamos a queda dos romanos, as conquistas dos povos germânicos (primeiro os suevos, depois os visigodos) e, posteriormente, os 700 anos de conquista muçulmana. Em seguida, destacamos a Reconquista dos cristãos e a formação do Reino de Portugal.

Examinamos a formação e a evolução do português a partir da língua românica denominada *galego-português*, bem como a diversificação da língua pelas navegações portuguesas. Analisamos a diversificação, com a apresentação do português europeu, com maior ênfase, do português brasileiro e, também, do português dos demais países do mundo que, em maior ou menor grau, consideram a língua portuguesa como língua oficial ou não.

Concluímos o capítulo comentando sobre a formação e os objetivos da Comunidade dos Países de Língua Portuguesa (CPLP).

Atividades de autoavaliação

1. Assinale a alternativa correta em relação à gênese da língua românica que deu origem ao português:

   a) Na região da Gallaecia e da Lusitânia, onde hoje se encontram os territórios da Galícia e de Portugal, a romanização aconteceu de forma mais rápida no Sul do que no Norte.

   b) A conquista dos romanos na Península Ibérica foi rápida e uniforme em todos os territórios.

   c) A língua dos romanos foi imposta em apenas poucas regiões.

   d) O latim vulgar foi aos poucos se estabelecendo e se mesclando às línguas dos povos de cada região. No entanto, nunca chegou a se fixar completamente na região da Gallaecia.

   e) No século V, o Império Romano entrou em decadência com a invasão muçulmana.

2. Assinale a alternativa que indica corretamente como foi a relação entre os povos da península durante a dominação árabe:

   a) O domínio muçulmano na região foi bem mais intenso no Noroeste do que no Centro-Sul.

   b) O movimento da Reconquista foi liderado por nobres do Centro-Sul, com a ajuda do clero.

   c) Durante o período de domínio árabe, grupos diversificados se formaram, com diferentes práticas culturais e religiosas. Os grupos cristãos que se integravam à cultura árabe eram chamados *moçárabes*, assim como a língua que falavam.

   d) O leonês, o asturiano, o castelhano, o aragonês e o galego eram as línguas que dominavam toda a Península Ibérica durante o domínio árabe.

   e) O galego-português se formou e adquiriu prestígio com a formação do Reino de Portugal no século XII, mas a capital só se transferiu para Lisboa séculos mais tarde.

3. Analise se as afirmações a seguir são verdadeiras (V) ou falsas (F):

( ) A *Notícia do Torto* e o *Testamento de Afonso II* são os primeiros textos conhecidos na língua românica que deu origem ao português.

( ) Os falares do Centro-Sul se constituíram na norma e deram início à gramatização da língua.

( ) O processo de elaboração da língua falada no Centro-Sul e o desenvolvimento da literatura na região distanciaram essa língua daquela falada no noroeste da península, que sofreu uma castelhanização. Assim se separou o galego do português.

( ) O português passou a ser considerado uma língua elegante, enquanto o galego foi estigmatizado.

( ) Os estudiosos do galego-português nunca consideraram o português e o galego dois sistemas linguísticos separados.

Agora, assinale a alternativa que corresponde à sequência correta:

a) F, F, V, V, V.

b) V, V, V, V, F.

c) F, F, F, V, F.

d) V, F, V, V, V.

e) F, F, V, F, V.

4. Assinale a alternativa **incorreta** quanto à evolução do português clássico:

a) A língua portuguesa se transformou em uma língua de prestígio com uma literatura valorizada e uma crescente produção de documentos jurídicos e administrativos.

b) O latim, que era a língua da escrita, começou a se restringir a textos filosóficos, teológicos e científicos.

c) A religião, nos tempos da Inquisição, exercia enorme influência na cultura portuguesa.

d) O período de domínio espanhol durante os anos de 1580 e de 1640 teve grande impacto na língua portuguesa, o qual tem sido estudado intensamente pelos linguistas.

e) Um período que exerceu ainda maior impacto na língua portuguesa foi o das conquistas ultramarinas, em que a língua teve sua expansão em outros continentes.

5. Com base na diversificação da língua portuguesa a partir do século XV, analise se as afirmações a seguir são verdadeiras (V) ou falsas (F):

( ) No final do século XV, Portugal utilizava pequenos enclaves na região costeira da África como entrepostos ou portos de apoio para a comercialização de especiarias, e a língua portuguesa funcionava como uma língua franca.

( ) Logo que os portugueses aportaram nos países da África, iniciou-se a exploração do trabalho escravo para cultivo de cana-de-açúcar.

( ) No Brasil, o cultivo de cana-de-açúcar com a exploração do trabalho escravo começou depois que Portugal perdeu força no comércio marítimo na costa da África para os holandeses.

( ) O cultivo de cana-de-açúcar aconteceu paralelamente no Brasil e na África sob o domínio dos portugueses.

( ) A independência do Brasil aconteceu no final do século XIX, mas os países da África e o Timor-Leste somente se tornaram independentes nos anos 1970, com a queda da ditadura de Salazar.

Agora, assinale a alternativa que corresponde à sequência correta:

a) F, F, F, V, V.

b) V, F, V, V, F.

c) F, F, V, V, F.

d) V, F, V, F, V.

e) F, F, V, F, V.

Atividades de aprendizagem

Questões para reflexão

1. Reflita sobre a colonização do Brasil e elabore um infográfico que resuma as atividades de exploração dos portugueses em terras brasileiras. Construa uma linha do tempo, estabelecendo uma ordem cronológica dos fatos.

2. Faça uma pesquisa sobre a Comunidade dos Países de Língua Portuguesa (CPLP), especificamente sobre a situação do uso da língua portuguesa em cada um deles. Depois, escreva uma pequena reportagem fazendo uma comparação entre esses países no que se refere ao aspecto linguístico.

Atividade aplicada: prática

1. Elabore um plano de aula sobre a língua portuguesa na época da colonização do Brasil, desde a chegada dos portugueses e o encontro com os indígenas até a vinda da corte portuguesa ao Brasil. Aborde o multilinguismo inicial, com o uso das línguas gerais; a influência das línguas africanas no português dos escravizados; o Diretório do Marquês de Pombal; as movimentações para as minerações; a chegada da família real ao Rio de Janeiro. Enfatize as repercussões sociolinguísticas de cada fase.

(2)

A evolução da língua e as características
dos diversos ciclos de formação

Como é de conhecimento geral e já mencionamos neste texto, a língua portuguesa se origina do latim. Vimos que o latim que deu origem às línguas românicas era o vulgar, falado pelo povo, que se opunha ao latim clássico, o da literatura. Vamos, agora, tratar desse latim, de algumas diferenças entre essas duas variedades e das línguas que dele se originaram, mais detalhadamente do galego-português e, com mais detalhes ainda, do português que, a partir de um certo momento da história, se distancia do galego.

Apreciaremos essa história da formação da língua portuguesa pelos olhares de diversos autores, em especial Paul Teyssier (1997), Ivo Castro (2004) e Rosa Virgínia Mattos e Silva (2006).

Antes de abordar os aspectos linguísticos propriamente ditos dessa história, é importante descrever como se deu o espalhamento da língua de Roma pela expansão imperial romana. Castro (2004) elenca as línguas românicas em seis áreas principais, cada uma com as línguas originadas pela ocupação do Império naquela região:

1. **Área ibero-românica** – Inclui todas as línguas e dialetos falados na Península Ibérica, com exceção do basco, que não é uma língua indo-europeia. As seguintes línguas são originárias dessa área: galego, português, castelhano (espanhol), em suas variantes[a] peninsular e americana, e catalão-valenciano (língua oficial da Catalunha).

2. **Área galo-românica** – Inclui as três línguas faladas na França: o francês, o provençal – língua antiga da poesia trovadoresca provençal – e o franco-provençal, também chamado *arpitano*, que é composto por um grupo de dialetos falados nas fronteiras da França com a Suíça e a Itália.

3. **Área reto-românica** – Constitui um grupo diversificado, embora com pequeno número de falantes em regiões da Suíça e da Itália: o romanche, o ladino e o friuliano.

4. **Área ítalo-românica** – Aqui está a língua italiana reconhecida por três grupos de dialetos diferentes: a) o setentrional, que inclui o piemontês, o lombardo, o lígure, o veneziano e o emiliano; b) o central, que inclui o marchigiano, o toscano, o corso, o úmbrico e os dialetos do Lácio, entre os quais o romano; e c) o meridional,

---

a. Esse é o termo utilizado por Castro (2004). No entanto, neste livro, usamos esse termo para nos referir a outro conceito, conforme a sociolinguística variacionista, que define *variante* como "uma forma linguística que representa uma das alternativas possíveis em um determinado contexto" (Cristófaro Silva, 2011, p. 217). No sentido do texto de Castro, empregaríamos o termo *variedade*.

que inclui o abruzzese, o campaniano, o apuliano, o lucaniano, o calabrês e o siciliano. O dialeto de maior prestígio desde o século XIX, quando foi adotado como padrão, é o toscano.

5. **Sardo** – Considerado como um dialeto "degenerado" do grupo italiano, é reconhecido por sua unicidade na família românica, mas concorre com o italiano padrão.

6. **Área balcano-românica** – É a língua oficial da Romênia e tem outras variedades, como o moldavo e o daco-romeno.

Dessas línguas todas, geradas a partir do latim vulgar, chamado de *latim imperial* por Teyssier (1997), a nós interessam as línguas do primeiro grupo, as da área ibero-românica. Vamos buscar nas descrições de Teyssier (1997) e de Monteagudo (2012) como se deu a formação do galego-português, aquela variedade românica que vai dar origem à língua portuguesa, primeiramente nas questões fonético-fonológicas, seguidas das questões morfológicas e sintáticas e, finalmente, das questões ligadas à formação do léxico.

Mapa 2.1 – Línguas derivadas do latim

Fonte: Elaborado com base em Cunha; Cintra, 2017, p. 14-15.

(2.1) Do latim ao português: as questões fonético-fonológicas

Teyssier (1997) enfatiza três áreas principais de mudança do latim clássico para o latim imperial, ligadas ao acento tônico, ao sistema vocálico e à palatalização de consoantes.

Com relação ao **acento tônico**, Teyssier (1997, p. 10) afirma que

se não houver alguma ação contrária em jogo, a acentuação permanece a mesma em galego-português e em português contemporâneo. No latim imperial, a sílaba que leva acento é definida pelas seguintes regras:

a. *Palavras de duas sílabas: o acento recai sobre a primeira: séptem > port. sete; dátum > port. dado.*

b. *Palavras de três sílabas ou mais: o acento recai na penúltima sílaba se esta for longa: amīcum > port. amigo; capīllum > port. cabelo; e recai na antepenúltima se a penúltima for breve: árbŏrem > port. árvore; quíndĕcim > port. quinze.*

Na área das **vogais**, ocorre a perda das oposições de quantidade, porque o latim clássico, além de cinco timbres vocálicos, era composto por vogais breves e longas para cada timbre, totalizando dez vogais. As breves eram mais abertas do que as longas. O latim imperial perde a oposição entre vogais longas e breves, mas mantém as oposições de timbre com diferentes graus de abertura.

Latim clássico: $/\bar{\imath} - \breve{\imath} - \bar{e} - \breve{e} - \bar{a} - \breve{a} - \bar{o} - \breve{o} - \bar{u} - \breve{u}/$

Latim imperial: $/i \quad e - \varepsilon \quad a \quad o - \mathcal{O} \quad u \quad /$

Segundo Ilari (2018, p. 79), "a duração (ou 'quantidade') era [...] uma característica fonológica, ou seja, capaz de distinguir palavras e morfemas gramaticais: por esse traço pertinente das vogais, o latim literário distinguia, por exemplo, *pŏpulum* (*o* breve) = 'povo' e *pōpulum* (*o* longo) = 'choupo'".

Vemos que, das dez vogais do latim clássico, ficam sete no latim imperial, sem distinção de quantidade, mas com distinção de abertura nas vogais médias /e – ɛ/ e /o – ɔ/[b].

Também os ditongos /æ œ ɑu/ se transformam nas vogais simples /e ɛ o/, respectivamente. Palavras como *caelu, poena, auricula* no latim clássico mudam para *celu, pena* e *oricla* no latim vulgar (Ilari, 2018).

Por sua vez, a **palatalização das consoantes** é um processo importantíssimo na história da língua portuguesa já como uma inovação do latim imperial, conforme aponta Teyssier (1997, p. 11-12):

Nos grupos escritos ci, ce *e* gi, ge, *as consoantes* c *e* g *pronunciavam-se em latim clássico como as iniciais das palavras portuguesas* quilha, queda *e* guizo, guerra, *ou seja, eram oclusivas velares. Mas em latim imperial o ponto de articulação destas consoantes aproximou-se do ponto de articulação das vogais i e e que se lhes seguiam, isto é, da zona palatal, levando à pronúncia: [kyi], [kye] e [gyi], [gye]. Esta palatalização iniciou-se já na época imperial em quase toda a Romênia e iria ocasionar modificações importantes: [kyi], [kye] passaram a [tši], [tše] e, finalmente, [tsi], [tse]; ex.:* ciuitātem > *port.* cidade, centum > *port.* cento, *reduzido a* cem. *Para os grupos* gi, ge *o resultado da palatalização será inicialmente um* yod *puro e simples [y] que desaparece em posição intervocálica; ex.:* regina > *port.* rainha, frigi dum > *port.* frio. *Mas, em posição inicial, este* yod *passa a [dž]; ex.:* gente *(donde o* g *representa na Idade Média [dž]). O* yod *inicial saído de* gi, ge *confundiu-se, pois, com o que provinha diretamente do latim clássico e que, naturalmente, também deu*

---

b. Diferentemente de Teyssier (1997), usamos aqui o Alfabeto Fonético Internacional para os símbolos fonéticos. Teyssier diferencia as vogais fechadas e abertas, respectivamente, com os seguintes símbolos: /ẹ – ę/, para as médias anteriores, e /ọ – ǫ/, para as médias posteriores. Neste livro, quando a citação for direta, manteremos o símbolo usado pelo autor, mas, em outros contextos, utilizaremos os símbolos do Alfabeto Fonético Internacional, ao qual nos referiremos pela sigla IPA (do inglês *International Phonetic Alphabet*).

[*dž*]; *ex.*: iulium > *port.* julho. *Em galego-português medieval os grupos* gi, ge e ju *eram pronunciados em todas estas palavras [dži], [dže] e [džu]*[c].

Outras mudanças também ocorrem, como a queda do *n* antes de *s*: *mensa* > port. *mesa*; a sonorização das surdas intervocálicas: *caput* > port. *cabo*; *amātum* > port. *amado*; *amīcum* > port. *amigo*.

Esse novo latim que vai gestar as línguas românicas estabelece fronteiras para separar os falares ibéricos, de onde vai sair o galego--português, diferenciando-se do leonês e do castelhano. Teyssier (1997) apresenta dois processos de mudança que marcarão essas fronteiras.

O primeiro processo diz respeito à **evolução de grupo consonantal**. Em *cl*, o *c*, pronunciado [k], se transforma em *yod* e, depois, no galego-português se transforma na palatal [ʎ]. No castelhano, passa à africada [dʒ], grafado com *j*, como mostra o Quadro 2.1.

Quadro 2.1 – Evolução de grupo consonantal -cl

LATIM CLÁSSICO	LATIM VULGAR	GALEGO--PORTUGUÊS	CASTELHANO
ocŭlum	oc'lu	olho	ojo
auricŭla	orec'la	orelha	oreja
Vetŭlum	vec'lu	velho	viejo

FONTE: TEYSSIER, 1997, P. 13.

O grupo -*ct*- passa a [-yt-], que o português manterá em ditongo e o espanhol transformará na africada [tʃ], conforme podemos ver no Quadro 2.2.

---

c. Como se trata de uma citação direta de Teyssier, foram transcritos os símbolos usados pelo autor: [tš], que corresponde à africada não vozeada, e [dž], que corresponde à africada vozeada; conforme o IPA, usaríamos [tʃ] e [dʒ], respectivamente.

Quadro 2.2 – Evolução de grupo consonantal -ct-

	GALEGO-PORTUGUÊS	CASTELHANO
nocte > *noyte	noite	noche
lectu > *leyto	leito	lecho
lacte > *layte	leite	leche
facto > *feyto	feito	hecho

FONTE: TEYSSIER, 1997, P. 13.

O segundo processo é o da **ditongação das vogais breves**. No centro da Península Ibérica, as vogais /ɛ/ e /ɔ/ que vieram das vogais breves do latim clássico /ĕ/ e /ŏ/, respectivamente, se transformaram em ditongos em diversas posições. No galego-português, no entanto, não acontece essa ditongação, como exemplificado no Quadro 2.3.

Quadro 2.3 – Ditongação no castelhano

LATIM CLÁSSICO	LATIM IMPERIAL	GALEGO--PORTUGUÊS	CASTELHANO
pĕdem	pẹde	pé	pie
dĕcem	dẹce	dez	diez
lĕctum	lẹctu	leito	lecho
nŏvem	nọve	nove	nueve
fŏrtem	fọrte	forte	fuerte
nŏctem	nọcte	noite	noche

FONTE: TEYSSIER, 1997, P. 14.

Devemos notar que nem sempre há a ditongação no castelhano. Pelas palavras *lecho* e *noche*, que tinham o encontro consonantal *-ct-* no latim clássico, vemos que a transformação em africada parece inibir a ditongação. O interessante também é que com esse encontro, no galego-português, vai acontecer um ditongo – *leito* e *noite* –, mas diferente daquele do castelhano, que se diferencia da vogal aberta do galego-português – *pé* x *pie* e *nove* x *nueve*.

Teyssier (1997) ainda assinala outras três inovações do galego--português: a dos grupos iniciais *pl-, cl-* e *fl-*; a queda do *-l-* intervo-cálico; e a queda do *-n-* intervocálico.

A inovação dos **grupos iniciais pl-, cl- e fl-** foi, primeiramente, uma palatalização do *l*. No castelhano, a consoante inicial caiu e o *l* palatal passou a ser transcrito *ll*. No galego-português, a consoante inicial seguida de *l* deu origem à africada [tʃ], que foi grafada com *ch*. Vejamos os exemplos do Quadro 2.4.

Quadro 2.4 – Grupos consonantais iniciais -pl, -cl e -fl

Latim		Galego-português	Castelhano
	*pl*enu-	chëo	lleno
Pl-	*pl*anu-	chão	llano
	*pl*icare	chegar	llegar
Cl-	*cl*amare	chamar	llamar
Fl-	*fl*agrare	cheirar	(não atestada)

Fonte: Teyssier, 1997, p. 15, grifo do original.

Teyssier (1997) acrescenta que, em outra categoria de palavras, os grupos consonantais *pl-, cl-* e *fl-* sofreram outro processo na passa-gem para o galego-português, o rotacismo: *placere > prazer; clavu > cravo; flaccu > fraco*.

O processo de **queda do -l- intervocálico**, segundo Teyssier (1997), teria ocorrido em fins do século X e incidiu sobre muitas palavras, contribuindo para criar vários grupos de hiatos no galego-português, como ilustram os exemplos do Quadro 2.5.

Quadro 2.5 – Queda do -l- intervocálico

LATIM	GALEGO-PORTUGUÊS	PORTUGUÊS
palatiu	paaço	paço
calente	caente	quente
colubra	coobra	cobra
voluntade	voontade	vontade
populo	poboo	povo
diabolu	diaboo	diabo

FONTE: ELABORADO COM BASE EM TEYSSIER, 1997, P. 16.

Também é possível explicar a forma de plural das palavras terminadas em *-l*, como *sol > soes > sóis*, pela queda do *-l-* intervocálico.

Em um período posterior ao processo citado anteriormente, a **queda do -n- intervocálico** aconteceu entre os séculos XI e XII. Esse fenômeno foi um pouco mais complexo do que o anterior, pois ocorreu, em muitas palavras, um processo de nasalização da vogal antecedente à consoante nasal.

Mattos e Silva (2006) separa o processo em três grupos de palavras, como vemos no Quadro 2.6.

Quadro 2.6 – Queda do -n- intervocálico

LATIM	GALEGO-PORTUGUÊS	PORTUGUÊS
1. perdonare	perdõar	perdoar
corona	corõa	coroa
bona	bõa	boa
minus	mẽos	meos > menos
2. plana	chẽa	chea > cheia
alheno	alhẽo	alheo > alheio
senu	sẽo	seo > seio

(continua)

(Quadro 2.6 – conclusão)

Latim	Galego-português	Português
3. vinu	vĩo	vinho
farina	farĩa	farinha

Fonte: Elaborado com base em Mattos e Silva, 2006, p. 70.

Nos três grupos exemplificados no Quadro 2.6, vemos processos diferentes: no grupo 1, o traço nasal desaparece com a desnasalização da vogal, mas mantém as sequências vocálicas em hiato. Em *minus > mẽos >meos > menos*, há uma reinserção da nasal etimológica (também em *minor > mẽor > meor > menor*), com uma retomada da forma latina. No grupo 2, após a desnasalização da vogal, há uma epêntese da semivogal anterior e palatal, formando-se um ditongo. Nos exemplos do grupo 3, como o hiato nasal é constituído pela vogal anterior alta /i/, há uma inserção da consoante palatal /ɲ/ (Mattos e Silva, 2006).

Castro (2004), em sua busca por uma definição de língua portuguesa, aponta dois dos processos mencionados anteriormente como características partilhadas por todas as normas do português: uma inovadora, a síncope do -*l*- e do -*n*- latinos intervocálicos, e outra conservadora, a manutenção das vogais breves latinas sem ditongação.

Buscando uma explicação para os diferentes romances gerados na Península Ibérica, Cardeira (2006), por sua vez, direciona à ação de substratos e superstratos a diferenciação entre os dialetos. A autora afirma que

Galiza e Portugal, Astúrias e Leão, Castela, Navarra e Aragão e Catalunha afirmam-se como entidades políticas distintas e, consequentemente, como núcleos linguísticos distintos. Em cada uma destas regiões e, portanto, em cada um desses romances – Galego-português, Astur-leonês, Castelhano, Navarro-aragonês e Catalão – características diferenciadoras vão tomando forma. O contato com populações de origem pré-romana como os bascos (que manterão, sempre, a sua língua) provocou, no Castelhano, a queda do F inicial latino e favoreceu a síncope de L e N em contexto intervocálico no Galego-português; o substrato celta determinou a evolução de PL, CL e FL no Galego-português; o osco-umbro contribuiu para a palatalização de LL e NN e para a assimilação sofrida pelo grupo medial MB em todos os romances à exceção do Galego-português. O superstrato germânico conduziu a uma ditongação das vogais abertas tônicas no Castelhano. A compartimentação territorial, ao traçar fronteiras e isolar núcleos populacionais, só pode ter potenciado a fixação destes fenômenos linguísticos diferenciadores. (Cardeira, 2006, p. 35-36)

Conforme podemos ver nessa citação de Cardeira (2006), as diversas línguas românicas da Península Ibérica se diferenciaram em função dos contatos com as línguas de substrato, ou seja, línguas menos dominantes, como a dos celtas, ou as de superstrato, de maior dominação, como a dos germânicos. O Quadro 2.7 apresenta exemplos de palavras que seguiram caminhos diferentes em português, castelhano e catalão em função das influências de substratos e superstratos.

Quadro 2.7 – Influências de substratos e superstratos

LATIM	PORTUGUÊS	CASTELHANO	CATALÃO
FILIU	*filho*	*hijo*	*fill*
SOLU	*só*	*solo*	*sol*
CLAVE	*chave*	*llave*	*clau*
CABALLU	*cavalo*	*caballo*	*cavall*
PALOMBA	*pomba*	*paloma*	*plom*
MŎRTE	*morte*	*muerte*	*mort*

FONTE: CARDEIRA, 2006, P. 36.

Castro (2004) também aborda o tema da contribuição da língua de substrato na definição dos vários romances, exemplificando com o comportamento do *f* inicial latino em castelhano: *farina > harina; filiu > hijo*. O autor afirma que esse é um fenômeno profundamente caracterizador que foi, a princípio, atribuído ao substrato ibérico, mas que deve relacionar-se ao substrato basco, uma vez que essa língua não tem o traço de fricatividade nas labiodentais /b/ e /v/. De acordo com essa análise, a fricativa labial surda /f/ teria evoluído para uma oclusiva aspirada /pʰ/ e, mais tarde, perderia o traço oclusivo, permanecendo apenas a aspirada /h/, que perderia essa aspiração:

$$F\text{-} > p^h > h > \emptyset$$

Com base nesses fenômenos de mudança do latim clássico para o latim vulgar e deste para as línguas românicas, analisaremos como ficou o sistema sonoro do galego-português.

(2.1.1) O sistema sonoro do galego-português

Nesta seção, com base em Teyssier (1997), apresentaremos as vogais em posição tônica, os encontros vocálicos e as consoantes do galego-português. Discutiremos alguns processos de mudança desde o latim, principalmente no sistema consonantal, e a consequência dessas mudanças para o português contemporâneo.

Conforme já mencionamos, na mudança do latim clássico para o latim vulgar, o **sistema vocálico tônico** passa de dez para sete vogais. Esse sistema se mantém no galego-português e persiste no português brasileiro (PB) até os dias atuais. O esquema da Figura 2.1, a seguir, é baseado no IPA, em que se utilizam símbolos diferentes dos usados por Teyssier (1997), como explicamos anteriormente.

Figura 2.1 – As vogais do galego-português

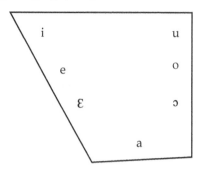

Os sistemas de vogais átonas pretônicas e postônicas são simplificados, com as átonas finais se reduzindo a três: /e/, /a/ e /o/. Teyssier (1997) inclui, em parênteses, um (/i/), justificando que as formas que apareciam com /i/ final, como os imperativos do tipo *vendi, parti,* ou as primeiras pessoas do singular dos perfeitos fortes, como *estivi, partisti,* no início do século XVI, já apresentavam um *-e* final: *vende, parte, estive, partiste.*

Em posição átona não final, apenas não aparecem as médias baixas, sendo o sistema reduzido a cinco vogais: /i/, /e/, /a/, /o/ e /u/, como em *quitar, pecar, trager, conhocer* e *burlar.*

Com relação aos **ditongos**, aqui estão as combinações apresentadas por Teyssier (1997):

Tibre final em -*i*:		**Timbre final em -*u*:**	
	ui	iu	
ei	oi	eu	ou
ai		au	

Devemos alertar aqui que o autor considerou a escrita para a apresentação dos ditongos. Mattos e Silva (2006) analisa os ditongos segundo Teyssier, mas os classifica da seguinte forma: ditongos com a semivogal /y/ e ditongos com a semivogal /w/.

É interessante notar que, nessa fase da língua, de acordo com Teyssier (1997), ainda não havia ditongos com as vogais abertas, mas Mattos e Silva (2006, p. 64) questiona se já nessa fase não haveria o ditongo /ɛw/, pois, conforme a autora, "afirma-se que palavras como *meu, deus, judeu* (lat. *meu-, deus, judaeu-*) teriam originalmente a vogal base do ditongo aberta [...]. Evidência para isso é o fato de não se rimar nos *Cancioneiros* tais ditongos com aqueles [...] que predizem uma vogal fechada".

Existem dois tipos de palavras a serem analisadas em relação às **vogais nasais**: o primeiro tipo é o das vogais seguidas por uma consoante nasal, em meio de palavra, como em *pinto, sente, campo, longo, mundo,* ou em final de palavra, como em *fim, quen, pan, acaron,* *comun*. Essa terminação em -*n*, ainda no galego-português, começa a ser grafada com -*m* – *quen* passa a *quem*, por exemplo, o que, com o tempo, se generaliza no português.

O segundo tipo seria o daquelas palavras que tiveram a queda do -*n*- intervocálico, o que resultou em hiatos, como *vĩo* (< *vinu*) e *mão* (< *manu*), pronunciadas com duas sílabas.

Uma última questão em relação às vogais seria a formação de **hiatos** em consequência da queda de várias consoantes, como em *leer* (< *legere*), *creer* (< *credere*), *mao* (< *malu*), *maa* (< *mala-*), *coor* (< *colore*).

Também com base na reconstituição do sistema por Teyssier (1997), apresentamos o quadro de **consoantes** do galego-português (Quadro 2.8). Mantivemos a terminologia empregada pelo autor, mas utilizamos os símbolos fonéticos do IPA[d].

Quadro 2.8 – As consoantes do galego-português

	Labiais	Dentais-alveolares	Palatais	Velares
Oclusivas				
Surdas	/p/	/t/		/k/
Sonoras	/b/	/d/		/g/

(continua)

---

d. Alteramos os seguintes símbolos, além das consoantes já citadas anteriormente em nota: /ɲ/ em lugar de /nh/; /ʎ/ em lugar de /lh/; /ɾ/ para a vibrante branda, o chamado tepe, em lugar de /r/, que utilizamos para representar a vibrante forte em lugar de /rʳ/. O /l/ é acompanhado em Teyssier (1997, p. 82) da seguinte nota: "O [l] dental e o [ɫ] velar eram, como hoje, as duas realizações fonéticas de um mesmo fonema /l/. No início de sílaba tínhamos [l] ex.: leer; e no fim de sílaba, [ɫ] ex.: mal". Trocamos os colchetes pelas barras no primeiro símbolo porque entendemos que o /l/ seja o fonema com dois alofones: [l] e [ɫ]. Na tabela original de Teyssier (1997), a dental aparece com colchetes e a velar, com barras. Quanto às semivogais, trocamos /y/ por /j/, mas mantivemos /w/. Vale mencionar também que preferiríamos utilizar o termo fricativas em lugar de constritivas, considerando que, em nosso entendimento, a classe das constritivas abrangeria um grupo maior, que contém não só as fricativas, mas também as laterais e as vibrantes; no entanto, decidimos manter a terminologia usada. Acreditamos que a opção do autor pelo termo se deveu à intenção de abarcar em um mesmo grupo as consoantes fricativas /f, v, s, z, ʃ, ʒ/ e as africadas /ts, dz, tʃ, dʒ/.

(Quadro 2.8 – conclusão)

	LABIAIS	DENTAIS--ALVEOLARES	PALATAIS		VELARES
Constritivas					
Surdas	/f/	/ts/	/s/	/tʃ/	/ʃ/	
Sonoras	/v/	/dz/	/z/	/(d)ʒ/		
Nasais	/m/	/n/			/ɲ/	
Laterais		/l/			/ʎ/	[ɫ]
Vibrantes						
Branda		/ɾ/				
Forte		/r/				
Semivogais			/j/		/w/

FONTE: TEYSSIER, 1997, P. 24.

Apresentamos também, no Quadro 2.9, os exemplos fornecidos por Teyssier (1997).

Quadro 2.9 – Exemplos com as consoantes do galego-português

OCLU-SIVAS	CONSTRI-TIVAS	NASAIS	LATE-RAIS	VIBRAN-TES	SEMIVO-GAIS
/p/: pan, rapaz	/f/: fazer	/m/: mar, amor	[l] den-tal: ler, falecer	/ɾ/ brando: fero	/j/ (escrito *i* ou *h*): dormio, dormho
/b/: bem, cabo	/v/: vida, aver	/n/: nojo, pano	/ʎ/: es-pelho, velho	/r/ forte: ferro	/w/ (escrito *u*): guarir, resguardo, quando

(continua)

(Quadro 2.9 – continuação)

Oclu-sivas	Constri-tivas	Nasais	Late-rais	Vibran-tes	Semivo-gais
/t/: tio, catar	/ts/ (escrito ç e c diante de e e i): çapato, paaço, cinta, cen	/ɲ/: vinha, venho	[ɫ] velar: mal, alçar		
/d/: dia, vida	/dz/ (escrito z): fazer, zarelhon				
/k/ (escrito c ou qu): creer, queixar	/s/ (escrito ss em posição intervocálica e s nas outras situações): passo, saber, vós				
/g/ (escrito g ou gu): gostar, guerra	/z/ (escrito s e somente em posição intervocálica): casa				
	/tʃ/ (escrito ch): chaga, ancho				

(Quadro 2.9 – conclusão)

Oclu-sivas	Constri-tivas	Nasais	Late-rais	Vibran-tes	Semivo-gais
/(d)ʒ/ (escrito *g* ou *j*): trager, já, cajón					
/ʃ/ (escrito *x*): leixar					

Fonte: Elaborado com base em Teyssier, 1997, p. 24.

Desse sistema de 24 consoantes (considerando-se que o /l/ se realiza com dois alofones), apenas algumas merecem atenção especial – o par /b/ e /v/ e todo o sistema das constritivas identificadas por Teyssier (1997). Mattos e Silva (2006) faz uma extensa descrição das mudanças nas consoantes desde o latim até o português que vão além daquelas apresentadas anteriormente, mas aqui vamos nos deter às labiodentais e às constritivas. Sobre essas consoantes, Mattos e Silva (2006, p. 83) aponta as seguintes questões:

- *Haveria uma constritiva labiodental /v/, opondo-se à oclusiva bilabial /b/ no período arcaico?*
- *As africadas sibilantes /ts/ e /dz/ e as africadas palatais /tʃ/ e /dʒ/, que resultam nas fricativas /s/ e /z/, /ʃ/ e /ʒ/ do padrão atual, se mantinham ainda no português arcaico [...]?*

Devemos, antes de discutir a análise desses aspectos, deixar claro que ela considera a primeira fase do período arcaico justamente o período do galego-português. Trazendo um quadro de Maia (1986, citada por Mattos e Silva, 2006) que, em lugar da fricativa labiodental /v/, inclui a fricativa bilabial /β/, a autora afirma que não há consenso na oposição /b/ – /v/. Todos concordam, porém, que a distinção se faz entre os dialetos do Centro-Sul, originários dos falares moçárabes, que faziam a distinção /b/ – /v/, e os dialetos setentrionais, que ainda hoje neutralizam a oposição. A oposição se tornou consistente e foi adotada na norma culta.

Concluindo a questão, Mattos e Silva (2006, p. 86) afirma:

*na fase galego-portuguesa, ou seja, na primeira fase do português arcaico,
no Noroeste peninsular, haveria uma oposição entre bilabial oclusiva e
bilabial constritiva (/b/: /β/), que convivia com os dialetos portugueses do
sul em que se faria a oposição bilabial oclusiva e constritiva labiodental
(/b/ : /v/). Na segunda fase, a oposição /b/: /β/ teria desaparecido nos dialetos setentrionais, neutralizando, portanto, os resultados históricos do
/b/ e do /v/ que se mantêm nos dialetos centro-meridionais, pelo esforço
do substrato moçárabe. Esta última situação configura o dialeto padrão
português, pelo menos desde o século XVI e marca até hoje como regional e estigmatizada a neutralização já realizada desde o período arcaico
nos dialetos do Norte.*

Quanto à segunda questão, a das africadas e fricativas sibilantes, Mattos e Silva (2006) argumenta que a africada palatal surda /tʃ/
permaneceu no dialeto padrão até fins do século XVI, mas a correspondente sonora /dʒ/ se tornou bastante instável muito antes disso,
pois começou a desaparecer já no século XIII. Essa instabilidade fica
representada no Quadro 2.8 pelo uso dos parênteses no primeiro
elemento da consoante mista – /(d)ʒ/.

Já Maia (1986, citada por Mattos e Silva, 2006) usou uma inter-
rogação depois do símbolo da africada sonora em seu quadro da
primeira fase do período arcaico e o retirou do quadro da segunda
fase. Teyssier (1997) menciona que o fonema africado sonoro perdeu
seu elemento oclusivo inicial e tornou-se um /ʒ/.

Quanto às constritivas dentais-alveolares, o sistema arcaico com-
portava quatro consoantes: duas africadas – /ts/ e /dz/ – e duas fricativas – /s/ e /z/.

/ts/ – *cen*

/dz/ – *cozer*

/s/ – *sen*

/z/ – *coser*

Teyssier (1997) afirma que não havia confusão entre essas africadas e as fricativas com os dois pares homorgânicos. Entretanto, por volta de 1500, as duas africadas perderam o elemento oclusivo inicial, mas a oposição se manteve pelo ponto de articulação. Segundo Mattos e Silva (2006), os historiadores da língua descrevem o sistema da seguinte forma: as africadas se transformam em predorsodentais, que se diferenciam das outras duas fricativas que são apicoalveolares. Assim:

$$/ts/ \longrightarrow /\underset{\scriptscriptstyle\cap}{s}/$$

$$/dz/ \longrightarrow /\underset{\scriptscriptstyle\cap}{z}/$$

$$/s/ \longrightarrow /\underset{\scriptscriptstyle\cup}{s}/$$

$$/z/ \longrightarrow /\underset{\scriptscriptstyle\cup}{z}/$$

Teyssier (1997) explica que as predorsodentais são pronunciadas com a língua para baixo, encostando-se o dorso nos dentes de cima, enquanto as apicoalveolares são pronunciadas com a ponta da língua quase tocando os alvéolos.

Respondendo, então, ao segundo questionamento de Mattos e Silva (2006), temos que a africada /tʃ/ se manteve estável na pronúncia do dígrafo *ch*. A sonora, contudo, bastante instável, desapareceu no século XIII, perdendo a parte inicial oclusiva e transformando-se na fricativa /ʒ/. As sibilantes também perderam o elemento oclusivo, mas se mantiveram distintivas pelo ponto de articulação, nos dois pares surdo e sonoro.

A partir da independência de Portugal, da Reconquista dos territórios dominados pelos árabes e do consequente aumento de prestígio das variedades faladas no Centro-sul, as línguas portuguesa e galega foram evoluindo em separado.

(2.1.2) A evolução do sistema sonoro para o português

Teyssier (1997) apresenta alguns itens especiais relativos à evolução fonética do português europeu (PE) desde o século XIV até a atualidade. São eles:

1. Eliminação dos encontros vocálicos

- vío > vinho
- galĩa > gallina > galinha
- bõo > bom
- irmãa > irmã
- leer > ler
- maa > má
- coor > cor
- diaboo > diabo
- mao > mau
- ceo > céu

Vemos diferentes estratégias na eliminação desses encontros. Em alguns, há a inclusão da consoante nasal palatal, representada pelo dígrafo *nh* entre as vogais do hiato, como em *vinho*. Em *bom*, a vogal nasal é determinada pela letra *m* que segue a vogal. Já em *irmã*, fica a vogal nasal com o diacrítico ~. A maioria, porém, apenas perde a vogal dobrada por contração. Esse processo de contração vai gerar uma distinção quando há uma vogal nasal, como em *gaanha > ganha*, adicionando a vogal [ɐ] ao sistema. Outra estratégia foi a contração de duas vogais orais em um ditongo. Com isso, houve um aumento no número de ditongos, de oito para onze. Foram incluídos os ditongos com as vogais abertas [ɛɪ] – *cruéis*; [ɔɪ] – *sóis*; [ɛʊ] – *céu*.

2. Novos ditongos pela queda de *-d-* nas desinências verbais

- estades > estaes > estais
- vendedes > vendees > vendeis

3. Permanência da distinção entre /b/ e /v/

- bala – vala
- cabo – cavo

Embora o padrão do português mantenha a diferença que havia no galego-português, em algumas regiões de Portugal, a produção é de uma consoante única, ou como oclusiva, ou como fricativa bilabial. Segundo Teyssier (1997, p. 40), "esse traço de pronúncia, chamado 'a troca de *b* pelo *v*', é um dos que deixam imediatamente reconhecer a origem provincial de tal ou tal locutor".

4. Evolução do sistema de sibilantes

Como vimos anteriormente, no galego-português havia um sistema de quatro sibilantes, ou seja, dois pares de consoantes homorgânicas, as predorsodentais e as apicoalveolares, com grafias coerentes: as primeiras com *ç* ou *c / z – paço, moça, parecer, cozer, vazio –*, e as segundas com *-ss-* ou *-s- – passo, disse, coser, rosa.*

No entanto, a partir de 1550, segundo Teyssier (1997), os textos começam a apresentar confusões ortográficas e, no final do século XVI, o português fica com um sistema de dois fonemas predorsodentais, um surdo /s/ em palavras como *paço* e *passo* e um sonoro /z/ como em *cozer* e *coser.*

Em Portugal, embora o sistema seja de duas fricativas sibilantes, a pronúncia no Centro-Sul é de uma predorsodental surda ou sonora, como no Brasil, mas no Noroeste-Centro-Leste se pronunciam tanto a surda como a sonora como apicoalveolares. Segundo Teyssier (1997, p. 43), essa pronúncia é conhecida como "s beirão". Ademais, conforme o autor, numa zona arcaica do Nordeste, conservam-se os quatro fonemas.

5. Monotongação de [ow] em [o]

- touro ['toɾo]
- pouco ['poko]
- sou [so]

Em algumas palavras, porém, o [ow] foi substituído por [oɪ] – *touro/ toiro, ouro/oiro, cousa/coisa.*

6. Passagem de [tʃ] para [ʃ]

Como vimos no Quadro 2.8, no sistema consonantal do galego--português havia uma africada surda que representava o som do dígrafo *ch* e uma fricativa palatal escrita com *x*. Assim, a primeira consoante de *chama* era diferente da consoante inicial de *xamã*. Contudo, a partir do século XVII, o elemento oclusivo da africada desaparece, e as pronúncias de *ch* e de *x* começam a se confundir.

7. Pronúncia chiante de *s* e *z* em final de sílaba

Em Portugal, atualmente, a pronúncia padrão de *s* e *z* em final de sílaba é da fricativa pós-alveolar ou palatal [ʃ] – *vista, faz frio* e [ʒ] – *mesmo, atrás dele.* Recomendamos a leitura de Teyssier (1997), que levanta algumas hipóteses de como pode ter ocorrido essa evolução do sistema. O autor também comenta sobre as variações entre a pronúncia chiante (pós-alveolar ou palatal) e não chiante (dental-alveolar) ainda existentes em Portugal e no Brasil.

8. Redução das vogais átonas [e] e [o]

Teyssier (1997, p. 47) afirma que essa redução de vogais é "um dos pontos mais importantes, mas também dos mais obscuros, da história do português". O autor apresenta várias hipóteses para os caminhos traçados por essas duas vogais em posição final ou como pretônica e propõe o Quadro 2.10 para descrever o sistema vocálico do PE.

Quadro 2.10 – Sistema vocálico do português no início do século XIX

Posição tônica		Posição pretônica		Posição átona final	
/i/	/u/	/i/	/u/		/u/
		/ë/		/ë/	
/ẹ/	/ọ/		/ọ/		
/ä/		/ä/		/ä/	
/ę/	/ǫ/	/ę/	/ǫ/		
/a/		/a/			

FONTE: TEYSSIER, 1997, P. 52.

Quanto ao PB, Magalhães (2019, p. 77), em uma análise das vogais pretônicas, afirma que "as vogais pretônicas na história do português brasileiro comportam-se de modo complexo, ou seja, sem nenhuma regularidade entre abaixamento e alçamento [...] a variação perpassa os séculos XVIII, XIX e XX com a mesma força identificada em períodos anteriores e persiste até os dias de hoje".

Entendemos, entretanto, que o que mais importa na evolução do sistema vocálico do PE é que, no caso da redução das pretônicas, o ritmo da língua é afetado. Segundo Abaurre e Galves (1998), essa redução tem como efeito a perda de batidas rítmicas, dando a impressão auditiva de uma fala rápida.

9. Monotongação ou manutenção de *ei*

Diferente da evolução do ditongo *ou*, da pronúncia [ow] para [o], a monotongação de [ej] para [e] não ficou generalizada em Portugal. A monotongação ocorreu no Sul, mas o ditongo foi mantido no Norte. Ocorreu, no entanto, na língua moderna, uma evolução de [ej] para [ɐj]. Esta, porém, não foi uma alteração exclusiva do ditongo. O [e] tônico também se transforma em [ɐ] diante de consoante palatal em palavras como *venho, espelho, vejo* e *fecho*.

10. Pronúncia uvular do "r" forte

Como o sistema consonantal do galego, o português mantém uma distinção entre o "r" forte, como em *carro*, e o "r" fraco, como em *caro*. Os dois fonemas seriam produzidos como apicais (alveolares): o fraco com uma batida de ponta de língua na região dos alvéolos, e o forte com várias batidas. Conforme Teyssier (1997), ao longo do século XIX, surge uma articulação fricativa uvular para o "r" forte. Afirma também o autor que ainda há a produção de uma constritiva velar como o *jota* do espanhol.

Para concluir, então, esta etapa descritiva da formação do sistema sonoro do português, vamos demarcar os caminhos tomados pelas três línguas ou variedades de línguas: o galego, o PE e o PB. Somente mais adiante entraremos na discussão sobre o fato de serem línguas diferentes ou variedades de uma mesma língua. Na próxima seção, vamos trazer as descrições de Monteagudo (2012) sobre as principais inovações e características de cada uma dessas línguas (ou variedades) no sistema sonoro.

(2.1.3) As inovações e as principais características fonético-fonológicas do português europeu, do galego e do português brasileiro

Monteagudo (2012) faz uma análise comparativa da evolução diacrônica do galego, do PE e do PB, com o objetivo de compor um panorama sintético que possa servir para investigações mais detalhadas na comparação entre esses três sistemas linguísticos. O autor parte do pressuposto de que há uma filiação genética entre o galego e o PB que recua ao protorromance comum, ao galego-português, passando por fases do português e do galego, até chegar ao ciclo da diversificação, como já mostramos no Quadro 1.1, no início do Capítulo 1. Depois de discorrer sobre os caminhos seguidos pelos três sistemas, o autor apresenta as inovações e as características contrastivas do PE, tido como padrão, do galego contemporâneo e do PB.

As inovações e as características fonético-fonológicas do PE

A primeira inovação refere-se ao **sistema vocálico tônico**. Como vimos anteriormente, no PE houve uma alteração no sistema vocálico caracterizada por uma oposição entre um fonema central baixo /a/ e outro mais alto /ɐ/ que distingue a primeira pessoa do plural do presente do indicativo – *nós falamos* [faˈlɐmoʃ] – da mesma pessoa do pretérito perfeito do indicativo – *nós falamos* [faˈlamoʃ]. Essas duas vogais também diferenciam a preposição *para* [ˈpɐɾə] do imperativo ou da terceira pessoa do presente do indicativo do verbo parar – *para* [ˈpaɾə]. O sistema vocálico tônico do PE, então, diferencia-se do galego e do PB por apresentar uma vogal a mais.

Figura 2.2 – As vogais do PE

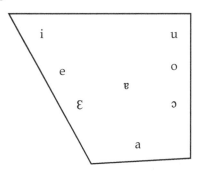

A segunda inovação diz respeito ao /e/ **tônico** (e em alguns casos do átono) que, em determinados contextos, é realizado como [ɐ], seja em monotongo, seja em ditongo, como também já mencionamos. Vejamos os exemplos:

a) No ditongo oral [ej] > [ɐj] – *primeiro*.
b) No ditongo nasal [ẽj̃] > [ɐ̃j̃] – *bem, homens*.
c) Diante de consoante palatal, em posição tônica [e] > [ɐ] – *venho, espelho, vejo, fecho*.

A terceira consiste no **enfraquecimento do vocalismo átono**. As vogais [a], [e] e [o] átonas passaram a [ɐ], [ə], [u] em todas as posições. Palavras como *parar* /paˈrar/, *meter* /meˈter/ e *morar* /moˈrar/ passam a [pɐˈrar], [məˈter] e [muˈrar]. Também acontece a supressão de sílabas por apagamento das vogais átonas [ə] e [u], soando algo como [mter] ou [mɾar]. Como dito antes, esse processo é dos mais importantes, se não o mais importante elemento caracterizador do PE, pelo fato de emprestar a ele uma musicalidade especial.

Podemos ver que o PE inovou em seu sistema vocálico, que, além de conter uma vogal adicional em relação ao PB, também apresenta diferenças fonéticas na vogal média anterior, ou seja, no /e/. A diferença mais acentuada, entretanto, está na produção das vogais átonas, pois estas interferem no ritmo da língua. Ao falarmos com pessoas portuguesas, percebemos que elas parecem "comer" as vogais, como em [mter] ou [mɾar].

As inovações e as características fonético-fonológicas do galego

A primeira inovação diz respeito ao fenômeno conhecido por *gheada*, que consiste na antiga consoante oclusiva velar sonora /g/ produzida como uma fricativa faringal ou glotal surda – [ħ] ou [h]: *gato* ['ħato], *grolo* ['ħrolo], *xogo* [ʃo'ħo]. Esse é um fenômeno bastante estigmatizado e sofre pressão da forma padrão.

A segunda corresponde ao fenômeno conhecido por *lleismo*, que consiste na deslateralização da palatal /ʎ/. Essa variante só é produzida pelas pessoas mais velhas. Os mais jovens produzem uma oclusiva palatal [ɟ] (realizada entre vogais como fricativa palatal [j] ou africada [dj]). A palavra *paella*, por exemplo, seria pronunciada por pessoas mais velhas na Galícia com o *ll* parecido com nosso *lh*, enquanto os mais jovens teriam uma pronúncia parecida com a do espanhol.

Cabe destacar que esses dois fenômenos de inovação do galego, apontados por Monteagudo (2012), indicam que essa língua tem sido influenciada pelo espanhol, certamente pelo ambiente de bilinguismo de seus falantes.

As inovações e as características fonético-fonológicas do PB

Vimos que as inovações no PE aconteceram no sistema vocálico, enquanto no galego os dois fenômenos apresentados concernem às consoantes. No PB, por sua vez, encontramos inovações tanto nas vogais quanto nas consoantes.

A primeira é a **nasalização e o fechamento das vogais que antecedem consoantes nasais heterossilábicas**: [a] > [ẽ] – *cama* ['kẽmɐ]; [ɛ] > [ẽ] – *gênio* ['ʒẽniʊ]; e [ɔ] > [õ] – *Antônio* [ã'tõnjʊ]. Notemos que, em PE, a grafia dessas duas últimas palavras leva acento agudo: *génio* e *António*.

Monteagudo (2012) traz a hipótese de Noll (2006) de que essa nasalização antes de consoante heterossilábica seria um traço conservador do PB, também presente em alguns dialetos europeus. Monteagudo, porém, discorda de Noll, argumentando que a nasalização não acontece no galego.

A segunda inovação são os fenômenos de **monotongação** e de **ditongação**. A monotongação é um fenômeno bastante característico no PB. O ditongo [ej] reduz-se a [e] diante de [ɾ] e de consoante palatal, como em *beira* ['berɐ], *peixe* ['peʃi] e *beijo* ['beʒʊ]. O ditongo [aj] também se transforma em [a] diante de consoante palatal, como em *baixo* ['baʃʊ]. No fenômeno da ditongação, há inserção de [j] diante de /S/ em palavras como *mês* [mejs], *dez* [dɛjs] e *rapaz* ['hapajs].

Monteagudo (2012) afirma que esses dois fenômenos seriam inovações: a monotongação testemunhada na escrita desde o século XVIII, e a ditongação, desde o século XIV. Abaurre (2019) vai colocar em dúvida essa afirmação de muitos autores de que se trata de um fenômeno inovador do português do Brasil, citando alguns autores que mencionaram processos de monotongação no PE já em textos como *Os Lusíadas*, com a grafia de *pexe* e *baxa* (Cunha, citado por Abaurre, 2019).

Outra inovação é o fenômeno da **epêntese em encontros consonantais**. O falante de PB costuma introduzir uma vogal epentética, geralmente uma variante de [i], quando encontra uma consoante oclusiva seguida de outra consoante, diferente de [ɾ] ou [l], seja na mesma sílaba, seja em sílabas diferentes: *psicologia* [pɪsɪkolo'ʒiɐ]; *advogado* [adʒivo'gadʊ] ou [adevo'gadʊ]; *ritmo* ['hitʃimʊ].

As **oclusivas sonoras não enfraquecidas em posição intervocálica** constituem a quarta inovação. Monteagudo (2012) destaca essa diferença entre falantes do PB e falantes do PE e do galego. Os brasileiros não produzem as consoantes /b/, /d/ e /g/ entre vogais como consoantes fricativas [β], [ð] e [ɣ], respectivamente, como fazem os galegos e os portugueses. O autor questiona a avaliação do fenômeno como um aspecto de conservação do PB, considerando que o galego e o PE compartilham essa variação.

A quinta inovação consiste na **vocalização do /l/ em final de sílaba**, pois, no PB, a consoante /l/ em final de sílaba, quase que de forma generalizada, é pronunciada como uma aproximante [w], como em *sal* [saw], *sol* [sɔw] e *falta* ['fawtɐ].

A sexta inovação é a **eliminação de [ɾ] em final de palavra**, um processo generalizado nos infinitivos dos verbos, a não ser que esteja antes de palavra iniciada com vogal. Apesar da generalização, ainda é um fenômeno estigmatizado, como em *casar* [ka'za] e *comprar* [kõ'pɾa].

A sétima é a **palatalização de [t] e [d] diante de [i]**, seja em sílabas tônica, como em *time* ['tʃimɪ] e *dito* ['dʒitʊ], seja em sílaba átona, como em *dente* ['dẽtʃi] e *direto* [dʒɪ'ɾɛtʊ]. Esse é um fenômeno muito espalhado pelo país, mas não é geral em todas as regiões.

A oitava é a **despalatalização de [ʎ]**. Monteagudo cita Castilho (2010), que considera esse processo um vulgarismo, em que uma palavra como *mulher* é pronunciada com despalatalização, como [mu'lɛ], ou com deslateralização, como [mu'jɛ]. O autor descarta a hipótese de que essa característica do PB seja um reflexo do contato com línguas indígenas ou africanas, uma vez que, no galego, também aconteceu a deslateralização do [ʎ].

Concluída nossa exposição sobre a formação do sistema sonoro do português, desde o romance denominado *galego-português* até a composição dos sistemas linguísticos do PE, do galego e do PB, vamos analisar, agora, as formações morfológicas e sintáticas.

(2.2) Do latim ao português: as questões morfológicas e sintáticas

As línguas românicas, segundo Teyssier (1997), são muito parecidas em sua evolução a partir do latim; a do galego-português, em particular, assemelha-se muito à do castelhano. Enumeramos, a seguir, as quatro principais mudanças ocorridas no latim para a geração do português.

1. **Simplificação da declinação nominal** – O latim é uma língua que tem um paradigma rico de morfemas, que definem o sistema de casos. Esses casos têm o papel de estabelecer a função gramatical de sujeito, objeto do verbo, objeto da preposição etc. (Mioto; Figueiredo Silva; Lopes, 2013). Por exemplo, em sentenças como *Puer puellam amat* (O menino ama a menina) e *Puella puerum amat* (A menina ama o menino), o morfema /-m/ em *puellam* e *puerum* é que marca o acusativo, caso que define o objeto direto – *a menina* no primeiro exemplo, e *o menino* no segundo. O latim clássico é uma língua de seis casos: nominativo, vocativo, acusativo, genitivo, dativo e ablativo. Já no latim imperial, esse sistema sofreu um processo de simplificação. Conforme Teyssier (1997, p. 17), "sobrevivem apenas duas formas oriundas do acusativo latino, uma para o singular e outra para o plural". Para Mattos e Silva (2006), esse processo de simplificação foi responsável por uma reestruturação da frase nas línguas românicas. Como as funções sintáticas não são mais marcadas pela flexão nominal, outros elementos entram em jogo para essa marcação: a ordem das palavras, as relações semânticas entre os sintagmas, o uso de preposições.

2. **Supressão do gênero neutro** – No latim clássico, além do feminino e do masculino, há o gênero neutro. De acordo com Monaretto e Pires (2012), o desaparecimento do gênero neutro foi provocado por uma confusão com o gênero masculino, que tinha terminações idênticas às do gênero neutro. Também havia alguma confusão com o gênero feminino em palavras terminadas em -*a*. Assim, houve a absorção das palavras do gênero neutro pelo masculino ou pelo feminino, conforme as marcas morfológicas e as regras fonológicas.

3. **Simplificação da morfologia verbal** – O sistema verbal do latim clássico sofre profunda alteração já no latim vulgar, e desse sistema partem os sistemas das línguas românicas na organização aspecto-modo-temporal. Da simplificação do sistema de morfemas resulta uma série de perífrases verbais. Da perífrase com o verbo *habere* – *amare habeo* – deriva o futuro do galego-português *amarei*. Segundo Mattos e Silva (2006), houve perdas e ganhos no sistema verbal do latim para o português.

4. **Formação do artigo definido** – Os artigos definidos *o, a, os, as* vêm das formas do demonstrativo de base *ille*, diferenciadas em número e gênero – *illum, illam, illos, illas*. Primeiramente essas formas se transformaram em *lo, la, los, las*. Como essas formas geralmente seguiam palavras terminadas em vogal, a posição intervocálica do *-l-* levou à eliminação da lateral, como aconteceu no processo já discutido ao abordarmos as mudanças do sistema sonoro.

Teyssier (1997) afirma que o empobrecimento da morfologia na passagem do latim para as línguas românicas resulta numa rigidez maior do ordenamento das palavras na frase. Enquanto, no latim clássico, as terminações nos nomes indicavam a função sintática pelo sistema de casos, no português, é a posição da palavra na sentença que vai determinar sua função gramatical.

(2.2.1) A morfologia e a sintaxe do galego-português

Ainda com base em Teyssier (1997), citaremos algumas particularidades na estrutura do galego-português, principalmente voltadas àqueles pontos que distanciam essa língua das línguas hispânicas e também que a distinguem do português contemporâneo.

1. **A morfologia do nome** – Incluem-se aqui substantivos e adjetivos.

    a) Plural de nomes terminados em *-l*: em razão da queda do *-l-* intervocálico, o *-l* cai no plural.

    - *sinal – sinaes*
    - *cruel – cruees*

    b) Nomes em *-ão, -an, -on*: assim como acontece com o *-l-* intervocálico, em virtude da queda do *-n-* intervocálico, palavras que provêm das terminações do latim *-anus, -anis* e *-onis* vão ter uma evolução especial que pode explicar as irregularidades hoje encontradas nos plurais dos ditongos nasais.

Quadro 2.11 – Nomes em -ão, -an, -on

SINGULAR			PLURAL	
manu-	> mano	> mão	manos	> mãos
cane-	> can(e)	> can	canes	> cães
leone-	> leon(e)	> leon	leones	> leões

FONTE: TEYSSIER, 1997, P. 27.

Teyssier (1997, p. 27) adverte:

no singular, cane *e* leone *perderam cedo o -e final. Quando os -n- intervocálicos caíram, havia muito tempo que se dizia* can *e* leon*: o -n- não era mais intervocálico, mas final, razão por que não caiu. No singular* mano *e nos três plurais, ao contrário, o -n- era intervocálico: caiu, então, depois de ter nasalizado a vogal anterior.*

Ocorre tanto em a) quanto em b) uma interferência de mudanças fonológicas na mudança morfológica. A queda de *-l-* e de *-n-* intervocálicos, conforme vimos na seção sobre questões de fonética e fonologia, também acontece no plural das palavras com essas consoantes no final.

2. **Os possessivos** – No sistema havia formas átonas e tônicas para o feminino.

Quadro 2.12 – Pronomes possessivos do galego-português

MASCULINO	FEMININO					
	Tônica			Átona		
meu	mia	mĩa	minha	mia	mha	ma
teu	tua			ta		
seu	sua			sa		

FONTE: TEYSSIER, 1997, P. 28.

Encontramos em Mattos e Silva (2006) a explicação para o que são as formas átonas e tônicas. As formas átonas são sempre seguidas pelo nome, que recebe a força de acentuação no sintagma nominal. Já as tônicas ou sucedem o nome ou o determinam. Os exemplos apresentados pela autora representam sucessivamente a forma átona, a tônica seguindo o nome e a forma com o nome elíptico:

a. *E o enmiigo britou em si toda* **sa felonia** *e toda* **sa sobérvha**.
b. *Non tirara* **a calça sua**.
c. *A terra muito alongada* **da sua**. (Mattos e Silva, 2006, p. 110)

3. **Os dêiticos** – Os demonstrativos e os advérbios de lugar são expostos por Teyssier no quadro a seguir.

Quadro 2.13 – *Os pronomes demonstrativos e os advérbios de lugar do galego-português*

Demonstrativos	este	esse
	aqueste	aquel(e)
Advérbios de lugar	aqui	ali
	acá	alá
	acó	aló

Fonte: Teyssier, 1997, p. 28.

O sistema ternário do português já estava definido nos demonstrativos para a primeira, segunda e terceira pessoas – *este, esse, aquele*, respectivamente. Segundo Mattos e Silva (2006), os demonstrativos latinos eram *ĭst-* (> *est*), *ĭps-* (> *ess-*) e *ĭll-* (> *el-*), em um sistema também tricotômico, ou seja, subdividido em três, mas o sistema do latim era bastante rico e complexo. Este faz referência à localização em relação ao campo do emissor (*este, esta, isto*), do receptor (*esse, essa, isso*) e fora do campo do receptor e do emissor (*aquele, aquela, aquilo*).

O demonstrativo *aqueste* seria uma forma "reforçada" de *este*, e teria igualmente as formas de segunda pessoa – *aquesse*. Quanto aos advérbios de lugar, as oposições são binárias entre os morfemas em *-i, -á* e *-ó*.

4. **A morfologia verbal** – O verbo em português, assim como o verbo latino, é um sistema flexional, orientado pelo ponto de vista semântico quanto às expressões de aspecto, tempo e modo. O sistema verbal do galego-português já é bem próximo do português contemporâneo. Teyssier (1997, p. 29) traz alguns destaques especiais:

   a) O mais-que-perfeito simples: *amara* (< amaram < amaueram) empregado no sentido temporal – *tinha amado*.

   b) O modal – *amaria*.

   c) O futuro do subjuntivo – *amar, fazer*.

   d) O infinitivo pessoal – *teer, teeres, teer, teermos, teerdes, teeren*.

   e) Formas da primeira pessoa do singular de alguns verbos – *senço (sinto), menço (minto), arço (ardo), perço (perco), moiro (morro), paresco (pareço)* etc.

   f) Formas da segunda pessoa do plural – *amades, vendedes, partides, seeredes* etc.

   g) Os verbos de segunda conjugação formam seu particípio passado em *-udo*: *avudo (aver), creúdo (creer), conhoçudo (conhocer), perdudo (perder), sabudo (saber), vençudo (vencer)* etc.

   h) As formas de tratamento – as formas existentes eram o tuteamento (uso de *tu*) para situações familiares e o voseamento (uso de *vós*) para situações em deferência.

É claro que a estrutura do galego-português não se restringe aos itens mencionados. Nosso objetivo aqui não é fazer uma análise exaustiva dessa etapa da evolução do português, e sim apresentar alguns elementos desse período arcaico como indicativos da evolução dos aspectos estruturais da língua portuguesa.

Na próxima seção, examinaremos algumas mudanças do galego-português para o português. Assim, vamos poder introduzir alguns aspectos do galego-português não citados nesta seção.

(2.2.2) A evolução da morfologia e da sintaxe para o português

Para fixar sua morfologia e sua sintaxe, o português sofreu uma série de transformações. Aqui estão algumas delas, também segundo Teyssier (1997, p. 55-56):

1. Foram eliminadas as formas átonas dos possessivos femininos – *ma, ta, sa*.

2. O sistema de dêiticos continua tricotômico, mas simplificado – demonstrativos: *este, esse, aquele*; advérbios de lugar: *aqui, aí, ali, cá* e *lá*.

3. O uso do partitivo como em *quero do pão* desaparece.

4. As preposições *per* e *por* reduzem a uma só, mas a combinação com o artigo permanece: *pelo* em lugar de *polo*.

5. As primeiras pessoas do tipo *senço, menço* e *arço* cedem lugar a *sinto, minto* e *ardo*.

6. Os particípios passados em *-udo* são substituídos por *-ido*: *perdudo* > *perdido*.

7. Algumas alternâncias vocálicas são regularizadas: *fezemos* > *fizemos*; *posemos* > *pusemos*.

8. A segunda pessoa do plural perde o *-d-* intervocálico e recebe as terminações *-ais, -eis* e *-is*: *amais, dizeis, partis*.

Assim como fizemos com o sistema sonoro, discutiremos algumas inovações implementadas na morfologia e na sintaxe da língua românica durante a separação e a evolução do PE, do galego e do PB, bem como algumas características especiais dessas três línguas. Vamos mais uma vez nos basear nas descrições elaboradas por Monteagudo (2012).

(2.2.3) As inovações e as principais características morfológicas e sintáticas do português europeu, do galego e do português brasileiro

Como vimos na seção sobre o sistema sonoro e como podemos perceber quando ouvimos um português e um brasileiro falando, consideramos que os dois sistemas sonoros são bastante divergentes. Também o galego, pela proximidade com a pronúncia do espanhol, destaca-se dos outros dois sistemas. As diferenças morfológicas e sintáticas, principalmente das variedades populares do PB, igualmente demonstram caminhos divergentes percorridos pelos três sistemas. Continuando com o levantamento feito por Monteagudo (2012), a seguir apresentaremos as inovações e as características especiais do PE, do galego e do PB, mas agora nas questões morfológicas e sintáticas.

As inovações e as características morfológicas e sintáticas do PE

1. **O uso do artigo acompanhando o adjetivo possessivo** – No galego-português, não se usava, com frequência, o artigo antes de outro determinante – *meu amigo*. Essa construção, no entanto, se alternava com o uso do artigo – *o meu amigo*. No PE, a tendência atual é o emprego dessa última variante, com o uso do artigo.

2. **Os pronomes de tratamento** – No PE, está consolidado um sistema complexo de tratamento do interlocutor – *tu* para tratamento familiar, *você* para relação de confiança, e uma terceira, de respeito, com diversas variantes, segundo o grau de cerimônia: *o, a senhor/a* (+ título: *doutor/a, professor/a, engenheiro...*), *vossa excelência*. Com o uso de *você*, os pronomes pessoais e possessivos devem ser o de terceira pessoa: *o, a/lhe, se, si, seu, sua, consigo*. Segundo Nascimento, **Mendes e Duarte (2018)**, o pronome *você* no PE é usado não só como uma forma de tratamento ofensiva, mas também como uma forma de respeito ou, ainda, para indicar familiaridade, conforme a região ou a posição social do falante. A forma *vós* caiu em desuso,

sendo substituída por *vocês, os senhores, vossas excelências*, mas o possessivo correspondente continua *vosso(s), vossa(s)*. Para a primeira pessoa do plural, é comum o uso de *a gente* em lugar do pronome *nós*.

3. **Colocação pronominal** – No PE, a posição não marcada para o pronome é a ênclise sempre que não venha antes do verbo um elemento que desencadeie a próclise: *Mandei-to ontem*. Além disso, é obrigatório o uso da mesóclise com o futuro do presente e o futuro do pretérito: *Mandar-to-ei na próxima semana./Mandar-to-ia ontem.*

4. **O pretérito mais-que-perfeito** – Esse tempo está confinado à língua escrita e literária em sua forma simples: *andara*. Foi substituído no uso corrente pelo tempo composto: *tinha andado*.

As diferenças fonético-fonológicas costumam ser muito mais salientes entre os sistemas, mas, na formação e organização das palavras, também podemos notar diferenças quando conversamos com portugueses. Parece-nos que a forma de uso e a colocação dos pronomes, por estarem mais próximas das regras que aparecem nas gramáticas normativas, tornam a fala dos portugueses mais formal. O que você acha?

As inovações e as características morfológicas e sintáticas do galego

1. **O sistema pronominal** – No galego, a forma *ti* substituiu o *tu* para a segunda pessoa do singular na função de sujeito: *Ti fuches levado ao médico*. Quando em função de objeto, se objeto direto, usa-se *te*: *Levámoste ao médico; Viute na rua*; se objeto indireto, usa-se o pronome *che*: *Deuche a man?; Entregamoscho a tempo*. Quanto à colocação, a regra coincide com o PE, isto é, sempre o pronome vem enclítico quando não há palavra atrativa, como advérbios de negação: *Non te quero; Nunca te quixen*.

2. **Os pronomes de tratamento** – Em galego, existem duas opções de tratamento ao interlocutor, o *ti (vós)* para situação de familiaridade ou proximidade e o *vostede (vostedes)* para polidez ou distância.

3. **A morfossintaxe do verbo** – O pretérito imperfeito do subjuntivo é um tempo que está caindo em desuso e sendo substituído pelo pretérito mais-que-perfeito (aquele com a terminação *-ra*) – *Se tivera mais diñero, comprábao* em lugar de *Se tivese mais diñero, comprábao*. O futuro do subjuntivo também está obsoleto, substituído ou pelo presente do indicativo – *Se chegas a tempo avisa* – ou pelo presente do subjuntivo – *Quen queira falar que fale*. Finalmente, o infinitivo tem sido usado como imperativo: "*Calar a boca, que non me deixades oír*" (Monteagudo, 2012, p. 81).

As inovações e as características morfológicas e sintáticas do PB

1. **A concordância** – No português popular do Brasil, existe uma tendência de marcar morfologicamente o plural no primeiro elemento do sintagma nominal, eliminando-se as marcas redundantes dos demais elementos – *Essas menina são bonita*. A eliminação da marca de número pode afetar também o verbo – *Todos na família vai bem*. O sistema verbal se encaminha para uma redução da flexão do verbo, principalmente em função do uso de *você* em lugar de *tu* e de *a gente* em lugar de *nós*. O verbo no presente e no pretérito do indicativo – *Eu falo/falei, você fala/falou, ele fala/falou, a gente fala/falou, eles falam/falaram*. A forma do plural pode também ser produzida com o verbo no singular na fala popular: *eles fala/falou*.

2. **O futuro** – O tempo futuro do indicativo está sendo substituído pela perífrase de infinitivo: em vez de *comprarei*, o falante usa preferencialmente *vou comprar*.

3. **O sistema pronominal** – Com o uso de *você*, o pronome *tu* é usado em apenas algumas regiões do Brasil. A expressão *a gente* tem substituído o pronome *nós*. As formas átonas *o(s), a(s)* também estão em desuso e, em seu lugar, usam-se *ele(s), ela(s)* – *Não vi ele nem encontrei ela*. O pronome *lhe* também tem sido pouco usado e não é empregado exclusivamente para objeto indireto como recomendado nas gramáticas, sendo bastante utilizado para

referir-se ao interlocutor – *Eu não lhe conheço*. Ao contrário do PE, *si* e *consigo* não são empregados em referência ao interlocutor – *Isto é para o senhor* (não *para si*); *Queria falar com o senhor* (não *consigo*). Também são comuns os seguintes usos:

- pronome *mim* como sujeito preposicional: *Isso é para mim comer;*
- pronomes *eu, ele(s), ela(s)* como sujeito de infinitivo: *Deixa eu falar com ela; Fez ele jurar uma coisa;*
- objeto não expressado: *Você viu ele? Ainda não vi [ele].*

4. **Colocação pronominal** – Diferentemente do PE e do galego, a regra de colocação de pronomes no PB se dá pela próclise – *Me disseram que ele chegou ontem; Vai me confessar um segredo; Estava lhe procurando no hotel; Os políticos haviam se corrompido.*

5. **Os verbos de movimento** – É comum o uso da preposição *em* com verbos de movimento – *Chegou no muro e virou.*

6. **Verbo *ter* com sentido existencial** – Em vez do verbo *haver* no sentido de "existir", o brasileiro prefere usar o verbo *ter* – *Tem festa hoje na vila.*

7. **O uso do artigo** – O artigo é pouco usado como determinante no PB – *Todo homem é bicho* –, diferentemente do PE – *Todo o homem é bicho*. Também o adjetivo possessivo pode vir sem o artigo – *Esqueci meu caderno no escritório.*

8. **Estratégias de relativização** – As estratégias mais frequentes no PB são:

- Relativas com lacuna: *Eu tenho uma amiga que é ótima.*
- Relativas com pronome lembrete: *Eu tenho uma amiga que ela é ótima; O vestido que eu saí com ele ontem está sujo.*
- Relativa cortadora: *O vestido que eu saí ontem está sujo.*

9. **A ordem SVO** – Em função de uma tendência, a explicitação do sujeito e o uso de objeto nulo, a ordem sujeito/verbo/objeto tem se tornado mais rígida.

10. **A perífrase de gerúndio** – Segundo Monteagudo (2012), no PE, alternam-se livremente as duas variantes da construção perifrástica dos auxiliares *estar/andar/ficar* + gerúndio ou infinitivo – *está chovendo/está a chover*. No PB, usamos apenas a perífrase de gerúndio.

Esses foram os principais itens listados por Monteagudo (2012) para marcar as características dos três sistemas derivados do romance galego-português no que se refere à morfologia e à sintaxe. No Capítulo 4, no qual descreveremos o PB com mais detalhes, voltaremos a esses pontos.

Para concluir este capítulo sobre a trajetória da língua desde o latim até o português, trataremos do léxico na próxima seção.

(2.3) Do latim ao português: as questões do léxico

Vejamos, agora, as análises de Teyssier (1997) quanto à formação do vocabulário. Da mesma forma que fizemos com o sistema sonoro e com as questões morfológicas e sintáticas, começaremos pelo latim clássico e pelo latim vulgar, passaremos pelo galego-português e chegaremos ao português. Neste capítulo, porém, não iremos nos aprofundar no léxico do PB. Voltaremos a tratar das questões de vocabulário do PB no Capítulo 4, dedicado especificamente a essa língua.

(2.3.1) Do latim ao galego-português e ao português

Segundo Teyssier (1997), o vocabulário latino transmitido ao galego-português vem tanto do latim clássico como do latim vulgar. A procedência de palavras das duas vertentes do latim dá à língua uma variação interessante de significação para os diferentes campos semânticos. No Quadro 2.14, listamos exemplos das duas origens.

Quadro 2.14 – Palavras do português oriundas do latim clássico e do latim vulgar

LATIM CLÁSSICO	LATIM VULGAR	PORTUGUÊS	
albus	blancus	alvo	branco
cogitare	pensare	cogitar	pensar
domus	casa	domo, domicílio	casa
equus	caballus	equino, égua	cavalo
felis	cattus	felino	gato
ignis	focus	ígneo	fogo
ludere	jocare	lúdico	jogar
magnus	grandis	magnífico	grande
scire	sapere	ciência	saber
sidus	stella	sideral	estrela

FONTE: ELABORADO COM BASE EM TEYSSIER (1997); ILARI (2018).

Teyssier (1997) afirma que, adicionalmente às palavras latinas, palavras do germânico e do árabe aparecem nos primeiros textos escritos. As de origem germânica estariam presentes na língua mesmo antes das invasões dos suevos e dos visigodos, e muitas delas também se apresentam nos vocabulários de outras línguas românicas: *guerra, guardar, trégua, roubar, espiar*. Vários nomes de pessoas como *Fernando, Rodrigo, Álvaro* e *Gonçalo*, e topônimos, como *Sendim, Guimarães* e *Gondomar*, segundo o autor, são igualmente originárias dos suevos e dos visigodos.

Já o árabe, conforme Teyssier (1997), emprestou quase mil palavras ao português, dado o longo tempo de presença muçulmana na Península Ibérica. Como o idioma árabe se tornou a língua dominante dos moçárabes, houve uma grande assimilação de um vasto léxico de origem árabe. Os vocábulos provenientes do árabe, de acordo com o autor, evidenciam as diversas áreas em que a civilização árabe-islâmica se desenvolveu na península: na agricultura – *arroz, azeitona, açucena, alface*; nas ciências, nas técnicas e nas artes – *alfinete, algarismo, álgebra, alicate, alicerce, azulejo, almofada*; na organização administrativa e financeira – *almoxarife, alfândega, leilão, tarifa*; na culinária – *acepipe, açúcar, almôndega*; na vida militar – *alferes, refém*; na habitação urbana e rural – *arrabalde, aldeia* etc. (Teyssier, 1997, p. 18).

Como é comum acontecer em todas as línguas quando ocorrem empréstimos linguísticos, a lusitanização das palavras árabes requereu adaptações fonéticas. O artigo *al* se aglutinou aos substantivos, produzindo palavras em sua forma natural, como em *al-godão > algodão*, ou com assimilação da consoante seguinte, como em *ar-roz > arroz, aç-çúcar > açúcar, az-zeite > azeite*.

Segundo Abreu e Aguilera (2010, p. 12), o vocabulário de origem árabe apresenta características facilmente observáveis:

a) vocábulos com *x-* inicial: *xadrez, xará, xerife, xarope*;

b) influência nos termos latinos com *ex-*: *enxame, enxuto, enxugar, enxofre*;

c) termos com terminação *-i* tônico: *aleli, javali, maçari* etc.;

d) sufixo *-i* transformado em *-il*: *anil, cordovil, candil* etc.;

e) sufixo *-i* muda para *-im*: *alecrim, carmesim, cetim, gergelim, jasmim, marfim* etc.

O adverbio *até* também é um arabismo.

(2.3.2) As palavras eruditas

Desde a formação da língua românica, as palavras latinas nunca deixaram de entrar na língua, mas houve um período especial em que o latinismo foi intenso no enriquecimento do vocabulário da língua portuguesa – o período do humanismo renascentista. Já não mais escrevendo em latim, mas profundos conhecedores da língua, os intelectuais portugueses do século XVI recorreram ao latinismo para enriquecer seus textos.

De acordo com Ilari e Basso (2009, p. 30), na cultura quinhentista, "o latim (clássico) exerceu com bastante vigor um papel que já vinha tendo desde a Idade Média: o de ser uma língua 'de reserva' à qual era possível recorrer para criar novos termos de caráter científico ou técnico de que se tinha necessidade". Nesse momento histórico da língua, os autores emprestavam palavras do latim e do grego e adotavam uma ortografia etimológica para marcar sua origem.

Teyssier (1997) aborda os extremos a que chegavam alguns escritores nessa prática. Uma palavra como *esse* é grafada como *epse* por causa do *ipse* do latim. Outras como *nocte* (noite), *septe* (sete), *oclhos* (olhos), *cognoscer* (conhecer) e *nunqua* (nunca) eram assim grafadas para ficarem mais próximas de *noctem, septem, oculos, cognoscere*. Podemos detectar também alguns enganos cometidos na época, como no caso da palavra *até*, grafada como *hacte*, como se viesse do latim *hac tenus*, ou como *té*, como se derivasse de *tenus*. Na verdade, a palavra *até*, como citamos na seção anterior, vem do árabe. Silva (2009) também dá um exemplo desses equívocos com a palavra *tesoura* grafada como *thesoura*, como se o étimo fosse *thesaurus* > *tesouro*, quando, na verdade, é *tonsoria*.

A título de exemplo, a seguir, apresentamos uma lista de palavras eruditas retiradas da obra de D. Duarte e apresentadas por Teyssier (1997, p. 57).

Palavras eruditas derivadas do latim

Abstinência	Infinito	Perseverar
Abranger	Infruência	Pertinaz
Apropriar	Insensibilidade	Reduzir
Circonstância	Intelectual	Reputar
Circonspecto	Letradura	Restituiçom
Encorrer	Lograr	Satisfaçam
Eficácia	Malícia	Sobrepujar
Enterpretar	Meritório	Solícito
Evidente	Notar	Torpe
Fugitivo	Obstinaçom	Vicioso

Como vemos, houve dois tipos de processos de derivação de palavras latinas na língua portuguesa: um natural e outro erudito. Basso e Gonçalves (2014, p. 119) exemplificam com as palavras *chão* e *plano*, que têm a mesma origem latina – *planum*. A primeira veio de um processo natural e passou por diversas mudanças (planum > [tj] anu > [tj]ãu > chão), e a segunda veio posteriormente por derivação erudita. Esses autores mencionam também que, ao lado dessas derivações, "encontramos às vezes uma derivação semierudita, na qual uma forma intermediária entre as duas é usada. Os étimos latinos *macula* e *articulum* resultaram, respectivamente, nas formas populares, semieruditas e eruditas *malha, mancha, mágoa, mácula,* e *artelho, artigo, artículo*" (Basso; Gonçalves, 2014, p. 119).

Enfim, o processo de formação do léxico da língua portuguesa em sua relação com a língua latina, assim como com diversas outras línguas, que vamos analisar mais adiante, tem muitas nuances e demonstra a complexa relação entre a língua, a sociedade e a cultura.

Síntese

Neste capítulo, continuando com a história da língua portuguesa, tratamos das mudanças linguísticas desde o latim, passando pela língua românica formada no noroeste da Península Ibérica, o galego-português, até chegar ao português. Abordamos as mudanças ocorridas no sistema sonoro, nas estruturas morfológicas e sintáticas e na composição do léxico. Citamos alguns exemplos da mudança do latim clássico para o latim vulgar, observamos a estrutura da língua românica denominada mais tarde de *galego-português*, fizemos algumas comparações com o castelhano e o catalão e analisamos algumas características especiais das três ramificações geradas a partir desse romance: o português europeu, o galego e o português brasileiro.

Nas questões fonético-fonológicas, vimos a evolução no sistema vocálico e consonantal; nas mudanças estruturais na morfologia e na sintaxe, analisamos a evolução dos pronomes, dos advérbios de lugar e da flexão verbal; nas questões lexicais, tratamos da volta do latim com as palavras eruditas. Em cada nível da estrutura, destacamos características especiais dos três sistemas formados.

Nos próximos capítulos, vamos nos concentrar no português brasileiro, enfocando, no Capítulo 3, o multilinguismo em sua formação.

Atividades de autoavaliação

1. Segundo Castro (2004), as línguas românicas dividem-se em seis áreas principais. Indique se as afirmações a seguir sobre essas áreas são verdadeiras (V) ou falsas (F):

    ( ) A área íbero-românica inclui o galego, o português, o castelhano e o catalão-valenciano.

    ( ) A área galo-românica inclui o romanche, o ladino e o friuliano.

( ) A área reto-românica inclui o francês, o provençal e o franco-provençal.

( ) A área balcano-românica inclui o moldavo e o daco-romeno.

( ) A área ítalo-românica inclui o piemontês, o lombardo, o lígure, o veneziano e o toscano.

( ) O sardo faz concorrência com o italiano-padrão e é considerado um dialeto degenerado.

Agora, assinale a alternativa que corresponde à sequência correta:

a) V, V, F, V, V, V.
b) F, F, F, V, V, V.
c) V, F, V, F, V, V.
d) V, V, F, V, V, F.
e) V, F, F, V, V, V.

2. Assinale a alternativa em que o processo indicado **não** é mudança do latim clássico para o latim imperial que resultou no galego-português:

a) Redução do sistema vocálico de dez para sete vogais.
b) Mudança nos grupos consonantais *pl-*, *cl-*, *fl-* para a africada [tʃ] grafada com *ch*.
c) Queda do *-l-* intervocálico.
d) Queda do *-n-* intervocálico.
e) Eliminação do encontro vocálico com a inserção da nasal palatal [ɲ] grafada com *nh*.

3. Sobre as diferenças fonológicas entre o português europeu e o português brasileiro, é correto afirmar que:

a) o sistema vocálico do português europeu tem uma vogal a mais do que o sistema do português brasileiro, este com sete vogais e aquele com oito.
b) as vogais do português europeu sofrem uma nasalização mais acentuada do que as do brasileiro.

c) tanto falantes de português europeu quanto os de português brasileiro costumam usar epêntese vocálica para desfazer encontros consonantais como em *advogado*, pronunciando [adʒivoˈgadʊ].

d) o fenômeno chamado *lleismo*, que deslateraliza da palatal /ʎ/, é comum no português europeu, mas não no português brasileiro.

e) o sistema silábico do português europeu é mais complexo do que o do português brasileiro, visto que apresenta a possibilidade de um ataque com três consoantes.

4. Analise se as afirmações a seguir são verdadeiras (V) ou falsas (F) em relação às mudanças nos sistemas morfológico e sintático para o português:

( ) Houve uma simplificação do sistema de dêiticos, com a eliminação do grupo de demonstrativos *aqueste* e dos advérbios de lugar *acá, acó, alá* e *aló*.

( ) *Ma, ta, sa*, formas átonas dos possessivos femininos, desapareceram.

( ) As formas do particípio passado foram transformadas de *-udo* para *-ido* – *perdudo* mudou para *perdido*.

( ) A segunda pessoa do plural desapareceu.

( ) Foi eliminada a preposição *per*, inclusive a contração com o artigo *pelo/pela*.

Agora, assinale a alternativa que corresponde à sequência obtida:

a) F, V, F, V, V.

b) V, V, V, F, F.

c) F, V, V, V, F.

d) F, F, V, F, V.

e) V, F, V, F, V.

5. Assinale a alternativa que indica as características morfológicas e sintáticas do português brasileiro que são consideradas estigmatizadas:

a) A colocação pronominal em próclise e a perífrase de infinitivo para o futuro.

b) A concordância verbal no singular com sujeito plural e o plural não redundante no sintagma nominal.

c) O uso de *ter* em lugar de *haver* e a próclise.

d) A perífrase de gerúndio e o verbo *ter* com sentido existencial.

e) A estratégia de relativização com lacuna e a perífrase de gerúndio.

Atividades de aprendizagem

Questões para reflexão

1. Selecione dois textos de gêneros diferentes, escritos por brasileiros, e procure exemplos das seguintes características morfológicas/sintáticas: colocação pronominal em próclise; perífrase de infinitivo para indicar futuro; verbo *ter* existencial; verbo de movimento com a preposição *em*. Escreva um texto sobre as formas encontradas e reflita com colegas sobre esses fenômenos e os gêneros textuais selecionados.

2. Escolha um material em vídeo falado por uma pessoa brasileira – programa de televisão, na internet, em rede social. Assista ao vídeo por três a cinco minutos e anote o uso de formas estudadas no capítulo que evidenciem as características do português brasileiro, tanto fonético-fonológicas como morfológicas e sintáticas. Depois, discuta os fenômenos encontrados com seu grupo.

Atividade aplicada: prática

1. Faça uma pesquisa de palavras eruditas de origem latina que entraram na língua por latinização tardia e que sejam comparáveis com palavras de mesmo sentido mais comuns, como *cogitar/pensar, felino/gato, sideral/estelar*. Elabore uma atividade didática para ensino de vocabulário. Pode ser um jogo de palavras cruzadas ou caça-palavras.

(3)

O português brasileiro: uma multiplicidade de línguas

Conforme vimos nos dois primeiros capítulos deste livro, o curso percorrido pela língua até chegar à estrutura que hoje consideramos nossa língua portuguesa, independentemente do que caracterizamos como "nossa língua", foi um caminho de muitos encontros e desencontros, muitas assimilações, bifurcações, ramificações.

Neste capítulo, estenderemos nossa análise sobre os fatos históricos, políticos, sociais e linguísticos ocorridos na língua portuguesa e sobre os contatos com diversas outras línguas que foram responsáveis pela geração das variedades linguísticas que convivem hoje em nosso país.

Primeiramente, examinaremos os diversos cenários de multilinguismo e a história sociolinguística no Brasil. Na sequência, apresentaremos as diferentes hipóteses lançadas sobre o processo de formação do português brasileiro popular, em um acalorado debate no qual se discutem os termos *influência, semicriolização, crioulização, deriva secular, transmissão irregular* e *nativização*.

Elucidada a terminologia e compreendidas as diferentes visões sobre a formação do português brasileiro (PB), descreveremos a língua sob a perspectiva da polarização engendrada pela imposição do português culto como língua hegemônica e pela estigmatização do português popular, falado pela grande maioria da população brasileira.

(3.1) O português do Brasil: o multilinguismo a partir das línguas indígenas e africanas

Mattos e Silva (2004b) descreve a história sociolinguística do Brasil como a passagem de um multilinguismo generalizado para um multilinguismo localizado. A autora afirma que o multilinguismo generalizado se estendeu até meados do século XVIII, quando foi "até certo ponto freado pelas leis pombalinas de política linguística" (Mattos e Silva, 2004b, p. 123).

Para deixarmos mais claro o que é o multilinguismo localizado a que se refere Mattos e Silva (2004b), recorremos à explicação de Luchesi (2017, p. 349) de que

> hoje cerca de 98% da população tem o português como língua materna, conquanto o Brasil seja também, e paradoxalmente, um dos países de maior diversidade linguística do planeta, com centenas de línguas indígenas pertencentes a cinco famílias tipologicamente diferenciadas (embora a maioria esteja em vias de desaparecimento), e dezenas de línguas de imigração.

Em outras palavras, o multilinguismo localizado está nos 2% da população que não reconhecem o português como língua materna. Contudo, além das línguas indígenas, reconhecidas como nacionais na Constituição Federal de 1988, e das várias línguas faladas nas comunidades de imigrantes de diversas nacionalidades, há uma variedade de línguas invisíveis embutidas nos falares brasileiros. São línguas da África trazidas pelos milhões de escravizados que deixaram marcas na língua portuguesa pelos processos de aquisição linguística na época da escravidão. Os milhões de africanos, falantes de diversas línguas, eram a população predominante na área rural, porém foram ocupando também, progressivamente, os centros urbanos.

O multilinguismo no Brasil já existia antes da colonização portuguesa. Não se sabe ao certo, mas estima-se que mais de 1.200 línguas eram faladas no Brasil quando aqui chegaram os portugueses (Faraco, 2019). Por um lado, para sobreviverem e, por outro, para imporem sua dominação, os portugueses foram obrigados a aprender a se comunicar com os indígenas em suas línguas. As chamadas *línguas gerais* foram usadas pelos jesuítas para a catequização, pelas sociedades mamelucas em seus ambientes familiares e por comerciantes diversos.

A língua geral paulista, de base tupi, também foi utilizada pelos bandeirantes ao se embrenharem pelo interior dos estados de Minas Gerais, Goiás e Mato Grosso do Sul. No norte do país, uma língua geral de base tupinambá, que era usada no Maranhão, foi levada para o Pará e o Amazonas na expansão da colonização portuguesa naquela região. Ficou conhecida como *língua geral amazônica*.

Segundo Faraco (2019, p. 133), a língua geral paulista nasceu de um "caldo de heterogeneidade e hibridizações", que durou de meados do século XVII até meados do século XVIII. Esse fenômeno linguístico surge da mistura de falantes de português, de indígenas tupi e de indígenas não tupi, formando um processo de tupinização linguística.

Conforme Mattos e Silva (2004b), havia certa homogeneidade linguística e cultural ao longo do litoral, o que possibilitou a gramatização da *Língua mais falada na costa do Brasil*, título da gramática do

Pe. José de Anchieta, publicada em 1595. Essa gramática serviu de base tanto para a cristianização da população indígena quanto para a aprendizagem dos colonizadores letrados. De meados para o final do século XVIII, essa língua cai em decadência, de acordo com Faraco (2019, p. 136), "possivelmente em decorrência das mudanças sociais e econômicas resultantes da descoberta do ouro em Minas Gerais".

A língua geral amazônica, a partir do Maranhão, começou a avançar na colonização da região amazônica em meados do século XVIII. Foi bastante utilizada na região até o século XIX, quando entrou em declínio. Entretanto, é usada até hoje, com a denominação *nheengatu* (que significa "língua boa"), na região do Alto Rio Negro, "alçada à condição de língua cooficial no município de São Gabriel da Cacheira no Estado do Amazonas, onde são faladas cerca de trinta línguas indígenas de cinco famílias distintas" (Lucchesi, 2017, p. 363).

Faraco (2019) destaca que a língua geral amazônica esteve no centro de conflitos políticos entre as autoridades portuguesas e os missionários jesuítas. Para garantir a presença portuguesa na vasta área amazônica, na visão do Marquês de Pombal, era necessária a incorporação efetiva da população indígena à sociedade colonial. Em 1755, os indígenas foram emancipados, ou seja, foram retirados da tutela dos jesuítas e da situação de escravidão. No contexto desse quadro político, em 1758, o Marquês de Pombal lançou um projeto chamado *Diretório*, no qual definiu as linhas básicas de uma ampla política indigenista, com diretrizes sociais, culturais e econômicas. Essas diretrizes estabeleciam um embate frontal com os objetivos dos missionários.

Até então, a política linguística era bastante frouxa e aos missionários cabiam a tutela e o ensino do português. Além disso, o conhecimento da língua geral era incentivado. A edição do Diretório, no entanto, proibiu o uso da língua geral amazônica, descrita no documento como "invenção verdadeiramente abominável e diabólica" (Faraco, 2019, p. 139). O uso da língua portuguesa deveria ser determinado pelos diretores das vilas, enquanto a língua geral ou mesmo as línguas próprias das nações não deveriam ser permitidas.

No ano seguinte ao lançamento do Diretório, em 1759, os jesuítas foram expulsos de Portugal e das colônias. Por várias dificuldades de implantação, entretanto, o Diretório foi revogado em 1798. Enquanto as línguas gerais no litoral do Sudeste e no Norte definiam a comunicação entre os colonos e a população indígena, no Nordeste a cultura de cana-de-açúcar nos estados da Bahia e de Pernambuco foi responsável por exterminar a população indígena, que foi logo substituída pela importação de escravizados africanos. A partir da instalação do primeiro governo-geral, em 1549, o tráfico regular dos escravizados foi estimulado. No período de 300 anos, aproximadamente 4 a 5 milhões de pessoas de diferentes pontos da África foram trazidas ao Brasil e, com elas, uma grande diversidade étnica e linguística.

O período do tráfico se estendeu até o século XIX e passou por diversos ciclos definidos por razões econômicas, como a cultura da cana-de-açúcar e do fumo nos séculos XVI e XVII, a exploração das minas de ouro e de diamantes, a cultura de algodão e de arroz e a colheita de especiarias no século XVIII e a cultura de café no século XIX (Bonvini, 2020a).

Com a entrada constante de escravizados africanos, falantes de diferentes línguas, agregando-se ao cenário multilinguístico já existente da população indígena e à língua portuguesa do grupo dominante minoritário, o plurilinguismo vai marcar a história sociolinguística do Brasil. A relação entre as línguas africanas e a língua portuguesa não foi das mais simples. Bonvini (2020a, p. 59) assim descreve essa relação:

> *Instaurada há séculos e inscrita no próprio coração do tráfico, ela desenvolveu-se no Brasil num jogo de alternâncias e de contatos linguísticos em que as línguas africanas exerceram, sucessivamente, um papel cada vez menos determinante em face daquele preenchido pela língua portuguesa. Elas passaram de um estatuto inicial de língua plena e generalizada (quimbundo), primeiro, ao de língua veicular e pidginizada ("mina"), em seguida ao de língua veicular (iorubá) geograficamente circunscrita e limitada a um contexto plurilíngue e africano, para acabar numa fase*

de extinção progressiva, por falta de renovação suficiente de seus falantes, sobrevivendo finalmente apenas em lugares confinados, sob forma de línguas cultuais e secretas.

A violência física, cultural, simbólica e psicológica pela qual passaram os escravizados foi a principal responsável pelo desaparecimento das línguas africanas. Os escravizados de mesma etnia e língua eram separados quando chegavam ao país. Assim, tinham descaracterizada a sua cultura, tornando-se fracos diante de seus senhores. Por um tempo, foram levados a utilizar línguas francas, como o quimbundo e a língua geral da mina[a], numa relativa uniformização, mas progressivamente essas línguas francas foram sendo abandonadas em favor da língua portuguesa. E a diversidade acabou por favorecer a uniformização (Faraco, 2019).

A hegemonização do português foi favorecida, primeiramente, pelo ciclo econômico do ouro ao longo do século XVIII e aprofundada, no início do século XIX, com a chegada da corte portuguesa ao Rio de Janeiro. Esses dois momentos de grande onda migratória vinda de Portugal colaboraram para "a difusão da língua portuguesa no Brasil, aumentando o acesso dos escravos a modelos da língua-alvo do segmento dominante e penetrando nas regiões do interior de São Paulo, Minas Gerais e Goiás, onde antes predominava a língua geral" (Lucchesi, 2009c, p. 48).

A expansão da língua portuguesa e a quase ausência de escolarização nesses séculos estabelecem o aprendizado de português de forma não sistematizada e precária, processo a que Lucchesi e Baxter (2009) chamam de *transmissão linguística irregular* (TLI). Segundo os autores, a aquisição precária, não só pelos escravizados trazidos da

---

a. Língua falada na cidade de Ouro Preto (MG), na época chamada Vila Rica, no século XVIII, no período da mineração. A língua de base *ewe-fon* denominada *mina-jeje* por Yeda Pessoa de Castro era usada por boa parte dos escravizados de Vila Rica (Lucchesi, 2004). O quimbundo é uma das línguas de Angola, falada principalmente por escravizados africanos na Bahia e muito utilizada pelos jesuítas, também em outros lugares do Brasil, como língua veicular (Bonvini, 2020a).

África, mas também pelos indígenas integrados à sociedade colonial, repercute na língua portuguesa. A nativização desse modelo defectivo no português das gerações seguintes vai resultar em uma variedade da língua dominante – o português popular do Brasil (PPB).

Esse tema tem produzido debates fervorosos nos meios acadêmicos com visões divergentes e convergentes sobre a possibilidade de crioulização do PB.

(3.1.1) A hipótese de uma origem crioula do português brasileiro

É comum encontrarmos textos na literatura que apresentam posições contrárias ao explicar a formação do PPB: uma **externalista**, que seria a visão crioulista, e outra **internalista**, que seria a visão derivista (Queriquelli, 2013). No entanto, entre uma e outra, várias hipóteses surgem, e uma série de termos são usados para esclarecer o desenvolvimento do PB e as diferenças que o distanciam do português europeu (PE), especialmente na formação do português popular.

Ao fazer uma extensa descrição sobre a relação das línguas africanas com o português falado no Brasil, Bonvini (2020a) inicia com uma revisão das hipóteses de base externalista, ou seja, que defendem a visão de que a diferença entre o PB e o PE decorre do contato entre o português e as diversas línguas que circulavam no período colonial, em particular as línguas africanas. O autor traz o início do debate com os textos de Renato Mendonça e Jacques Raimundo (ambos de 1933), que concluíram em seus trabalhos que "a maior parte dos aspectos característicos do PB se deve à influência das línguas africanas, principalmente o quimbundo e o iorubá" (Bonvini, 2020a, p. 17).

Outros textos lançados mais tarde, também citados e comentados por Bonvini (2020a), diminuem a importância da influência africana, trazendo à tona as hipóteses da crioulização e da deriva. Segundo Serafim da Silva Neto (1950, citado por Bonvini, 2020a), os crioulos e os semicriolos africanos eram uma deformação e uma simplificação do português. Esse autor talvez tenha sido dos primeiros a relacionar os dialetos rurais do Brasil aos falares dos escravizados africanos. Para ele, o desaparecimento dos crioulos e dos semicrioulos se deveu à ascensão social do mestiço, que buscou o ideal linguístico do português padrão.

Outro posicionamento, o de Gladstone Chaves de Melo (1946, citado por Bonvini, 2020a), utiliza o conceito de *deriva*[b], de Sapir, para desqualificar os aspectos crioulizantes. Nessa visão, independentemente de qualquer influência externa, as características do português popular refletiriam o desenvolvimento ou a manutenção de algo interno à língua, o que corresponde a uma posição internalista.

O ponto de vista de Sílvio Elia (1979, citado por Bonvini, 2020a), por sua vez, estabelece o conceito de semicrioulo, que seria um estágio preparatório para o crioulo. Conforme esse autor, não houve crioulos no Brasil, pois não houve fusão de cultura, apenas a assimilação de uma cultura pela outra, o que seria uma característica da formação de semicrioulos.

Outra autora mencionada por Bonvini (2020a) é Yeda Pessoa de Castro (1976, 1980), que segue o mesmo entendimento de que não houve crioulo no Brasil, admitindo, porém, uma influência africana no PB.

Após essa introdução, Bonvini apresenta autores que têm sido alvo de debates mais recentes que reavivaram e esquentaram as discussões sobre as diferenças entre o PPB e o chamado *português padrão*[c]. No centro dessa discussão estão agora os estudos de Guy (1981), Holm (1987), Naro e Scherre (1993), Baxter e Lucchesi (1997) e Lucchesi e Baxter (2009).

---

b. Segundo Avelar e Galves (2014, p. 243), os defensores da hipótese da deriva "argumentam em favor de que todas as marcas gramaticais do português brasileiro foram trazidas de Portugal, não havendo nenhuma propriedade inovadora devida à ação de contatos interlinguísticos". Conforme os mesmos autores, esse conceito se contrapõe à ideia de que "o português brasileiro apresenta características gramaticais que emergiram como consequência do contato, em particular no que diz respeito à constituição das suas variedades populares" (Avelar; Galves, 2014, p. 243).

c. Discutiremos os conceitos de *norma* e os adjetivos que acompanham o termo (*culta*, *padrão* etc.) no Capítulo 5.

Guy (1981), com base na teoria variacionista, analisou dados de fala de pessoas não escolarizadas do Rio de Janeiro e levantou a hipótese da existência de um crioulo português formado no século XVII. Ao examinar dados da morfossintaxe de seus informantes, especialmente nas concordâncias nominal e verbal, concluiu que o português popular teria se formado por um processo de descriolização. Holm (1987), por seu turno, defendeu a existência de um semicrioulo no Brasil, gerado por um processo de reestruturação parcial pelo contato de uma língua crioula com outra não crioula. Essas hipóteses são contestadas por Lucchesi (2001) ao argumentar que o contexto de formação da sociedade brasileira não era propício à criolização do português como aconteceu nas ilhas do Caribe e no sul dos EUA, onde emergiram boa parte das línguas crioulas conhecidas no mundo.

Dante Lucchesi e Alan Baxter (2009) desenvolveram um trabalho de campo em comunidades rurais do interior da Bahia, algumas originadas de antigos quilombos, para produzir um estudo empírico sobre a relação das variedades populares do português no Brasil com línguas africanas de contato. Os pesquisadores desenvolveram o conceito de *transmissão linguística irregular* (TLI), que indica que o contato entre línguas teve papel central na formação das variedades do PPB. Lucchesi e Baxter (2009) apresentam dois níveis de TLI: uma radical e profunda, que seria a criolização pela geração de uma nova língua, e outra mais leve, que geraria uma variedade da língua dominante. Esse seria o processo ocorrido com o PPB, um caso de TLI leve.

Lucchesi (2019, p. 248) explica que essa diferença se comprova pelo parâmetro da inteligibilidade:

> *O PPB é inteligível para falantes do português, mesmo do português europeu, enquanto os crioulos portugueses (mesmo o cabo-verdiano, considerado um crioulo "leve") não o são para falantes nativos do português, sua LL [língua lexicadora]. Essa ininteligibilidade é fruto de profundas e radicais mudanças estruturais que ocorrem na PC [pidginização/criolização], mas não acontecem em casos de TLI mais leve.*

Discordantes do conceito de TLI, Scherre e Naro (2001) descartam qualquer possibilidade de uma história crioula para o PB, seja um semicrioulo, seja uma leve crioulização subjacente. Os autores recorrem também ao conceito de *deriva*, já invocado por Melo (1946, citado por Bonvini, 2020a), localizando no PE "as origens de traços do PB, atribuídos a processos de crioulização" (Scherre; Naro, 2001, p. 46). Esses dois autores enfatizam, ainda, que os traços linguísticos considerados estigmatizados podem também ser identificados no PE não padrão moderno.

> *O português brasileiro é o resultado natural da deriva secular inerente na língua trazida de Portugal, indubitavelmente exagerada no Brasil pela exuberância do contado de adultos, falantes das mais diversas origens, e da nativização desta língua pelas comunidades formadas por esses falantes e seus descendentes.* (Scherre; Naro, 2001, p. 47)

Divergindo de Scherre e Naro (2001), Lucchesi (2012) afirma que os argumentos desses autores, com base nos fatos por eles sistematizados, não foram capazes de convencer que o contato entre línguas não tenha sido importante na formação do português do Brasil e que os dados do português arcaico sejam válidos para comprovar a hipótese da deriva.

Em meio a esse debate, Mattos e Silva (2004b) encontra um caminho do meio. A autora considera os dois caminhos percorridos pela língua portuguesa no Brasil, um em contexto social de transmissão irregular por ser livre de escolarização e, consequentemente, da escrita. Nesse caso, as variedades resultantes se afastam em vários aspectos do PE e se aproximam de crioulos de base portuguesa. No entanto, há outro grupo social que adquire uma língua muito próxima do PE, baseada na língua escrita, resultante da educação formal. No primeiro caso, a autora defende a possibilidade de uma crioulização prévia, embora leve, mas, no segundo caso, a hipótese da deriva natural apressada pela história não deve ser desconsiderada.

Entendemos ser convergente essa posição de Mattos e Silva com a visão de polarização sociolinguística em Lucchesi (2009c, 2012). A formação histórica da realidade social brasileira define dois contextos para o desenvolvimento da língua: um é forjado na pluralidade étnica, cultural e linguística, que afeta as variedades pelo contato entre línguas; o outro, concebido por uma situação socioeconômica de elite, com os olhos voltados para a Europa em busca de modelos culturais e linguísticos, adquire os padrões da antiga metrópole. Essa bifurcação linguística nada mais é do que um retrato da clivagem social estabelecida no Brasil ao longo de toda a sua história.

Pelo exposto até aqui neste capítulo, é inegável que as situações de multilinguismo no período colonial dos contatos entre os colonizadores portugueses, a população autóctone e os milhões de negros africanos que aportaram no Brasil por centenas de anos tiveram considerável impacto na formação do PB, principalmente em suas variedades populares. Mas, depois de eliminada uma enorme parcela da população indígena[d] e de abolida a escravatura, outros contextos de multilinguismo se instalam no país com a chegada de populações de imigrantes. É disso que trataremos na próxima seção.

---

d. Hoje, ainda existe um número considerável de línguas indígenas. Segundo o Instituto Brasileiro de Geografia e Estatística (IBGE), "os resultados do Censo 2010 apontam para 274 línguas indígenas faladas por indivíduos pertencentes a 305 etnias diferentes. Essas declarações ultrapassaram as estimativas iniciais feitas pela FUNAI. Entretanto, no que diz respeito aos números totais de língua e etnia, há ainda a necessidade de estudos linguísticos e antropológicos mais aprofundados, pois algumas línguas declaradas podem ser variações de uma mesma língua, assim como algumas etnias também se constituem em subgrupos ou segmentos de uma mesma etnia" (IBGE, 2022).

(3.2) A influência das línguas e culturas dos imigrantes europeus e asiáticos sobre o português brasileiro no século XX

Pelo que vimos até agora, até a independência do país e, na sequência, a abolição da escravatura, a população branca do Brasil, apesar de todos os esforços da Coroa para a ocupação do território, não passava de 30%, contra 70% de indígenas, negros e mestiços. A realidade linguística era de uma minoria letrada, que se nutria de influências europeias, e de uma maioria que adquiria uma língua marcada pelas línguas de contato e sem sistematização. Trata-se da polarização linguística e social discutida na seção anterior.

Todavia, outro cenário se formava no final do século XVIII e início do século XIX. Para substituir o trabalho escravo, uma massa de imigrantes europeus e asiáticos adentraram o país. Segundo Ilari e Basso (2009), entre 1820 e 1930, quase quatro milhões de imigrantes, principalmente italianos, portugueses, espanhóis, árabes, turcos e japoneses, entraram no Brasil, que tinha uma população em torno de 30 milhões de habitantes em 1920 e chegou a 90 milhões nos anos 1960.

De acordo com Faraco (2019, p. 157), a política de estímulo à imigração tinha três grandes objetivos:

a. *garantir a mão de obra em fazendas paulistas de café em substituição aos escravizados, cujo tráfico tinha sido definitivamente abolido em 1950;*

b. *ocupar as zonas rurais desabitadas do Sul;*

c. *incentivar o branqueamento da população, objetivo sempre almejado pela elite social e política [...].*

Essa massa de imigrantes teve forte impacto na sociedade brasileira, pela diversidade étnica, cultural e linguística. Conforme Lucchesi (2009c), quando esses imigrantes chegaram, posicionaram-se, em sua maioria, na base da pirâmide social. A aquisição do português ocorria por meio de contato com capatazes e trabalhadores, sobretudo ex-escravizados e mestiços. Com a ascensão social desses imigrantes, eles levaram algumas estruturas linguísticas adquiridas nesse contato inicial para a norma culta.

A complexidade dessa história, no entanto, vai além da simples aquisição do português popular na lavoura. A maioria desses imigrantes fundou comunidades em que se falavam suas línguas maternas. Ilari e Basso (2009) afirmam que, de início, o Estado não se importou com a questão da alfabetização dos filhos desses imigrantes em solo brasileiro. As próprias comunidades se encarregavam da educação das crianças, que eram alfabetizadas em suas línguas de herança em escolas custeadas pelas próprias famílias. Dezenas de línguas estavam presentes em diversas regiões do país.

No início do século XX, esses imigrantes, contudo, já compunham uma população atuante na sociedade brasileira, morando nos centros urbanos e participando de movimentos sociais e reivindicatórios. A elite brasileira não tardou a buscar meios para frear essas ações. Ilari e Basso (2009, p. 81) explicam que "um desses meios foi a lei de 1921 que permitia ao país expulsar os imigrantes considerados indesejáveis; poucos anos depois, o então presidente Getúlio Vargas adotou uma série de medidas que visavam restringir o uso das línguas estrangeiras". O nacionalismo do Estado Novo instituiu a obrigatoriedade da alfabetização em língua portuguesa. Com a Segunda Guerra Mundial, a relação com japoneses, italianos e alemães se agravou, e os imigrantes foram obrigados a renomear suas comunidades usando nomes brasileiros.

Embora a influência das línguas desses imigrantes no português seja objeto de estudos isolados em diversos trabalhos acadêmicos, nos aspectos fonéticos e fonológicos, na morfologia e na sintaxe, nas questões semânticas e lexicais, em diferentes universidades brasileiras, segundo Faraco (2019), o verdadeiro impacto dessas línguas ainda é assunto pouco investigado.

Com o intuito de registrar a força dessa massa populacional que começa a ser introduzida em nosso país no final do século XIX e persiste até os dias atuais, apresentaremos, na sequência, algumas das principais nacionalidades de imigrantes, indicando o período de entrada e as características linguísticas de cada grupo. São eles: italianos, alemães, sírio-libaneses, judeus, japoneses, chineses, coreanos, bolivianos, peruanos e haitianos.

Os imigrantes **italianos** começaram a vir para o Brasil em 1875, a maioria para São Paulo, Rio Grande do Sul, Paraná e Espírito Santo. Vieram em busca de uma vida melhor pelas difíceis condições em que se encontravam em seu país. Conforme Gomes (2000), a imigração italiana para o Brasil foi importante por várias razões. A primeira é de ordem quantitativa, pois, dos 3,3 milhões de imigrantes, no período de 1870 a 1920, 1,4 milhão era de italianos. As outras razões, de natureza qualitativa, referem-se à proximidade de língua, de religião e de costumes, que tornavam a convivência com eles facilitada, bem como ao atendimento aos ideais de branqueamento da população.

Segundo Bolognini e Payer (2005), ainda existem comunidades que mantêm a comunicação em variedades de italiano, apesar da proibição de uso de sua língua materna durante o Estado Novo (1937-1945), em função da ideologia nacionalista e em consequência da Segunda Guerra Mundial. De acordo com as autoras, a língua não foi totalmente apagada, e a prática das diversas variedades de italiano deixa traços na fonologia, no léxico e na morfossintaxe do português.

Com o objetivo de povoamento das áreas do sul do país, a partir de 1824, grande quantidade de **alemães** veio para o Brasil, principalmente para o desenvolvimento da agricultura. Durante os anos 1930, cerca de 250 mil alemães se espalharam em extensas regiões do Rio Grande do Sul, do Paraná e de Santa Catarina, onde ainda se encontram diversas colônias que preservam sua identidade cultural. Quanto à proibição do uso da língua, com os alemães ocorreram dois episódios, um durante a Primeira Guerra Mundial e outro na Segunda. Bolognini e Payer (2005, p. 44) afirmam que, "apesar dessas proibições, há um número considerável de brasileiros falantes de alemão por serem descendentes de imigrantes".

No final do século XIX, por falta de perspectivas em seus países por problemas sociais e econômicos, muitas pessoas das nacionalidades **síria** e **libanesa** deixaram suas terras e vieram ao Brasil, a princípio como uma situação temporária. Esses imigrantes embrenharam-se por todas as regiões como mascates, vendendo toda sorte de mercadoria nos campos e nas cidades. À medida que iam progredindo economicamente, abriam as próprias lojas ou iniciavam negócios de comercialização de tapetes importados. Com o tempo, quando prosperavam nos negócios, traziam esposa e filhos e estabeleciam-se no país.

Diferentemente do que ocorria com outros grupos de imigrantes, sírios e libaneses não se mantinham em comunidades linguísticas isoladas. Os libaneses se misturavam com os brasileiros e se influenciavam mutuamente na cultura e na língua. Para Abreu e Aguilera (2010, p. 19), "a notável integração e o amistoso desenvolvimento entre as culturas incidiram em um convívio fraterno, gerando muitas trocas e contribuições, as quais estão nitidamente refletidas em vários segmentos da cultura brasileira, como a literatura, a arquitetura, a medicina, a gastronomia etc.". Uma segunda onda de imigração libanesa aconteceu entre 1975 e 1990, quando famílias muçulmanas fugiam da guerra civil libanesa. Mais recentemente, a partir de 2011, famílias se refugiaram no Brasil para escapar da guerra civil na Síria.

Iniciada em 1908, a imigração **japonesa** se estendeu até os anos 1930. O primeiro grupo de famílias foi contratado para trabalhar nas lavouras de café de São Paulo e do Paraná. Também a região amazônica recebeu uma grande quantidade de imigrantes japoneses nesse período. Diferenciando-se do caso dos imigrantes europeus, a imigração japonesa foi coberta por discursos antinipônicos: primeiramente, relacionados ao preconceito racial, como se a vinda dos japoneses fosse prejudicar o ideal de branqueamento da população brasileira; depois, ligados à estratégia expansionista-político-militar japonesa, principalmente no período da Segunda Guerra Mundial. De acordo com Ueno (2019, p. 107), "a conquista do espaço econômico e o militarismo configuraram o conceito de perigo amarelo".

Segundo os defensores dessa concepção, os japoneses representavam uma ameaça por ser uma nação imperialista e um povo agente de "degeneração racial" (Takeuchi, 2002, citado por Ueno, 2019, p. 107). A autora ressalta também que esse conflito e a rejeição ao imigrante japonês foram silenciados e que os discursos nas comemorações de aniversários da imigração japonesa no Brasil (de 80, 100 e 110 anos) têm enfatizado a amizade, a união e a paz entre os dois países. A língua japonesa ainda é falada, e escrita, pelas comunidades nipônicas, mas com um traço muito especial: a presença do português (Bolognini; Payer, 2005). Usada no cotidiano do contexto nipo-brasileiro, essa língua é chamada *koronia-go* (língua da colônia), caracterizada por ser uma mistura do japonês antigo com o PB.

Foram vários os momentos de imigração **chinesa** para o Brasil, desde o final do século XIX até o século XXI. Começou em 1810, com o fracassado cultivo de chá no Rio de Janeiro, e passou pelas fugas nos períodos da Guerra Sino-Japonesa (1931-1945) e do regime do ditador Suharto, nos anos 1960. Outros momentos aconteceram nos anos 1970, até que, com a política de abertura da China, nas décadas de 1980 e 1990, o número de imigrantes chineses aumentou muito no Brasil, perfazendo uma população de quase 200 mil chineses e descendentes na primeira década do século XXI.

A maior parte dos chineses trabalha em atividades comerciais, muitos deles estabelecidos em São Paulo. Sobre a língua, Jye, Shyu e Menezes Jr. (2009) afirmam que, em sua maioria, os chineses são bilíngues no Brasil. No entanto, em razão da complexidade de seu sistema linguístico, diferentes grupos de bilinguismo podem ser encontrados: a) chinês/português; b) chinês/inglês; c) português/inglês; d) chinês/japonês; e) multidialetismo; f) outros grupos bilíngues. Conforme os autores, os chineses costumam adotar uma postura pragmática e mudar sua tendência de aprendizagem de línguas de acordo com a necessidade.

Provenientes de países da Europa Central e Oriental, em especial da Rússia e da Polônia, a partir dos anos 1920, os imigrantes **judeus** se estabeleceram principalmente em São Paulo, no bairro do Bom Retiro, e daí para outras regiões da capital. Dedicaram-se a atividades de mascateação, como os sírio-libaneses, e depois iniciaram seus negócios como comerciantes de roupas e armarinhos. As primeiras gerações nascidas no Brasil, porém, experimentaram um processo de ascensão econômica em diversas profissões liberais depois de cursar a universidade. As línguas faladas por esses imigrantes eram o hebraico e o iídiche, ensinadas nas escolas judaicas de São Paulo.

Os imigrantes judeus tiveram os mesmos problemas enfrentados por outros imigrantes no período do Estado Novo de Getúlio Vargas em relação à proibição de uso público de sua língua materna e de publicação de textos em outra língua que não a portuguesa. As instituições judaicas procuraram se adequar com tranquilidade às restrições impostas e continuaram suas atividades normalmente durante o período, apesar do preconceito que sofriam, o do antissemitismo. Cytrynowicz (2002, p. 418) destaca que, "longe da condição étnica e historiográfica de vítimas da história, os judeus no Brasil afirmaram várias estratégias para enfrentar o Estado Novo, os anos da Segunda Guerra Mundial e o clima nacionalista intimidatório e xenófobo do regime de Getúlio Vargas".

A imigração **coreana** para o Brasil aconteceu em fases distintas, desde a fuga da Guerra da Coreia (1910-1956) até o projeto governamental de emigração sul-coreana estabelecido nos anos 1960 (Antonio; Araújo, 2019). Esta última é a mais importante fase do processo imigratório para o Brasil e começou oficialmente em 1962, especialmente para a capital paulista. No início, os coreanos se estabeleceram no bairro da Liberdade, de modo a manter a proximidade com imigrantes japoneses pela facilidade de comunicação. Muitos desses imigrantes foram contratados para trabalhar nas confecções das famílias judaicas e, aos poucos, conseguiram acumular algum capital e estabelecer os próprios negócios no ramo têxtil. Com o tempo, substituíram as famílias judaicas nesse ramo de atividade na cidade de São Paulo. Em 2016, o Brasil recebeu oficialmente a imigração de profissionais liberais coreanos, o que denota uma recente imigração bem qualificada.

Os imigrantes **bolivianos** vieram para o Brasil no início de 1975, especialmente para as cidades de São Paulo e Rio de Janeiro, para o trabalho no ramo da confecção. Contudo, o processo migratório dos bolivianos para o Brasil se acentuou na década de 1990 para a cidade de São Paulo, em virtude da queda da migração interna para o setor têxtil, aliada a dificuldades econômicas enfrentadas pela Bolívia nesse período. Além de São Paulo, os estados do Paraná, de Minas Gerais e do Rio de Janeiro também receberam imigrantes bolivianos, mas a preferência deles é mesmo a cidade de São Paulo.

Vidal (2012) afirma que, embora sejam bem aceitos pelos brasileiros dos bairros centrais da capital paulista, os bolivianos são vistos como um grupo à parte, com três características principais: 1) ser uma população de "índios"; 2) ter "outra cultura"; e 3) trabalhar como "escravos". Esta última característica ficou bastante marcada pelo episódio, amplamente divulgado pela mídia, protagonizado pela loja Zara, autuada por manter trabalhadores, na maioria bolivianos, em condições análogas à de trabalho escravo (Merçon, 2015). Outra presença marcante de bolivianos no Brasil se verifica na cidade de Corumbá, no Mato Grosso do Sul, onde trabalham como comerciantes e se deslocam de um lado a outro da fronteira.

Ainda no contexto das imigrações contemporâneas na cidade de São Paulo estão os **peruanos**, principalmente para o trabalho no setor da gastronomia, em diversos restaurantes especializados em comida peruana instalados entre os anos de 2000 e 2014. Além da capital e do interior de São Paulo, as cidades do Rio de Janeiro e de Curitiba também têm recebido peruanos jovens, geralmente solteiros, com maior escolaridade do que outros grupos de imigrantes latino-americanos, para trabalhar no chamado *empreendedorismo étnico*, conforme discutido por Baeninger e Mesquita (2015).

No cenário de diversos fluxos migratórios para o Brasil, na última década, em especial nos estados do Sul, um grupo que tem se destacado é o do imigrante **haitiano**. Além de se inserir no mercado formal de trabalho, esse grupo de imigrantes é o único que consegue visto permanente de caráter humanitário (Cavalcanti; Tonhati, 2017). Por decisão governamental, esse visto de residência permanente passou a vigorar após o grave terremoto que aconteceu no Haiti em 2010, provocando mais de 300 mil mortes.

Esses e muitos outros grupos de imigrantes têm estabelecido diferentes formas de contato em suas comunidades de fala, definindo diversos contextos de relações entre suas línguas maternas, suas línguas adicionais e a língua portuguesa no Brasil. Os dez grupos que descrevemos compõem apenas uma parcela das diversas nacionalidades da diversidade brasileira, com seus costumes, suas culturas, seus falares. As línguas dos imigrantes europeus e asiáticos dos primeiros grupos aqui aportados já deixaram suas marcas no PB, comprovadamente enriquecido em seu léxico e em outros aspectos linguísticos, como a fonologia, a morfologia e a sintaxe, pelos diferentes falares das comunidades de imigrantes.

Quanto às imigrações mais recentes, os estudiosos da linguagem ainda hão de colher muitos dados para estudos sobre as influências interlinguísticas dos falantes.

A consciência da existência desse rico cenário de imigração desde o final do século XIX nos faz assumir a condição de um Brasil multilíngue. Também é preciso considerar o multilinguismo nas fronteiras, que se define "pela existência de um velho par de línguas, com um contato histórico genealógico muito estreito, que é o do português-espanhol" (Sturza, 2005, p. 47). Tendo em vista que grande parte da imigração mais recente para o Brasil vem de países vizinhos hispanofalantes, a relação entre essas duas línguas ainda tem muita história a ser contada.

Para colaborar com essa história de forma institucional, em 2010 foi criada a Universidade Federal da Integração Latino-Americana (Unila), em Foz do Iguaçu, no Paraná, com a missão institucional "de formar recursos humanos aptos a contribuir com a integração latino-americana, com o desenvolvimento regional e com o intercâmbio cultural, científico e educacional da América Latina, especialmente no Mercado Comum do Sul (Mercosul)" (Unila, 2022).

Para concluir nosso estudo sobre toda essa multiplicidade linguística que formou o PB, reproduzimos, no Quadro 3.1, a periodização da história sociolinguística do Brasil formulada por Lucchesi (2017). Depois de analisar diversas proposições de periodização, o autor apresenta sua proposta, balizada na definição de Mattos e Silva (2004b) da história sociolinguística brasileira como a passagem de um multilinguismo generalizado para um multilinguismo localizado.

O objetivo dessa periodização em quatro grandes períodos foi "contribuir para a compreensão da história da língua no Brasil, particularmente no que concerne aos seus condicionamentos sócio--históricos" (Lucchesi, 2017, p. 349).

Quadro 3.1 – Periodização da história sociolinguística do Brasil

1000 a 1532	**1ª Fase: Tupinização da costa**	Povos tupis expulsam povos primitivos, tornando o tupi e o tupinambá as línguas mais faladas no litoral brasileiro.
1532-1695	**2ª Fase: Multilinguismo generalizado**	Baixa densidade demográfica da sociedade colonial faz com que o português conviva com as línguas gerais indígenas e línguas francas africanas. No interior do país, ocorrem eventualmente processos de pidginização/crioulização do português, e centenas de línguas indígenas se conservam nas tribos não contatadas.
1695-1930	**3ª Fase: Homogeneização linguística**	Imposição do português como língua hegemônica, restringindo fortemente o multilinguismo.
1695-1808	*Primeira vaga de aportuguesamento*	O ciclo do ouro promove o afluxo maciço de colonos portugueses e escravos africanos, com o primeiro surto de urbanização do Brasil: avanço da língua portuguesa no sudeste, e em outras regiões, com a pecuária.

(continua)

(Quadro 3.1 – conclusão)

1808-1850	*Segunda vaga de aportuguesamento*	A vinda da Corte portuguesa e a Independência política aprofundam o processo de urbanização, com o avanço e a normatização da língua portuguesa. Liberação da imprensa, criação de escolas secundárias e superiores, e de associações científicas.
1850-1930	*Terceira vaga de aportuguesamento*	Fim do tráfico negreiro acaba com a maior fonte de multilinguismo; imigração maciça de europeus e asiáticos diminui a polarização sociolinguística; normatização purista e lusitanizante se aprofunda; grande contingente de imigrantes portugueses favorece a lusitanização da língua.
1930 até hoje	**4ª Fase: Nivelamento linguístico**	Industrialização e urbanização promovem a difusão da norma urbana culta, apagando as marcas do contato na norma popular; a norma culta se afasta do padrão lusitanizado; porém, concentração de renda mantém a polarização sociolinguística e fomenta o preconceito linguístico.

FONTE: LUCCHESI, 2017, P. 375-376.

O grande diferencial dessa proposta de periodização está em seu caráter fundamentalmente linguístico, que não se inicia com a vinda dos portugueses para o continente americano, mas bem antes disso, com o povoamento da costa pelos povos tupi e tupinambá. A **primeira fase** sugerida por Lucchesi destaca a importância do tupi e do tupinambá na formação do léxico nacional. Ao chegarem, os portugueses encontraram uma costa ocupada por povos que falavam uma diversidade de línguas aparentadas daquela que entrou para a história com o nome de *tupi*.

Tupi e tupinambá foram as línguas que serviram de base para as duas línguas gerais de ampla comunicação em várias regiões – a língua geral paulista e a língua geral amazônica. O uso das línguas gerais foi possível e conveniente aos portugueses e, em especial, aos missionários jesuítas, graças à existência desse ambiente linguístico preexistente. Assim, a primeira fase focaliza esse ambiente linguístico encontrado pelos portugueses, que se formou por centenas de anos na costa do país.

A **segunda fase**, a do multilinguismo generalizado, tem início, então, com a chegada dos portugueses e vai marcar o estabelecimento da colônia e o povoamento da costa brasileira. As línguas gerais eram de amplo uso nas zonas litorâneas de São Paulo e do Rio de Janeiro, no Estado do Grão-Pará e Maranhão. No Nordeste, com o tráfico de escravizados africanos para o trabalho na agricultura, outras línguas se estabeleceram, enriquecendo ainda mais o ambiente multilinguístico.

Lucchesi (2017) ressalta que o ambiente linguístico do Nordeste, em especial na Bahia e em Pernambuco, muito se assemelhava às sociedades de plantação do Caribe, onde nasceram muitas das línguas crioulas hoje conhecidas. Nos ambientes das senzalas e nos quilombos, formados por escravizados foragidos, muitas variedades pidginizadas e crioulizadas do português devem ter se constituído, além das línguas francas usadas pelos escravizados. Nesse ambiente plurilíngue, o português era língua minoritária. Enfim, essa fase se conclui em 1695, demarcada pela aniquilação do Quilombo dos Palmares, na região do atual estado de Alagoas, e pela descoberta de ouro e pedras preciosas na região de Minas Gerais.

A **terceira fase** da história sociolinguística do Brasil proposta por Lucchesi, que se estende de 1695 até a década de 1930, corresponde a um processo radical de homogeneização linguística e é dividida em três períodos. Demarcado em seu início pelo ciclo econômico do ouro, o primeiro período se caracteriza pelas conquistas de territórios às custas do aniquilamento de tribos e quilombos. O resultado foi a expansão da língua portuguesa e o extermínio de línguas indígenas e línguas francas africanas, assim como de possíveis línguas *pidgins* e crioulas de base portuguesa formadas nos quilombos.

O segundo período dessa fase de aportuguesamento da sociedade brasileira se iniciou com a fuga da família real portuguesa para o Brasil, em 1808. Transformada em capital do Estado absolutista português, a cidade do Rio de Janeiro teve um importante aumento populacional e passou por uma mudança socioeconômica significativa. Diversas ações decorrentes da presença da corte portuguesa no Brasil, como a criação da Impressa Régia, da Biblioteca Nacional, da Escola de Medicina da Bahia, da Academia Militar do Rio de Janeiro, das Faculdades de Direito em São Paulo e em Olinda (Faraco, 2019), entre outros, promoveram o desenvolvimento urbano, a ampliação do letramento da população e, consequentemente, o aprofundamento do processo de homogeneização linguística.

O último período dessa fase se deu com o fim do tráfico de escravizados, em 1850, e o início do processo migratório de europeus e asiáticos, no início do século XX, para substituir a massa trabalhadora e branquear a população.

Paradoxalmente, a entrada de falantes de diversas outras línguas no país só fez acirrar o processo de uniformização linguística pela obrigatoriedade do uso da língua portuguesa. Com o projeto nacionalista de Getúlio Vargas, no final da década de 1930, as línguas nacionais desses diversos grupos que se formavam em comunidades linguísticas foram proibidas no uso público. Como as línguas indígenas que haviam restado ficaram confinadas às regiões escondidas na Amazônia e no Centro-Oeste e as línguas dos imigrantes estavam restritas às respectivas comunidades, o multilinguismo passa a ser localizado, conforme proposto por Mattos e Silva (2004b) e assumido por Lucchesi (2017).

Com respeito à homogeneização, conforme Faraco (2019, p. 156), "no imaginário, não somos apenas um país monolíngue, somos um país linguisticamente uniforme". Apesar desse imaginário de uniformidade, aprofundado pela normatização e pela escolarização das camadas mais privilegiadas da sociedade, a polarização linguística se acentua numa sociedade profundamente desigual.

Na **quarta e última fase**, a partir da Revolução de 1930, com o processo de urbanização e industrialização, a população brasileira se inverte em sua relação campo-cidade. Segundo Lucchesi (2015, p. 89), "neste limiar do século XXI, mais de 80% da população brasileira vive em centros urbanos – situação inversa àquela que se observava no país no início do século XX, quando menos de 10% da população vivia nas cidades". Nesse contexto, a variedade linguística urbana baseada na norma da camada letrada se impõe sobre as diversas variedades rurais, ao mesmo tempo que novas normas se formam por meio das populações periféricas das grandes cidades, as chamadas *normas rurbanas*. O intenso êxodo rural faz inchar as cidades, e os falares rurais se mesclam com os urbanos, por isso, rurbanos (Faraco, 2008). Esses falares são sobrepujados pela normatização, que fomenta o preconceito linguístico e aprofunda a polarização.

Ao propor esse modelo de periodização, Lucchesi (2017, p. 357) adverte que "é preciso, em primeiro lugar, livrar-se do modelo português. A história linguística do Brasil é completamente distinta da história da língua em Portugal". Então, se nossa história se distancia tanto da história de nossos colonizadores, se os contatos linguísticos estabelecidos em solo brasileiro afastaram em larga medida a nossa língua do português falado pelos europeus, por que ainda se ensina a mesma língua? Afinal, falamos português ou brasileiro? Essa não é uma discussão recente.

Até aqui, discutimos a diversidade linguística que formou o PB, especificamente a miscigenação de línguas que forjaram a nossa língua portuguesa. Seria, então, essa nossa língua português ou brasileiro? Concluiremos este capítulo trazendo essa discussão à tona. O português que falamos no Brasil é apenas uma variedade da língua originada daquela língua românica que estudamos anteriormente, o galego-português? Ou se trata de outro sistema linguístico? O que você acha?

(3.3) Português ou brasileiro: que língua falamos?

Ao longo da história do Brasil, vários termos surgiram para nomear nossa língua, desde a língua geral do século XVI até a sigla coringa PB dos dias atuais (Coelho; Silva, 2018). Segundo esses autores, no século XIX, em um mesmo texto era possível encontrar até 20 termos para fazer referência à língua falada no Brasil. E foi ainda nesse mesmo século que surgiram as discussões e os questionamentos acerca de que língua falamos. Após a independência do país, o sentimento de nacionalismo fez com que intelectuais brasileiros buscassem termos para expressar a literatura brasileira. Apareceram, então, os termos *língua nacional* e *língua brasileira*, deixando Portugal de fora.

Escritores brasileiros como José de Alencar e Gonçalves Dias se alinhavam na defesa de autonomia para uma língua brasileira e de uma literatura que trouxesse as práticas linguísticas correntes, os "brasileirismos" e os temas nacionais. José de Alencar esteve envolvido em uma polêmica com o filólogo português Manuel Pinheiro Chagas que se tornou emblemática. O mito do bom selvagem que Alencar idealizava em seus textos demonstrava o desejo romântico de constituição de uma nacionalidade brasileira. Alencar defendia uma literatura que retratasse a língua do dia a dia do povo, "não somente no vocabulário, mas também na sintaxe".

Alencar foi alvo da ira purista, manifestada por Pinheiro Chagas, que publicou uma avaliação bastante depreciativa do romance *Iracema*, criticando "a falta de correção na linguagem portuguesa, ou antes mania de tornar o brasileiro uma língua diferente do velho português" (Chagas, citado por Lucchesi, 2015, p. 182). O escritor brasileiro respondeu ao filólogo em forma de um *post-scriptum* na segunda edição de *Iracema* (1870). Luchesi (2015, p. 183) cita as palavras de José de Alencar: "Não é somente no vocabulário, mas também na sintaxe da língua, que nosso povo exerce o seu inauferível direito de imprimir o cunho da sua individualidade, abrasileirando o instrumento das ideias".

Ilari e Basso (2009, p. 217) argumentam que "a polêmica entre Alencar e Pinheiro Chagas permanece como um marco, pela lucidez do pensamento de Alencar e por ter lançado a ideia de que a linguagem literária deveria ser construída a partir da linguagem efetivamente usada pelos brasileiros".

Assim, de um lado, Alencar defende a autonomia da língua brasileira e, de outro, Chagas resguarda o legado de Portugal. Contudo, a defesa de Alencar não chegava a ser radical. Segundo Lucchesi (2015), o projeto nacionalista desses defensores da língua brasileira não acatava as mudanças trazidas por negros e mestiços, ou seja, não incorporava as inovações vindas de baixo. Mesmo assim, o ufanismo nacionalista dos defensores de uma língua brasileira, fundada em um pensamento positivista, conferia uma imagem romântica ao país (Orlandi, 2005). Por outro lado, aqueles que tinham opinião contrária preocupavam-se com a desestabilização, com a mudança do nome da língua, do eixo social com percursos na escrita, que sempre teve o suporte e a referência da língua portuguesa.

Outro momento de defesa de uma língua brasileira acontece com o movimento modernista, que recupera a atmosfera de discussão para as questões nacionais. Esse movimento se inicia oficialmente em 1922 e vai até o final dos anos 1950. O movimento defendia a informalização da linguagem, que deveria ser despretensiosa e despreocupada. Gilberto Freyre, em 1933, lança o livro *Casa grande & senzala*, com uma interpretação peculiar do Brasil e a ênfase na importância da mestiçagem para a construção de uma identidade linguística brasileira.

De acordo com Borba (2006, p. 18), Freyre enfatiza a representação da língua brasileira como "mais doce, mais suave, mais branda" que o PE. A autora adverte que Freyre não foi o primeiro a se referir à língua falada no Brasil dessa forma. O famoso adjetivo usado por Freyre para fazer referência à língua formada no Brasil, na expressão *português com açúcar*, foi utilizado pelo Visconde de Pedra Branca, em 1924, ao dissertar sobre a língua como reflexo da sociedade. Essa menção ao açúcar aludia ao tráfico de escravizados e à produção de açúcar como agentes econômicos no Brasil na época da escravidão.

Borba (2006) traça um paralelo entre a visão de Freyre e a de José de Alencar, que também falava sobre doçura ao se referir à escravidão, como uma característica importante para o equilíbrio das relações sociais. Tanto para Alencar como para Freyre, segundo a autora, o abrandamento das relações sociais escravocratas que operaram no Brasil provocou também o abrandamento da língua. Borba (2006) pontua que, para Freyre, a língua portuguesa sofreu modificações nas bocas das negras amas de leite, que passaram para as crianças de seus senhores o *português adocicado*. Freyre (2003, p. 417-418) se referia a fenômenos linguísticos na sintaxe como "o modo duro e imperativo [do português]: *diga-me, faça-me, espera-me*" em comparação ao modo novo "inteiramente nosso, caracteristicamente brasileiro: *me diga, me faça, me espere*" (Freyre, 2003, p. 216), ou na fonética, como nesta passagem:

> *A ama negra fez muitas vezes com as palavras o mesmo que com a comida: machucou-as, tirou-lhes as espinhas, os ossos, as durezas, só deixando para a boca do menino branco as sílabas moles. Daí esse português de menino que no norte do Brasil, principalmente, é uma das falas mais doces deste mundo. Sem rr nem ss, as sílabas finais moles; palavras que só faltam desmanchar-se na boca da gente.* (Freyre, 2003, p. 414)

Além de analisar as falas de Alencar e Freyre, Borba (2006) também examina as questões linguísticas apontadas por Freyre com base na fala da escravizada negra na comunicação com a criança branca, tipificando o PB. No próximo capítulo, voltaremos a esses aspectos apontados por Freyre e discutidos em Borba (2006).

Neste ponto, cabe destacar que, com a retomada da defesa sobre uma língua de identidade própria em nosso país, foi constituída, em 1946, uma comissão especial para estudar o assunto e determinar a melhor denominação para o idioma nacional do Brasil.

Silveira (2010) apresentou o texto original dessa comissão, destinado ao "Sr. Ministro", com suas considerações históricas e linguísticas e sua conclusão sobre o tema. Nas considerações linguísticas, proclama-se, conforme lemos em Silveira (2010, p. 73):

Os estudos linguísticos, sérios e imparciais, aplicados ao Brasil, fazem-nos concluir que a nossa língua nacional é a língua portuguesa, com pronúncia nossa, algumas leves divergências sintáticas em relação ao idioma atual de além-mar, e o vocabulário enriquecido por elementos indígenas e africanos e pelas criações e adoções realizadas em nosso meio.

Após as considerações, afirma-se: "a Comissão reconhece e proclama esta verdade: o idioma nacional do Brasil é a *Língua Portuguesa*. E, em consequência, opina que a denominação do idioma nacional do Brasil continue a ser: *Língua Portuguesa* [...] Rio de Janeiro, 15 de outubro de 1946" (Silveira, 2010, p. 74, grifo do original). Assim, conforme estabelecido na Constituição de 1946, o nome da língua brasileira continua sendo *língua portuguesa*.

Em tempos mais recentes, a terminologia tem se mantido mais frequentemente ou como *português do Brasil* ou como *português brasileiro*, com o uso da sigla PB, e as discussões têm se voltado muito mais para a necessidade de pesquisa sobre a realidade linguística brasileira, especialmente em relação ao português falado.

Primeiro, em 1968, surgiu o Projeto de Estudo da Norma Linguística Urbana Culta do Brasil (Projeto Nurc). Um dos objetivos desse importante projeto era valorizar as diferenças linguísticas no país e evitar a imposição de uma norma linguístico-literária (Coelho; Silva, 2018).

Outro importante estudo da oralidade é o Projeto de Gramática do Português Falado, proposto pelo professor Ataliba de Castilho, para a descrição gramatical contemporânea. No âmbito desse projeto, já se publicou uma coletânea da gramática do português culto falado no Brasil. Também os trabalhos de professores como Marcos Bagno, Carlos Alberto Faraco e Dante Lucchesi buscam demonstrar o fosso existente entre a língua falada no Brasil, mesmo nas normas cultas, e a língua das gramáticas que insistem em manter um padrão lusitanizado. Voltaremos a esse tema adiante, quando discutirmos a questão da norma.

Enfim, a discussão está longe de acabar, então concluiremos esta seção com as palavras de Bagno (2001, p. 176):

Estamos numa etapa intermediária na história da nossa língua. Quinhentos anos atrás, ela podia ser chamada simplesmente de português. Hoje, ela pode e deve ser chamada de português brasileiro. Daqui a mais quinhentos anos, ela sem dúvida só poderá ser chamada de brasileiro. Até lá, temos de lutar para que o peso da colonização sobre nossa sociedade não seja tão grande quanto é ainda hoje.

Além da polêmica da língua brasileira, outro ponto de divergência por vezes aparece entre os estudiosos da língua portuguesa: a tese do conservadorismo.

(3.4) A tese do conservadorismo

Mattos e Silva (2004a) traz à discussão a tese do conservadorismo da língua portuguesa no Brasil. Como vimos anteriormente, alguns estudiosos defendem que o contato com línguas indígenas e africanas não influenciou em larga escala a língua portuguesa falada no Brasil. Baseados no fato de que a urbanização no Brasil aconteceu a partir do final do século XIX apenas em cidades próximas à costa, esses estudiosos acreditam que o português popular no Brasil teria conservado formas arcaicas nos locais mais distantes. Essa tese se baseia no "quanto mais longe, mais arcaico".

Vamos ilustrar melhor essa tese com um exemplo ainda anterior à chegada do português ao Brasil.

Bechara (2010b), tentando entender o porquê de Olavo Bilac, em seu poema *Língua portuguesa*, ter chamado o português de "última flor do Lácio", apresenta um quadro comparativo demonstrando que Portugal, Espanha e Romênia, por pertencerem a áreas mais periféricas (enquanto Itália e França pertencem a áreas mais centrais em relação a Roma), têm línguas mais conservadoras. Bechara (2010b, p. 30) afirma que "muitas inovações não tiveram a força de expansão para chegar ou implantar-se nas áreas mais afastadas ou periféricas" .

O Quadro 3.2 mostra a comparação. No latim, há dois termos, um mais antigo e outro mais novo. As línguas das áreas mais periféricas adotaram o termo mais arcaico, enquanto as línguas das áreas mais centrais adotaram o termo mais novo.

Quadro 3.2 – Diferenças etimológicas nas línguas românicas

LATIM	PORTU-GUÊS	ESPA-NHOL	ITALIANO	FRANCÊS	ROMENO
Formosus/ bellus	*formoso*	*hermoso*	*bello*	*beau*	*frumos*

LATIM	PORTU-GUÊS	ESPA-NHOL	ITALIANO	FRANCÊS	ROMENO
Plecare/ arripare	*chegar*	*llegar*	*arrivare*	*arriver*	*a pleca*

LATIM	PORTU-GUÊS	ESPA-NHOL	ITALIANO	FRANCÊS	ROMENO
Magis/ plus	*mais*	*más*	*piú*	*plus*	*mai*

LATIM	PORTU-GUÊS	ESPA-NHOL	ITALIANO	FRANCÊS	ROMENO
Rivus/ flumen	*rio*	*río*	*fiume*	*fleuve*	*ríu*

FONTE: BECHARA, 2010b, P. 31.

Bagno (2003) também exemplifica essa tese com o francês falado no Canadá, que tem muitos aspectos do francês falado na França do século XVII. O autor acrescenta que o mesmo acontece no inglês da Austrália e no espanhol sul-americano. Então, voltando ao português do Brasil, Bagno menciona alguns "erros" do português popular que, na verdade, seriam arcaísmos:

Vou dar três exemplos: entonce, despois, escuitar, *tão comuns na fala dos "caipiras". Justamente por serem arcaísmos, estas formas estão mais próximas do latim do que as formas vigentes na norma-padrão de hoje.* Entonce *("então") vem do latim* in tunce. Despois *("depois") vem de* ex post. *Repare como estas formas arcaicas do PNP [português não padrão] se parecem com o espanhol:* entonces, después. (Bagno, 2003, p. 124-125)

Bagno (2003) menciona igualmente três famosas questões gramaticais sempre usadas nos argumentos dos defensores da tese conservadora. O primeiro exemplo é o uso da preposição *em* regendo verbos de movimento, como em *vou no cinema* e *cheguei em casa*. Ele argumenta que essa não deve ser uma inovação do PB, pois casos de *em* com esse tipo de verbo aparecem em *Os Lusíadas*, de Camões.

O segundo exemplo refere-se ao uso da preposição *de* regendo o verbo *chamar*, como em *ele me chamou de ignorante*, quando a forma ideal seria *ele chamou-me ignorante*, que não seria usada por um brasileiro. O uso da preposição *de* com esse verbo já aparece em textos dos séculos XVI-XVII. Nesse exemplo aparece também um dos mais fortes argumentos para a tese do conservadorismo – a colocação pronominal, hoje nomeada como *posição dos clíticos*. Segundo Mattos e Silva (2004a, p. 136), "o argumento do conservadorismo se reporta ao fato de que no século XVI os clíticos se tornaram mais proclíticos na documentação quinhentista que na arcaica e, no correr da história do português europeu, voltará a ênclise a ser privilegiada"

Como terceiro exemplo, Bagno (2003) apresenta a perífrase de gerúndio. Classificada por muitos como "brasileirismo", essa construção não passaria de uma herança bem conservada de um português falado há muito tempo. Estruturas como *estou falando* também podem ser encontradas em Camões, e a forma *estou a falar* é uma inovação mais recente do português de Portugal.

Mattos e Silva (2004a), contudo, traz alguns estudos que colocam dúvida na tese do conservadorismo. Quanto à questão da próclise, a autora afirma que o sistema pronominal do PB não apenas é diferente do sistema do PE contemporâneo, mas também se distancia dos usos arcaicos. Quanto às perífrases de gerúndio e de infinitivo, estudos atestam que as duas formas já conviviam em textos do século XVI. A autora argumenta que os defensores da língua conservadora não levaram em conta que a população de ascendência africana foi majoritária nos períodos colonial e pós-colonial e adquiriu o português na oralidade numa situação de TLI. Essa situação resultou no vernáculo brasileiro, ainda hoje majoritário, levando à tese do caráter inovador do PB. A autora conclui que ainda muita pesquisa precisa ser feita para fechar a tese do conservadorismo, mas defende que "na heterogeneidade complexa e mestiça, o português brasileiro é fruto renovado do português europeu, pela sua sócio-história passada e presente" (Mattos e Silva, 2004a, p. 138).

Assim, encerramos este capítulo com mais polêmicas, a do português *versus* brasileiro e a do conservadorismo *versus* inovação. Ambas têm muito a ver com a polêmica apresentada antes, a da deriva *versus* TLI. Todas nos conduzem à questão da unidade *versus* diversidade. Afinal, falamos nós e os europeus a mesma língua? A diferença entre os nossos falares e os dos europeus seria motivada pelos contatos com indígenas e africanos na época da colonização ou as variações já existiam na língua antes de os navegadores chegarem ao Brasil? Quem inovou mais, o PE ou o PB?

Todas essas questões ainda estão em aberto, mas você pode ter suas próprias hipóteses, não? Você tem alguma opinião a respeito dessas questões? Pois bem, no próximo capítulo, examinaremos as estruturas fonético-fonológicas, morfológicas, sintáticas e lexicais que fazem o nosso português ser o brasileiro.

Síntese

Neste capítulo, tratamos, basicamente, do multilinguismo que caracterizou o ambiente linguístico brasileiro, inicialmente na época da colonização, com a diversidade de línguas indígenas e africanas, e depois com as línguas dos imigrantes que começaram a entrar no país a partir do final do século XIX.

Ao tratarmos do multilinguismo, abordamos os conceitos de multilinguismo generalizado, com as diversas línguas que povoavam a costa brasileira, e de multilinguismo localizado, quando o português se torna língua de comunicação generalizada e as demais línguas se restringem a comunidades particulares. O multilinguismo localizado também foi discutido ao analisarmos os movimentos de imigração que se iniciaram no final do século XIX, após a abolição da escravatura. Nesse contexto, com a proposta de periodização de Lucchesi (2017), pudemos visualizar todo o processo de formação linguística e cultural no território brasileiro.

Examinamos também algumas questões polêmicas sobre a formação do português brasileiro: a possibilidade de uma língua crioula ter se desenvolvido no país e influenciado o português popular brasileiro, com as hipóteses de deriva e de contato; a escolha do nome e a discussão entre os conservadores e aqueles de defendiam uma língua brasileira; e, finalmente, a tese do conservadorismo, que argumenta a favor de um caráter arcaizante da língua formada em nosso território.

Atividades de autoavaliação

1. Considerando a visão de Mattos e Silva (2004b), que descreve a história sociolinguística do Brasil como uma passagem de um multilinguismo generalizado para um multilinguismo localizado, assinale a alternativa **incorreta**:

   a) O multilinguismo generalizado no Brasil foi, de certa forma, reprimido pelas políticas linguísticas do Marquês de Pombal.

   b) Estima-se que havia mais de mil línguas indígenas quando os portugueses chegaram ao Brasil, no século XVI.

   c) O multilinguismo localizado se define pelas diversas línguas indígenas que ainda existem no Brasil, somadas às dezenas de línguas de imigração.

d) As línguas gerais paulista e amazônica serviram tanto aos colonos na comunicação com a população indígena quanto aos jesuítas para o trabalho de catequização.

e) Havia também uma língua geral de origem africana que servia de comunicação entre indígenas e escravizados africanos na costa brasileira.

2. Analise se as afirmações a seguir são verdadeiras (V) ou falsas (F):

( ) Apesar de toda a violência física, cultural, simbólica e psicológica sofrida pelos escravizados africanos, muitas línguas africanas ainda sobreviveram por muitos anos em comunidades no interior da Bahia e de Pernambuco.

( ) A língua geral da mina foi usada como língua franca no início do período da mineração, mas foi progressivamente substituída pela língua portuguesa.

( ) A chegada da corte portuguesa ao Rio de Janeiro constituiu-se numa grande onda migratória de Portugal para o Brasil, entretanto o impacto linguístico não chegou a ser relevante.

( ) A transmissão linguística irregular refere-se à aquisição precária da língua portuguesa por escravizados e indígenas.

( ) O português popular do Brasil, por meio do conceito de transmissão linguística irregular, foi formado pela nativização de um modelo defectivo do português pelas gerações de mestiços.

Agora, assinale a alternativa que corresponde à sequência obtida:

a) F, F, F, V, V.

b) V, V, F, F, F.

c) F, V, F, V, V.

d) F, V, V, F, V.

e) V, F, V, F, F.

3. Analise as afirmativas a seguir e relacione-as com as hipóteses crioulista e derivista da formação do português popular do Brasil português popular do Brasil:

I) É uma visão internalista, que considera o desenvolvimento da língua independente de fatos externos.

II) Define que as línguas africanas tiveram grande importância para o desenvolvimento do português popular do Brasil.

III) Os dialetos rurais do Brasil se formaram com base nas línguas africanas.

IV) As características do português popular do Brasil são heranças românicas e portuguesas arcaicas e clássicas.

Agora, assinale a alternativa correta:

a) As afirmativas II e III referem-se à hipótese crioulista, e as afirmativas I e IV à hipótese derivista.

b) A afirmativa III refere-se à hipótese crioulista, e as afirmativas I, II e IV à hipótese derivista.

c) As afirmativas I, II e III referem-se à hipótese crioulista, e a afirmativa IV à hipótese derivista.

d) A afirmativa II refere-se à hipótese crioulista, e as afirmativas I, III e IV à hipótese derivista.

e) As afirmativas II, III e IV referem-se à hipótese crioulista, e a afirmativa I à hipótese derivista.

4. Assinale a alternativa que **não** corresponde a um objetivo da política de estímulo à imigração no Brasil:

a) Ocupar zonas rurais desabitadas no sul do país.

b) Estimular o plurilinguismo no Brasil trazendo outras línguas europeias.

c) Incentivar o branqueamento da população.

d) Garantir mão de obra especializada para substituir os escravizados recém-libertos.

e) Garantir a colheita de café nas lavouras paulistas.

5. Analise se as afirmações a seguir são verdadeiras (V) ou falsas (F) em relação à imigração no Brasil:

a) Os imigrantes alemães sofreram dois episódios de proibição ao uso de sua língua no Brasil, durante a Primeira e a Segunda Guerra Mundial.

b) Os imigrantes sírios e libaneses tinham grande dificuldade de integração com a cultura brasileira.

c) A imigração de italianos não só foi a mais expressiva em termos de quantidade como também teve um impacto na qualidade em virtude da proximidade de língua, religião e costumes.

d) Apesar do conceito de "perigo amarelo", os imigrantes japoneses não sofreram qualquer tipo de preconceito e integraram-se muito bem à cultura brasileira.

e) Os imigrantes judeus se estabeleceram na capital paulista no ramo das confecções e ainda hoje mantêm a tradição de seus negócios.

Agora, assinale a alternativa que corresponde à sequência obtida:

a) F, F, F, V, V.

b) V, V, F, F, F.

c) F, V, F, V, V.

d) V, F, V, F, F.

e) V, F, V, F, F.

Atividades de aprendizagem

Questões para reflexão

1. Leia com atenção os excertos a seguir, extraídos de *Os Lusíadas* (1572), de Luís Vaz de Camões, e das músicas *Juazeiro* (1949) e *Assum-preto* (1950), ambas de Luiz Gonzaga e Humberto Teixeira.

Excertos de Os Lusíadas[e]	Trechos das músicas Juazeiro[f] e Assum-preto[g], de Luiz Gonzaga e Humberto Teixeira
• A noite negra e feia se **alumia**	• Juazeiro, não te **alembra**
• Vinham as claras águas **ajuntar-se**	• Assum preto veve sorto mas num pode **avuá**
• Mas **alembrou**-lhe uma ira que o condena	• Juazeiro, juazeiro, me **arresponda**, por favor

Analise as palavras em destaque nos excertos. Se possível, consulte Bagno (2003) sobre os verbos com *a-* derivados do latim, como: *ad + prendére = appréndere* (aprender) ou *ad + fluére = afflúere* (afluir). Depois, elabore um texto do gênero artigo jornalístico sobre a tese do conservadorismo e utilize esses exemplos como ilustração.

2. A seguir, apresentamos uma lista de filmes com os títulos originais em inglês e os respectivos títulos dados em Portugal e no Brasil. Escreva um pequeno texto sobre suas observações a respeito das diferenças linguísticas e culturais entre esses dois países com base na tradução dos títulos de filmes.

e. CAMÕES, L. V. de. **Os Lusíadas**. 4. ed. Lisboa: Instituto Camões, 2000. p. 277, 400, 451.

f. GONZAGA, L.; TEIXEIRA, H. **Juazeiro**. 1949. Disponível em: <https://www.letras.mus.br/luiz-gonzaga/261213/>. Acesso em: 13 set. 2022.

g. GONZAGA, L.; TEIXEIRA, H. **Assum-preto**. 1950. Disponível em: <https://www.letras.mus.br/luiz-gonzaga/47082/>. Acesso em: 13 set. 2022.

TÍTULO ORIGINAL EM INGLÊS	TÍTULO ORIGINAL EM PORTUGUÊS BRASILEIRO	TÍTULO ORIGINAL EM PORTUGUÊS EUROPEU
Die hard	Duro de matar	Assalto ao arranha--céus
Home alone	Esqueceram de mim	Sozinho em casa
The girl on the train	A garota no trem	A rapariga no comboio
The girl who played with the fire	A menina que brincava com fogo	A rapariga que sonhava com uma lata de gasolina e um fósforo
One flew over the cuckoo's nest	Um estranho no ninho	Voando sobre o ninho de cucos

Atividade aplicada: prática

1. Faça uma pesquisa entre seus contatos em uma rede social digital perguntando se acham que a língua que falamos no Brasil deveria se chamar *português* ou *brasileiro*. Depois, considerando as discussões desenvolvidas primeiramente, no final do século XIX, com a polêmica entre José de Alencar e Pinheiro Chagas e, depois, com os manifestos do movimento modernista, prepare uma apresentação para demonstrar os resultados de sua pesquisa.

(4)

O português brasileiro:
características especiais

No Capítulo 2, tratamos da evolução do português, com foco nas questões realmente linguísticas, desde o latim, passando pela gênese do galego-português, até chegar aos três sistemas gerados: o português europeu (PE), o galego e o português brasileiro (PB). Utilizamos o levantamento de Monteagudo (2012) sobre as características de cada um desses sistemas para mostrar como eles se distanciaram ao longo do tempo. Na sequência, para esclarecer melhor como se deu a formação do PB, no Capítulo 3, analisamos os diversos contatos linguísticos que o português teve desde o século XVI.

Neste capítulo, vamos nos aprofundar um pouco mais nas características do PB. Muito do que Monteagudo relacionou como inovação e traços específicos do PB será retomado aqui, com vistas a uma melhor compreensão dos fenômenos que diferenciam a língua que falamos no continente americano daquelas que ficaram na Europa, seja por inovação do PB, seja por conservação de características que foram inovadas pelos sistemas europeus.

Trataremos do sistema fonológico e das variações fonéticas, das características especiais da morfologia e da sintaxe, além da formação de nosso léxico, que tanto foi enriquecido pelos contatos com as línguas dos indígenas que aqui estavam, com as línguas dos africanos que para cá foram trazidos e com as diversas línguas dos imigrantes que aqui escolheram viver.

(4.1) Aspectos fonético-fonológicos do português brasileiro

No Capítulo 2, examinamos todo o sistema sonoro do galego-português, formado por 24 consoantes e 7 vogais em posição tônica. Vimos também as mudanças ocorridas ao longo do tempo até chegarmos ao PB. Agora, verificaremos como exatamente ficou esse sistema do português falado no Brasil. Primeiro, veremos o sistema fonológico, ou seja, o quadro das consoantes e o quadro das vogais que formam as palavras da língua. Depois, analisaremos as principais especificidades fonéticas que ocorrem no PB.

(4.1.1) As consoantes

O sistema consonantal do português é formado por 19 consoantes, seis a menos que no sistema galego-português, depois da ocorrência de mudanças principalmente por redução no conjunto de fricativas e africadas. No Quadro 4.1, apresentamos as consoantes de acordo com o modo de articulação (oclusiva, fricativa, nasal, lateral e tepe[a]) e o ponto de articulação (labial, dental/alveolar[b], palatal, velar, glotal[c]). Também vemos no quadro a informação de vozeamento das consoantes, ou seja, as oclusivas e as fricativas compõem pares de consoantes homorgânicas surda/sonora[d].

---

a. O termo *tepe* tem base no termo em inglês *tap*, constante na tabela do Alfabeto Fonético Internacional (IPA). Esse modo de articulação indica uma rápida batida da ponta da língua na região dos alvéolos. Representa o som da letra "r" entre vogais ou nos encontros consonantais, como em *caro, prato, outro*. Esse é o chamado "r" fraco do português.

b. Não há distinção entre a produção dental (com batida da ponta da língua nos dentes superiores) e a alveolar (com batida da ponta da língua na região dos alvéolos) na pronúncia dessas consoantes no português. Por isso, a nomeação desse ponto de articulação pode se alternar entre um e outro termo.

c. A consoante /h/ nesse quadro representa o som do "r" forte, quando a letra "r" se encontra no início de palavra ou dobrada entre vogais, como em *rato* e *carro*. Esse fonema sofre muitas variações na língua, e uma delas é a fricativa glotal (quando o ar passa através de uma fricção na região da glote). Como, pela minha variedade linguística, eu produzo essa variante, optei por usar esse símbolo, o [h]. Alguns autores preferem usar o símbolo da vibrante múltipla, que é igual ao da letra "r", o /r/. No entanto, essa é uma variante quase extinta na língua, por isso prefiro não utilizar esse símbolo. Também é comum o uso de um "R" maiúsculo como o arquifonema /R/, que representaria a neutralização das variáveis. Cristófaro Silva (2017) adota o símbolo /R̄/ para o "r" forte em posição de ataque; porém, aqui seria difícil encaixar esse símbolo no quadro por não indicar modo e ponto de articulação. Também optei por não definir essa consoante como surda ou sonora, uma vez que aí não há um par homorgânico de fonemas. Lidar com símbolos fonéticos nos força a tomar decisões nem sempre fáceis.

d. Na tabela, foram usados os termos *surda/sonora*, mas, ao longo do texto, serão empregados também os termos *não vozeada(desvozeada)/vozeada*.

Quadro 4.1 – O sistema consonantal do português

	LABIAL		DENTAL/ ALVEOLAR		PÓS-AL- VEOLAR/ PALATAL		VELAR		GLOTAL
	surda	sonora	surda	sonora	surda	sonora	surda	sonora	
Oclusiva	p	b	t	d			k	g	
Fricativa	f	v	s	z	ʃ	ʒ			h
Nasal		m		n		ɲ			
Lateral				l		λ			
Tepe				ɾ					

FONTE: ELABORADO COM BASE NO QUADRO DO *INTERNATIONAL PHONETIC ALPHABET (IPA)*.

Discutiremos a produção de cada um desses sons com exemplos em que eles sejam possíveis de acordo com as regras fonotáticas da língua. Você sabe o que é uma regra fonotática? Pois bem, a fonotaxe, ou fonotática, é uma área de estudo na fonologia que lida com as possíveis combinações entre consoantes e vogais para a formação de sílabas na língua. Os exemplos no Quadro 4.2 indicam as possibilidades de cada uma das consoantes.

Quadro 4.2 – Exemplos de palavras com o sistema consonantal

/p/ – pato, capa, prato, planta apto, psicologia	/b/ – bala, cabo, braço, emblema
/t/ – temor, jato, três, atlas	/d/ – dama, cada, dreno
/k/ – casa, jaca, credo, claro, quilo, karaokê	/g/ – gato, lago, grande, gleba, guerra, dogma

(continua)

(Quadro 4.2 – conclusão)

/f/ – fato, afã, frio, afta	/v/ – vala, ave, palavra, Vladimir
/s/ – saia, cebola, assar, aço, anseio, faz tempo, mas sei	/z/ – zoológico, azeite, asa, faz isso, mas antes
/ʃ/ – xarope, cheio, enxame, achar	/ʒ/ – janela, gente, agir, rejeitar
/m/ – mês, amor	/n/ – nada, anil
/ɲ/ – manhã, amanhecer	
/l/ – lado, alado, pleno	/ʎ/ – alho, lhama
/ɾ/ – para, cravo	/h/ – rádio, carroça

Como podemos observar pelos exemplos, existem algumas questões que merecem análise em relação à fonotaxe e à correspondência letra-som na formação das palavras em língua portuguesa.

Em primeiro lugar, é importante dizer que os símbolos constantes no Quadro 4.1 e representados pelos exemplos no Quadro 4.2 referem-se aos fonemas consonantais da língua, ou seja, àquelas unidades de som que exercem função distintiva na formação de palavras na língua. O que isso significa? Significa que palavras como *pote* e *bote* não se confundem porque /p/ e /b/ são dois fonemas, portanto duas unidades sonoras distintas no português.

Foram apresentados exemplos com diferentes possibilidades de colocação da consoante na palavra, ou melhor, na sílaba. Como você certamente já sabe, as palavras são formadas por sílabas, e as sílabas são formadas por vogal, obrigatoriamente no núcleo, e possivelmente consoantes nas posições periféricas. Em outras palavras, em português, a vogal é o único elemento obrigatório na sílaba porque o núcleo da sílaba sempre vai ser ocupado por uma vogal, e há sílabas formadas apenas por uma vogal. As consoantes, por sua vez, podem ocupar a posição que precede o núcleo, chamada de *ataque*, ou a posição que sucede o núcleo, denominada *coda*. Em suma, a vogal vai sempre ocupar o núcleo silábico, e a consoante, se houver, vai ocupar uma posição periférica.

De acordo com o padrão fonotático, várias combinações são possíveis para a formação de sílaba no português. A seguir, reproduzimos o quadro de Cristófaro Silva (2011) com as possíveis formações silábicas e palavras exemplificando cada formação.

Quadro 4.3 – Estruturas silábicas do PB

1. V – **u**-va
2. CV – **chu**-va
3. CVC – **cur**-va
4. CVCC – **pers**-picaz
5. CCV – **pra**-to
6. CCVC – **tris**-te
7. CCVCC – **trans**-torno
8. VC – **har**pa
9. VCC – (não há)
10. VV – **ou**-tro
11. CVV – **cou**-ro
12. CVVC – **deus**
13. CVVCC – (não há)
14. CCVV – **fral**-da
15. CCVVC – **claus**-tro
16. CCVVCC – (não há)

FONTE: CRISTÓFARO SILVA, 2011, P. 119.

Vamos, então, à análise dos Quadros 4.2 e 4.3. É importante lembrar que os termos *ataque* e *coda* são usados para indicar as posições periféricas da sílaba, sempre ocupadas por consoantes, e que no centro silábico sempre haverá uma vogal; o termo usado para essa posição silábica é *núcleo*.

Analisemos cada uma dessas por meio dos exemplos do Quadro 4.2 e das possibilidades fonotáticas do Quadro 4.3. Em **ataque**, todas as consoantes são admitidas, com exceção do tepe /ɾ/ e das palatais /ɲ/ e /ʎ/. Nós já usamos uma palavra iniciada com a nasal palatal neste livro, mas não é uma palavra do português. Lembra-se da língua nheengatu? **Também pronunciamos com a nasal palatal a palavra** *nhoque*, que é uma adaptação do termo *gnocchi*, massa da culinária italiana.

Se procurarmos em um dicionário, ainda vamos encontrar palavras como *nhaca* e *nhe-nhe-nhem*, que são termos bem brasileiros, mas palavras iniciadas com *nh* são raras e, quando as encontramos, sempre são empréstimos linguísticos.

A lateral palatal também é uma consoante rara em início de palavra. Podemos citar como exemplos *lhama* e *lhufas*. Enfim, as consoantes palatais /ɲ/ e /ʎ/, representadas pelos dígrafos *nh* e *lh* ocorrem em meio de palavra, em posição intervocálica.

O tepe é uma consoante que não acontece em posição de ataque inicial em palavras do português[e], pois essa consoante é representada pela letra "r", que, em início de palavra, recebe a pronúncia do "r" forte. O tepe acontece em posição intervocálica ou subsequente a uma consoante obstruinte no encontro consonantal.

Ainda tratando da posição de ataque, vamos analisar as configurações nos itens 5, 6, 7, 14 e 15 do Quadro 4.3. Nesses exemplos, encontramos sílabas com encontros consonantais tautossilábicos. Esse termo indica que as consoantes estão na mesma sílaba – *brim*, *clã*. São comuns também em palavras do português os encontros heterossilábicos – *far-to, pas-ta*.

Os encontros consonantais tautossilábicos são possíveis na língua, mas com severas restrições fonotáticas – apenas consoantes obstruintes na primeira posição e consoantes líquidas na segunda posição são combinações possíveis. Em outras palavras, a primeira

---

e. É importante registrar que existem dialetos como os de imigrantes italianos que produzem o tepe em posição de ataque.

consoante tem de ser ou uma oclusiva ou uma fricativa, e a segunda consoante tem de ser ou um tepe ou uma lateral alveolar.

Falar de ataque é fácil, não é? A regra geral é que todas as consoantes são possíveis nessa posição. Em nossa análise, só tivemos de fazer um aparte para abordar o tepe e as palatais nasal e lateral. Também tratamos do encontro consonantal e suas restrições.

Falar da posição de **coda**, no entanto, vai exigir um pouco mais de análise. Começaremos observando as estruturas silábicas dos itens 3, 4, 6, 7, 8, 12 e 15 do Quadro 4.3. Nessas posições, temos exemplos de palavras em que há uma ou duas consoantes em coda. Quando uma sílaba termina em consoante, é chamada de *sílaba travada* (Camara Jr., 2002). A regra para sílaba travada no português indica que é possível haver uma ou duas consoantes na posição de coda. Contudo, se observarmos o léxico da língua, vamos ver que há muitas restrições segmentais nessa posição. Na verdade, apenas duas consoantes são verdadeiramente admitidas em coda no português: a fricativa alveolar /s/ e /z/ e o /R/ (agora, sim, vamos usar o arquifonema /R/, com todas as possibilidades de variação).

Então, em final de sílaba, as consoantes possíveis são aquelas escritas com "s" ou "r", certo? A resposta é sim, mas aí você pode se perguntar: E palavras como *mal, som, pólen*? Têm consoantes no final, não têm? A resposta não é tão simples. Vamos discutir essas possibilidades de consoante em coda, considerando as grafias de "s", "r", "l", "m" e "n", que, como sabemos, podem estar em posição final de sílaba no português.

Não aprofundaremos essa discussão aqui porque este não é um livro sobre fonética e fonologia. É possível encontrar análises detalhadas e interessantes sobre as consoantes posvocálicas no português e o conceito de arquifonema em Cristófaro Silva (2011, 2017); Engelbert (2012); e Seara, Nunes e Lazarotto-Volção (2015). Aqui, vamos apenas mencionar as possibilidades de consoantes em coda, em função de restrições segmentais, e suas variações de pronúncia.

A pronúncia do "s" em final de sílaba

O "s" em final de sílaba pode ter variação de pronúncia de acordo com sua posição na palavra – *casta* ['kaste] e *mesmo* ['mezmʊ] – ou por variação dialetal – *casta* ['kaste] ou ['kaʃte] e *mesmo* ['mezmʊ] ou ['meʒmʊ]. O que significa isso? Com relação à posição na palavra, a letra "s", quando antecede uma consoante surda, como em *caspa, pasta, casca, asfalto*, é pronunciada [s], ao passo que, quando antecede uma consoante sonora, como em *esboço, rasgo, resvalo, asno, esmero*, é pronunciada como [z].

Você consegue perceber essa variação em sua fala? Essa é uma variação contextual, mas, além dessa variação, e combinada com ela, temos a variação dialetal no PB. Como você pronuncia os "esses" posvocálicos? Isso certamente depende da região do Brasil em que você nasceu ou mora. Se você for do Paraná, por exemplo, vai produzir o "s" como acabamos de descrever, como [s] em *caspa* e como [z] em *asno*. Porém, se você for do Rio de Janeiro, vai pronunciar não com a fricativa dental-alveolar [s, z], mas com a fricativa pós-alveolar [ʃ, ʒ] – ['kaʃpe] e ['aʒnʊ]. Por isso, recorremos ao arquifonema /S/ para transcrever fonologicamente as palavras que têm /s/ em final de sílaba. Para teorizar sobre esse processo, vamos recorrer a Cristófaro Silva (2017, p. 158, grifo do original):

Distribuição do arquifonema /S/ em português:

    a. Ocorre como [z] (ou [ʒ] dependendo do dialeto) em limite de sílaba seguido por consoante vozeada (cf. "esbarro, desvio").

    b. Ocorre como [s] (ou [ʃ] dependendo do dialeto) em limite de sílaba seguido por consoante desvozeada (cf. "pasta, asco, mês, luz").

    c. como [z] em qualquer dialeto quando um segmento inicialmente em posição final de sílaba (por exemplo, o segmento final de "luz") passa a ocupar a posição inicial de sílaba (o primeiro segmento da segunda sílaba "luzes").

Vamos nos deter um pouco mais no exemplo *luz/luzes*. Primeiro, devemos alertar para o fato de que a letra "z" não tem diferença em relação à letra "s", a regra vai ser a mesma. Então, em final de sílaba, como em *mês* e em *luz*, temos um [s]. Contudo, se após o "s" há uma vogal, seja por acréscimo de um morfema de plural – *meses* ou *luzes* –, seja por contato com a palavra seguinte – *mês amarelo* ou *luz apagada* –, temos a pronúncia de [z].

A pronúncia do "r" em final de sílaba

Assim como recorremos ao conceito de arquifonema para descrever a pronúncia do "s", vamos agora tratar da pronúncia do "r" posvocálico com o arquifonema /R/. Como vimos no Quadro 4.1, o sistema do português conta com dois fonemas para o tipo de segmento denominado *rótico* associado à letra "r" – o "r" fraco /ɾ/ e o "r" forte /h/. Ocorre que essa distinção somente se dá com o segmento em ataque, seja no início de palavra apenas com o "r" forte – *rato* –, seja em encontro consonantal com o "r" fraco – *prato,* seja em meio de palavra com o "r" fraco com a letra simples – *caro* – ou o "r" forte com letra dobrada – *carro.* Em meio de palavra, o "r" forte também acontece com a letra simples quando segue uma consoante em outra sílaba – *Israel.*

Aqui, entretanto, nosso foco é o "r" em coda, caso em que, assim como com o "s" em coda, ou seja, em posição posvocálica, não haverá oposição seja qual for a pronúncia do falante. No Brasil, há várias possibilidades de pronúncia para o "r" nessa posição dependendo da variedade dialetal do falante. Dizemos que há uma neutralização de fonemas nesse contexto. Não importa se a pronúncia é de um tepe, como o "r" fraco ou de uma glotal, como um "r" forte ou se o fonema é simplesmente apagado, o significado da palavra é sempre o mesmo. Vamos exemplificar!

Cristófaro Silva (2017) compara o dialeto de Belo Horizonte – que, segundo a autora, teria uma pronúncia da fricativa glotal [h, ɦ] nessa posição – e o dialeto de São Paulo, com a pronúncia do tepe [ɾ]. A autora também apresenta a pronúncia do "r" dos dialetos do Rio de Janeiro, a fricativa velar [X, ɣ], e do dialeto "caipira" [ɹ]. Assim, em uma transcrição fonológica, devemos adotar o arquifonema /R/

para representar a consoante em coda porque, nos diversos falares de brasileiros, ela pode ser produzida como:

- tepe [ɾ] por um paulista ou um gaúcho;
- fricativa glotal [h, ɦ] por um mineiro de Belo Horizonte;
- fricativa velar [X, ɣ] por um carioca;
- vibrante [r] por uma pessoa mais velha do sul do país;
- retroflexo [ɻ] por alguém do interior paulista ou do norte do Paraná;
- sem produção [ø] por alguém da Bahia.

Desse modo, a palavra *mar* /maR/ poderá ser pronunciada como [maɾ] por um paulista, como [mah] por alguém de Belo Horizonte, como [maX] por um carioca, como [mar] por um curitibano de idade avançada, como [maɻ] por alguém do norte do Paraná ou como [maø] por um baiano.

Você consegue imitar todas essas possibilidades de pronúncia para o "r"? Conhece todas essas variedades? Sabe de mais alguma variante?

Neste momento, você pode estar se perguntando por que há dois símbolos para a fricativa glotal e para a fricativa velar indicadas como variantes de Belo Horizonte e do Rio de Janeiro, respectivamente. Se você fez uma analogia com a explicação dada anteriormente sobre a variação contextual com [s, z] ou [ʃ, ʒ], você acertou! Vejamos os exemplos no Quadro 4.4.

Quadro 4.4 – Variação contextual e regional no /R/ em coda no PB

		BELO HORIZONTE	RIO DE JANEIRO	SÃO PAULO
carta	/ˈkaRta/	[ˈkahtɐ]	[ˈkaXtɐ]	[ˈkartɐ]
carga	/ˈkaRga/	[ˈkaɦɡɐ]	[ˈkaɣɡɐ]	[ˈkarɡɐ]

FONTE: ELABORADO COM BASE EM CRISTÓFARO SILVA, 2017, P. 51.

Compare, no Quadro 4.4, as variedades das cidades de Belo Horizonte, Rio de Janeiro e São Paulo, conforme demonstrado por Cristófaro Silva (2017), para as palavras *carta* e *carga*. Com a palavra *carta*, em que depois do "r" temos uma consoante não vozeada, o fonema é [h], uma fricativa glotal surda, para o falante de Belo Horizonte, e [X], uma fricativa velar surda, para o falante carioca.

Em *carga*, como [g] é uma consoante sonora, os falantes produzem o "r" com vozeamento, a glotal [ɦ] pelo mineiro, e a velar [ɣ] pelo carioca. Já na fala do paulistano, não há diferença na pronúncia do "r" porque, para a produção do tepe, não há variação de vozeamento. O tepe é uma consoante vozeada. Assim como no tepe, também não há variação de vozeamento nas variantes vibrante e retroflexa, que são também vozeadas.

A pronúncia do "l" em final de sílaba

O fonema /l/ é possível em coda no sistema sonoro do português. No entanto, nessa posição, ele não se manifesta como uma consoante lateral alveolar em posição de ataque simples – *lata, leite, ala* – ou de ataque complexo – *placa, inflar, atleta*. Em posição de coda, esse fonema tem duas possibilidades de realização fonética: ou é pronunciado como uma lateral alveolar velarizada (a língua se volta para trás em direção à região posterior da boca), ou é vocalizado. O que essa segunda possibilidade significa? Bem, nesse caso, o fonema /l/ se transforma num som vocálico, na verdade se transforma em uma semivogal produzindo um ditongo com a vogal anterior. Palavras como *sal* e *selva* são pronunciadas pela maioria dos brasileiros como [saw] e ['sɛwvɐ]. Conforme o exemplo de Cristófaro Silva (2017), a palavra *cal* tem a representação fonêmica /kal/ e pode ser pronunciada como [kał] ou [kaw], dependendo do dialeto. Note que, com esse processo fonológico, no PB, o advérbio *mal* /mal/ e o adjetivo *mau* /maw/ são palavras homófonas – [maw].

A pronúncia de "m" e "n" em final de sílaba

Para iniciarmos nossa análise desse tipo de coda nas palavras do português, pronuncie as seguintes palavras: *som, álbum, bem, jovem, hífen*.

Você "sente" que pronuncia uma consoante no final da palavra? Ou você pronuncia apenas uma vogal nasal em [sõ], ['albũ], ou como um ditongo em [bẽɪ̃], ['ʒɔvẽɪ̃], ['ifẽɪ̃]? Apenas o som vocálico nasal, não é mesmo?

Cristófaro Silva (2017, p. 165) observa que autores como Head (1964), Pontes (1972) e Back (1973) "defendem a oposição fonêmica entre vogais orais e nasais". Essa interpretação do sistema indica que o português é uma língua que contém sete vogais orais e cinco vogais nasais, daí podermos distinguir *lá* de *lã* e *mito* de *minto*, por exemplo. Contudo, vamos assumir aqui a posição de Joaquim Mattoso Camara Jr. (2002), também acatada por Cristófaro Silva (2017, p. 166), que argumenta que, ao "interpretarmos as vogais nasais como uma vogal oral seguida de arquifonema nasal /VN/ [postulamos] um conjunto de sete fonemas vocálicos para o português (correspondentes às vogais orais) e um arquifonema nasal /N/ – que ocorre em posição posvocálica".

Assim, teríamos as representações fonêmicas /iN, eN, aN, oN, uN/ para as vogais nasais [ĩ, ẽ, ã, õ, ũ]. Não discutiremos aqui a análise de Camara Jr. (2002), mas recomendamos a leitura do próprio autor ou de Cristófaro Silva (2017). Neste livro, apenas exemplificaremos o caso com transcrição fonológica (com o arquifonema) e fonética (com a vogal nasal), conforme consta no Quadro 4.5.

Quadro 4.5 – O arquifonema /N/

	Transcrição fonológica	Transcrição fonética
bom	/boN/	[bõ]
um	/uN/	[ũ]
rim	/RiN/	[hĩ]

(continua)

(Quadro 4.5 – conclusão)

canto	/ˈkaNto/	[ˈkãtʊ]
campo	/ˈkaNpo/	[ˈkãpʊ]
canga	/ˈkaNga/	[ˈkãgɐ]
gente	/ˈʒeNte/	[ˈʒẽtʃi]

Fonte: Elaborado com base em Cristófaro Silva, 2017.

A interpretação das vogais e ditongos nasais no português é uma área bastante polêmica e, como já mencionamos em outros momentos, não nos cabe aqui aprofundar essas questões, pois esta obra não se insere na área de fonética e fonologia. Cabe a nós apenas citar pontos que caracterizam a língua portuguesa, principalmente o PB.

Para concluir nossa análise sobre a estrutura silábica, vamos tratar de mais uma questão polêmica: a interpretação do ditongo dentro da sílaba.

Os glides

No Quadro 4.3, os itens 10 a 15 constituem estruturas com um núcleo complexo, isto é, duas vogais no núcleo, uma vogal mais um glide. O glide, transcrito foneticamente como [ɪ] e [ʊ], é um elemento vocálico que acompanha a vogal no núcleo. Segundo Cristófaro Silva (2017), essa interpretação tem a desvantagem de um sistema fonotático mais complexo, com as sílabas CVV, mas a vantagem de manter o sistema com 19 consoantes.

Analisando a proposta de Camara Jr. (2008), consideramos que os glides deveriam ser interpretados de forma análoga a segmentos consonantais, /yᶠ, w/. Nesse caso, uma palavra como *pau* teria como

---

f. Tanto Camara Jr. quanto Cristófaro Silva usam o símbolo /y/ para indicar o glide, ou semivogal equivalente à vogal /i/. Por isso, usamos esse símbolo nesta descrição retirada desses autores. No entanto, preferimos representar esse glide pelo símbolo /j/, que indica a aproximante palatal no quadro do IPA.

representação fonológica a transcrição /paw/, numa sílaba travada CVC. Por isso a desvantagem, apontada por Cristófaro Silva (2017), para essa interpretação de Camara Jr. (2008), que oneraria o sistema consonantal, pois haveria o acréscimo de duas consoantes – /y, w/ –, formando um quadro de 21 consoantes.

Camara Jr. (2002), entretanto, revê sua proposta de 1953 e reanalisa os glides como segmentos vocálicos. O autor afirma que "a vogal assilábica também é chamada com razão semivogal, ou seja, uma vogal pela metade" (Camara Jr., 2002, p. 55). Cristófaro Silva (2017, p. 171, grifo do original) adota, então, essa proposta:

> *Glides correspondem a um segmento opcional V e podem seguir a vogal (cf. "gaita") ou podem preceder a vogal (cf. "nacional"). Do ponto de vista da representação segmental, os glides correspondem às vogais altas /i, u/ em posição átona, que se manifestam foneticamente como segmentos assilábicos [ɪ̯, ʊ̯]. Os glides são sempre associados a uma vogal e nunca podem ser núcleo de sílaba.*

Em resumo, a sílaba em língua portuguesa pode conter uma ou duas consoantes em ataque. Em ataque simples, o tepe não é admitido, e as consoantes palatais /ɲ/ e /ʎ/ sofrem sérias restrições. Em ataque complexo, ou seja, nos encontros consonantais, a primeira consoante deve ser uma obstruinte e a segunda, uma líquida. Em coda, as consoantes possíveis são os arquifonemas /S/, /R/ e /N/ e, ainda, o /l/, que pode ser vocalizado. Por fim, analisamos a interpretação do glide como segmento vocálico assilábico [ɪ̯, ʊ̯], que pode vir antes ou depois da vogal.

Esta seção foi destinada ao estudo das consoantes, mas, para falar de consoantes, tivemos de falar de sílaba e, para falar de sílaba, tivemos de falar sobre vogal. No entanto, precisamos aprofundar o estudo sobre as vogais. Na próxima seção, abordaremos o sistema vocálico do português.

(4.1.2) As vogais e os ditongos

No Capítulo 2, vimos que o sistema vocálico do latim clássico era composto por dez vogais, mas, ao perder a oposição de quantidade, deixando de opor vogal breve a vogal longa, o sistema se reduziu a sete vogais tônicas orais no latim imperial e, depois, se manteve assim no galego-português. Observamos também que, no PE, houve uma inovação no sistema de vogais tônicas com a oposição entre uma vogal central baixa /a/ e outra mais alta /ɐ/. Essa inovação não aconteceu, porém, no PB, que conserva o sistema do galego-português de sete vogais em posição tônica. Adaptando o quadro vocálico do IPA, temos o esquema da Figura 4.1 para as vogais orais do PB.

Figura 4.1 – As vogais do PB

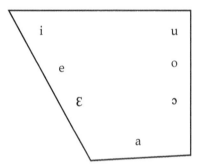

Exemplificaremos cada uma dessas vogais em posição tônica, destacando que qualquer uma se posiciona no centro da sílaba e pode estar em início, meio ou final de palavra.

Quadro 4.6 – Exemplos com as vogais do PB

/i/ – ilha, caído, capítulo, açaí	/u/ – urubu, saúde, casulo, jacu
/e/ – escola, coelho, cadete, bebê	/o/ – orelha, caolho, maroto, camelô
/ɛ/ – época, moeda, satélite, sapé	/ɔ/ – óculos, aorta, carótida, cipó
/a/ – ave, boato, casado, cará	

Conforme vimos na seção anterior, quando há o travamento da sílaba pelo arquifonema /N/, a vogal se transforma em vogal nasal. São cinco vogais nasais, exemplificadas no Quadro 4.7.

Quadro 4.7 – Exemplos com as vogais nasais

/ĩ/ – **in**fame, ac**in**te, s**im**	/ũ/ – **un**tar, ass**un**to, r**um**
/ẽ/ – **em**penho, torm**en**to	/õ/ – **on**tem, afr**on**ta, s**om**
/ã/ – **an**tes, l**ã**, al**am**brado, an**ã**	

Até agora, nosso foco foram as vogais tônicas, sejam orais, sejam nasais. Mas o sistema sofre alguma transformação quando se trata de sílabas átonas, isto é, aquelas que não recebem acento na palavra. A vogal átona pode ser pretônica ou postônica. Vamos analisar os exemplos do Quadro 4.8, com vogais em posição pretônica e em posição postônica. Observe se você pronuncia cada vogal destacada da mesma forma que pronunciaria se ela estivesse em posição tônica.

Quadro 4.8 – Exemplos com vogais átonas

PRETÔNICAS	POSTÔNICAS
s**i**lício	tráf**i**co, jur**i**
c**e**doso	núm**e**ro, jur**e**
m**o**rrer	êx**o**do, mat**o**
s**u**eca	céd**u**la
apático	síl**a**ba cas**a**

É bem provável que, em sua observação, você tenha percebido que, em algumas palavras, a pronúncia da vogal átona não é igual àquela da mesma vogal em posição tônica, principalmente em posição postônica final. Nas palavras terminadas em /e/ e /o/, como em *jure* e *mato*, é muito provável que você tenha pronunciado ['ʒuɾɪ] e

O português brasileiro: características especiais

['matʊ]. No caso da palavra *casa*, você não deve ter pronunciado a vogal /a/ de *ca* igual à de *sa*. É possível que sua pronúncia tenha sido ['kazɐ]. De acordo com Cristófaro Silva (2017, p. 86), "para a maioria dos falantes do português brasileiro as vogais postônicas finais são distintas das vogais tônicas ou pretônicas e são pronunciadas como [ɪ, ə, ʊ] nas palavras 'juri, jure, gota, mato' e nas formas verbais '(ele) come, (ela) fala, (eu) como'".

Observe que a autora usou o símbolo [ə] para a vogal /a/ postônica, enquanto eu usei [ɐ]. O símbolo empregado pela autora é do chamado *schwa*, a vogal central neutra, que deve ser a vogal de seu próprio dialeto. Prefiro usar o símbolo [ɐ] por duas razões: a primeira é que, em meu dialeto, estou certa de que o *schwa* não se enquadra; em segundo lugar, Barbosa (2012), depois de análise acústica e estatística com falantes de cinco estados brasileiros, afirma que o símbolo [ɐ] é o mais indicado para transcrever a vogal /a/ postônica final.

Seguindo nossa análise dos elementos vocálicos, passaremos a tratar dos ditongos. Já falamos indiretamente de ditongos quando tratamos do glide na estrutura da sílaba. Naquele momento, demonstramos a visão de Cristófaro Silva (2017), a qual segue Camara Jr. (2002), que assume a existência de ditongos em português com dois elementos vocálicos, um deles sendo tônico.

No Quadro 4.9, elencamos os ditongos apresentados por Cristófaro Silva (2017).

Quadro 4.9 – Exemplos com ditongos

Ditongos crescentes	em [ɪ]	a. [ɪa] – séria, área b. [ɪe] – série, cárie	c. [ɪo] – sério, Estácio
	em [ʊ]	a. [ʊa] – árdua, mágoa árduo b. [ʊe] – tênue, côngrue	c. [ʊo] – vácuo, árduo

(continua)

(Quadro 4.9 – conclusão)

Ditongos decrescentes	em [ɪ]	a. [aɪ̯] – pai, gaita b. [eɪ̯] – seita, lei c. [ɛɪ̯] – réis, papéis	d. [oɪ̯] – boi, afoito e. [ɔɪ̯] – mói, corrói f. [uɪ̯] – fui, cuida
	em [ʊ]	a. [aʊ̯] – mau, saudade b. [eʊ̯] – eu, judeu c. [ɛʊ̯] – réu, bedéu	d. [oʊ̯] – Moscou, e. [iʊ̯] – riu, fugiu
Ditongos decrescentes nasais	em [ɪ]	a. [ãɪ̯] – mãe, câimbra b. [ẽɪ̯] – bem, item	c. [ũɪ̯] – muito, ruim d. [õɪ̯] – põe, lições
	em [ʊ]	a. [ãʊ̯] – pão, órfão	

Fonte: Elaborado com base em Cristófaro Silva, 2017, p. 95-100.

Chamamos sua atenção para duas questões nesse quadro. Em primeiro lugar, não estão registradas todas as possibilidades de variações como apresentadas por Cristófaro Silva (2017). Há ainda outras possibilidades. Na palavra *série*, exemplo do ditongo [ɹe], pode também haver o ditongo produzido como [ɹi] ou monotongado como [ɪ]. Na palavra *sério*, o ditongo também pode ser [ɹʊ] e, na palavra *séria*, o ditongo pode ser [ɹɐ].

Outra questão a ser considerada se refere aos exemplos *bem* e *item*, com o ditongo nasal [ẽɪ]. Você deve ter percebido que no Quadro 4.7 há exemplos de vogais nasais em início, meio e final de palavras, mas com a vogal [ẽ] só há dois exemplos. Palavras terminadas em "em" são produzidas com um ditongo nasal, conforme vemos no Quadro 4.9.

Agora que apresentamos o sistema segmental e silábico do PB e que já tratamos dos 19 fonemas consonantais e dos sete fonemas vocálicos, bem como da forma como esses fonemas se organizam em sílabas na língua, podemos tratar de alofonia. Na verdade, já abordamos esse caso em dois momentos anteriores. O primeiro foi quando relacionamos as inovações e as características do PB em comparação às do galego e do PE, conforme Monteagudo (2012). Depois, quando abordamos as consoantes em coda e lidamos com os arquifonemas

/S/ e /R/ e com /l/ posvocálico, tivemos de tratar de variações. Agora, no Quadro 4.10, resumimos as principais alofonias do PB, tanto na produção de consoantes como na produção de vogais.

Quadro 4.10 – Alofonias e processos fonológicos característicos do PB

Fenômeno/ variável	Processo/variantes	Exemplos		
1. Palatali-zação	/t/ + /i/ = [tʃ] /d/ + /i/ = [dʒ]	tia [tʃiɐ] dia [dʒiɐ]	leite [ˈleɪtʃɪ] idade [iˈdadʒɪ]	
2. O "r" forte em ataque	Diversas variantes, por exemplo: [r] – vibrante múltipla [X] – fricativa velar [h] – fricativa glotal	rato [ˈratʊ] [ˈXatʊ] [ˈhatʊ]	carro [ˈkarʊ] [ˈkaXʊ] [ˈkahʊ]	
3. /R/ em coda	Diversas variantes, por exemplo: [r] – vibrante múltipla [ɾ] – tepe (vibrante simples) [ɻ] – retroflexo [X–ɣ] – fricativa velar [h–ɦ] – fricativa glotal [ø] – apagamento	carta [ˈkartɐ] [ˈkaɾtɐ] [ˈkaɻtɐ] [ˈkaXtɐ] [ˈkahtɐ]	carga [ˈkargɐ] [ˈkaɾgɐ] [ˈkaɻgɐ] [ˈkaɣgɐ] [ˈkaɦgɐ]	mar [mar] [maɾ] [maɻ] [maX] [mah] [maø]
4. /S/ em coda	[s – z] – fricativa alveolar [ʃ – ʒ] – fricativa alveolopalatal	casta rasga mas paz [ˈkastɐ] [ˈhazgɐ] [mas] [pas] [ˈkaʃtɐ] [ˈhaʒgɐ] [maʃ] [paʃ]		
5. /l/ em coda	[ɫ] – lateral velarizada [w] – vocalização ou ditongação	salta [ˈsaɫtɐ] [ˈsawtɐ]	mal [maɫ] [maw]	

(continua)

(Quadro 4.10 – continuação)

6. Estratégia de reestruturação silábica	Adaptação da sílaba para CV: ■ **epêntese** (inserção de uma vogal entre duas consoantes) ■ **paragoge** (adição de uma vogal no final da palavra – muito comum em empréstimos linguísticos e siglas)	apto ['apɪtʊ] afta ['afɪtɐ] psicologia [pisikolo'ʒiɐ] blog ['blɔgɪ] rap ['hɛpɪ] CEP ['sɛpɪ]
7. Despalatalização	Palavras com "lh" perdem a lateral palatal [l] – lateral alveolar [j] – semivogal (ieísmo)	mulher [mu'lɛ] filho ['fijʊ] orvalho [oɻ'vajʊ]
8. Rotacismo	Substituição de um segmento consonatal, principalmente do /l/ para um /R/, geralmente o tepe ou o retroflexo	claro ['kɾaɾʊ] blusa ['bɾuzɐ] alface [aɾ'fasɪ]
9. Desnasalização	Perda da vogal nasal no final de palavras, especialmente em formas do pretérito perfeito do indicativo	homem ['ɔmɪ] virgem ['viɹʒɪ] fizeram [fi'zɛɾʊ]
10. Terminação em "inho"	Perda da consoante palatal, ficando apenas a vogal nasal	caminho [ka'mĩ] sozinho [sɔ'zĩ] filhinho [fi'lĩ]
11. Alçamento de vogal átona	/e/ > [ɪ] /o/ > [ʊ] /a/ > [ɐ]	menino [mɪ'ninʊ] moleque [mʊ'lɛkɪ] salada [sɐ'ladɐ]
12. Abaixamento da pretônica	/e/ > [ɛ] /o/ > [ɔ]	pererreca [pɛɾɛ'ɾɛkɐ] fofoca [fɔ'fɔkɐ]

(Quadro 4.10 – conclusão)

13. Mono-	/eɪ/ > [e]	feira ['feɐ] – queijo ['keʒʊ]
tongação	/aɪ/ > [a]	caixa ['kaʃɐ] – faixa ['faʃɐ]
	/oʊ/ > [o]	louco ['lokʊ] – pouco ['pokʊ]
	/ɪɛ/ > [ɛ]	quieto ['kɛtʊ]
	/ʊo/ > [o]	alíquota [a'likotɐ]
14. Ditonga-	/e/ > [eɪ]	fez [feɪs] – mês [meɪs]
ção	/a/ > [aɪ]	paz [paɪs] – mas [maɪs]
	/o/ > [oɪ]	pôs [poɪs]
	/o/ > [uɪ]	pus [puɪs]

Como já discutimos anteriormente sobre a maioria desses processos, faremos apenas um comentário sobre essa lista de 14 processos fonológicos do PB, que, certamente, não ficam limitados a esse número. Com certeza, há muitos outros, mas é importante deixar claro que existem processos muito comuns na fala da maioria dos brasileiros, independentemente da classe social.

A palatalização, por exemplo, já é um processo bastante generalizado no Brasil, embora haja ainda regiões em que o processo não ocorre em todos os contextos fonológicos. Em cidades de Pernambuco, do interior paulista e de Santa Catarina, por exemplo, fala-se [tiɐ] e não [tʃiɐ]. Mas onde a palatalização acontece, ela é produzida por pessoas de todas as classes sociais e é aceita por toda a população. Alguns processos, no entanto, são estigmatizados e alvo de preconceito linguístico. A despalatalização e o rotacismo, por exemplo, são processos do português popular e são alvo de valoração. Voltaremos a esse tema no próximo capítulo. Na próxima seção, analisaremos as características especiais da morfologia e da sintaxe do PB.

(4.2) Aspectos morfológicos e sintáticos do português brasileiro

É muito comum em rodas de conversa, principalmente entre pessoas de diferentes lugares, a comparação entre os falares de pessoas de origens diversas. Apreciamos comparar dialetos, sotaques, usos de palavras. As comparações, porém, costumam se limitar a diferenças no sotaque ou no léxico. Parece que diferenças no modo de pronunciar as palavras e nas próprias palavras usadas são muito mais salientes para o ouvinte do que diferenças na forma de organização das palavras nas sentenças, ou seja, na morfologia e na sintaxe.

Em um grupo de pessoas, se a conversa gira em torno das diferenças entre o PE e o PB, os exemplos costumam ser do tipo: "os portugueses comem as vogais", "os portugueses falam mais rápido do que os brasileiros" ou "lá eles dizem *comboio* e aqui falamos *trem*", "bebemos café na *xícara* e eles, na *chávena*". A não ser que existam estudiosos ou profissionais da língua na conversa, dificilmente as pessoas comparam questões de colocação do pronome como "eles dizem *espera-me* e nós dizemos *me espera*" ou "no Brasil se diz *eu estou comprando* e em Portugal se diz *estou a comprar*". Entretanto, é justamente nas questões gramaticais relativas à morfologia e à sintaxe que o PB mais tem sido estudado, com o objetivo de definir a nossa variedade como diversa daquela dos europeus.

Mattos e Silva (2004a, p. 49) afirma que "são os avanços mais recentes, sobretudo nos estudos da morfossintaxe e sintaxe do português brasileiro, que vêm permitindo delinear de forma menos redutora a realidade multifacetada do português brasileiro". A questão dessa realidade apontada pela autora tem a ver com a imposição histórica de uma língua homogênea, vinda dos colonizadores e da visão de que tudo o que seja divergente das regras impostas pela gramática ensinada na escola se constitui em erro, tal como descreve Bagno (2001, p. 9, grifo do original): "são 'língua de índio', são fala 'estropiada', ou simplesmente *não são português*".

Numa crítica à prática pedagógica tradicional em que se impõem prescrições sintáticas que não correspondem a nenhuma variedade linguística real, Bagno (2001) defende estudar o "brasileiro" (a língua brasileira), com uma visão sintonizada com o pensamento científico contemporâneo. Assim, sugere um conjunto de práticas acompanhadas de reflexões teóricas com atividades de pesquisa em sala de aula sobre os fenômenos da linguagem. Mais adiante, neste livro, vamos tratar do ensino; agora, porém, nosso foco são os fenômenos apontados por Bagno (2001), que também têm sido foco de estudo de vários outros autores (Lucchesi, 2009a, 2015; Baxter, 2009; Baxter; Lopes, 2009; Ribeiro, 2009; Naro; Scherre, 2007).

Assim como fizemos com os aspectos fonético-fonológicos, aqui discutiremos os principais pontos da morfologia e da sintaxe que vêm sendo pesquisados pelos autores citados. A maioria desses pontos já foi citada na relação de Monteagudo (2012) sobre as inovações e as características do PB, apresentadas no Capítulo 2. Neste ponto, eles receberão um pouco mais de atenção.

Começaremos com cinco fenômenos gramaticais estudados por Bagno (2001) com base em *corpora* de língua culta falada e escrita. Apresentaremos também análises de outros autores sobre esses fenômenos. Na sequência, continuando a lista, apresentaremos itens examinados por Lucchesi, Baxter e Ribeiro (2009) numa coletânea de trabalhos sobre o que os autores chamam de *português afro-brasileiro,* na defesa da tese de que o português popular do Brasil (PPB) se formou por uma transmissão linguística irregular (TLI) durante a aquisição do português por indígenas e africanos no período da colonização. Analisaremos também o contraponto de Naro e Scherre (2007), para quem todas as propriedades estruturais do português popular já estavam presentes na língua que aqui chegou com os portugueses. Comecemos, então, com a lista de Bagno (2001).

Estratégias de relativização

A grande maioria das orações relativas são construídas com a partícula gramatical *que,* a qual se relaciona a um antecedente. A partícula *que* se liga à posição de sujeito ou de objeto direto na oração que introduz, como em:

1. O rapaz que ___ acabou de chegar é meu primo.

2. O livro que comprei ___ está na gaveta.

Muitas vezes, o pronome relativo é empregado com verbos que exigem o uso de preposição, e o pronome *que* estará ligado à posição de objeto indireto, adjunto adnominal, complemento nominal ou adjunto adverbial. Nesse caso é que haverá as três estratégias de relativização. Trazemos, aqui, exemplos de Bagno (2001, p. 83) e de Lucchesi (2015, 235):

> (1a) Esse é um filme **de que** eu gosto muito./ O rapaz **com quem** você dançou é meu amigo.
>
> (1b) Esse é um filme **que** eu gosto muito **dele.**/ O rapaz **que** você dançou **com ele** é meu amigo.
>
> (1c) Esse é um filme **que** eu gosto muito./ O rapaz **que** você dançou é meu amigo.

A estratégia dos exemplos em 1a é a única aceita pela gramática tradicional, por isso é denominada *relativa padrão*. Nesse tipo de oração, pode haver marcas de gênero e número no pronome relativo: *o qual, os quais, a qual, as quais*; a oração também pode ser introduzida por uma palavra interrogativa: *quem, onde, quando, quanto, como*.

Lucchesi (2015) afirma que essa estratégia, adquirida por meio da escolarização, não faz mais parte da gramática natural dos brasileiros e seu uso se restringe à escrita formal. Mesmo pessoas escolarizadas já não usam a relativa padrão e, para pessoas com pouca escolaridade, ela é totalmente desconhecida.

A estratégia 1b é chamada *relativa copiadora*, pois há uma repetição por meio de um pronome (ele/ela) chamado de *pronome cópia* ou *pronome lembrete*. Rejeitada pela gramática normativa, para Lucchesi (2015), essa estratégia faz parte do repertório da gramática natural dos brasileiros, mas seu emprego é avaliado de forma negativa. Vejamos outros exemplos com pronome lembrete citados por Lucchesi (2015, p. 236) e Bagno (2001, p. 86):

- Esse assunto, eu não domino bem ele.

- Esse assunto, que eu não domino bem ele, sempre cai nos concursos.

- São Paulo é uma cidade rica que ela tem graves problemas sociais.

- Essa é uma rua que eu nunca ouvi falar dela.

Bagno (2001) afirma que é possível levantar uma hipótese científica para explicar essa construção sem precisar recorrer aos conceitos de certo e errado. O autor faz uma extensa análise do processo tendo em mente que a relativa copiadora é um fenômeno analítico em oposição à estrutura sintética da forma padrão. O autor também explica que essa estratégia é a mais antiga das três, pois já aparecia no latim vulgar.

Quanto aos exemplos em 1c, temos a chamada *relativa cortadora*, que também é rejeitada pela gramática normativa, mas é a preferida dos falantes do PB, mesmo dos brasileiros cultos. Recorrendo a argumentos de Tarallo (1983), Bagno (2001) afirma que a relativa cortadora é uma opção dos falantes para fugir de dois problemas: parecer "pedante" ao usar a relativa padrão ou parecer "ignorante" ao usar a relativa copiadora. Citando vários exemplos de publicações da imprensa, Bagno (2001, p. 92) considera que "a relativa cortadora veio para ficar".

Lucchesi (2015, p. 246), que também analisou o trabalho de Tarallo (1983), sustenta que "há processos que não penetram na norma culta porque esbarram em uma forte estigmatização das variantes que caracterizam a fala popular". Esses processos em variação e mudança estão no cerne da polarização sociolinguística existente no país.

Estratégias de pronominalização do objeto direto de terceira pessoa

Antes de tratar dessas estratégias, é importante retomar os pronomes pessoais do caso reto (que funcionam como sujeito) e do caso oblíquo (que funcionam como objeto). Reproduzimos aqui o quadro de Cunha e Cintra (2017).

Quadro 4.11 – Pronomes pessoais

		PRONOMES PESSOAIS RETOS	PRONOMES PESSOAIS OBLÍQUOS NÃO REFLEXIVOS	
			ÁTONOS	TÔNICOS
Singular	1ª pessoa	eu	me	mim, comigo
	2ª pessoa	tu	te	ti, contigo
	3ª pessoa	ele, ela	o, a, lhe	ele, ela
Plural	1ª pessoa	nós	nos	nós, conosco
	2ª pessoa	vós	vos	vós, convosco
	3ª pessoa	eles, elas	os, as, lhes	eles, elas

FONTE: CUNHA; CINTRA, 2017, P. 291.

Assim como nas estratégias de relativização, as estratégias de pronominalização são três. Vejamos os exemplos de Bagno (2001, p. 101):

(1) <u>Você viu o Pedro hoje?</u>

(1a) Hoje não, eu **o** vi ontem.

(1b) Hoje não, eu vi **ele** ontem.

(1c) Hoje não, eu vi ø ontem.

Também aqui vemos a estratégia padrão em 1a, com o uso do pronome oblíquo, que é a única forma correta segundo a gramática tradicional. Em 1b, temos uma forma condenada pelos gramáticos, haja vista o indicativo de erro gramatical em editores de textos, com o pronome reto usado como objeto direto.

Elia (2010) defende que as formas *eu vi ele* e *eu lhe vi*, que também são formas infratoras de acordo com a gramática tradicional, decorrem do enfraquecimento, e até desaparecimento, dos pronomes pessoais oblíquos átonos *o(s)/a(s)* no PB. Esse autor também argumenta que essa estratégia tem origem em contatos do português, na época da colonização, com as línguas tupi-guarani dos indígenas e quimbundo e nagô dos africanos. Como essas línguas não eram do tipo flexional, seria natural que seus falantes substituíssem as flexões por vocábulos gramaticais, tal como os povos dominados pelos romanos fizeram com o latim. Elia (2010, p. 179) conclui que "o brasileirismo *eu vi ele* é um caso de crioulização".

Bagno (2001), contudo, afirma que *ele/ela* como objeto já aparecia em textos literários do período arcaico, assim como a relativa copiadora; esse uso foi trazido para o Brasil e continua forte e vigoroso.

É interessante verificar que Cunha e Cintra (2017, p. 302) incluem os usos do pronome reto como objeto como "equívocos e incorreções" de "fala vulgar e familiar do Brasil" que, embora muito frequentes e documentados na literatura portuguesa dos séculos XIII e XVI, devem ser evitados.

Em 1c, temos a estratégia de objeto nulo. Assim como a relativa cortadora, o objeto nulo apresenta uma categoria vazia. Bagno (2001) critica o fato de a tradição gramatical desprezar o objeto nulo apesar de ser essa a estratégia de pronominalização mais empregada pelos falantes cultos da língua no Brasil. Em sua pesquisa em 500 dados, o autor encontrou 0,6% com o uso do pronome oblíquo; 3,6% com o uso do pronome reto; e 95,8% com o uso do objeto nulo. O uso do objeto nulo, segundo Bagno (2001, p. 106), seria uma forma de o falante evitar o uso do oblíquo átono *o(s)/a(s)*, que seria "pedante" e "certo demais", e o uso de *ele* como objeto, que parece estar associado a "formas erradas" das variedades populares.

Pronomes sujeito-objeto

Esse fenômeno sintático chamado de *sujeito acusativo* pela gramática tradicional indica que o pronome objeto direto (que exerce função acusativa) também atua como sujeito. Isso acontece com verbos do tipo *mandar, fazer, sentir, deixar, ouvir* e *esperar*, como neste exemplo: *Deixa-**me** dizer o que penso disso.*

A gramática prescreve que, nesse tipo de estrutura, o pronome deve ser o oblíquo átono. No exemplo, *me* exerce duas funções: de objeto direto (acusativo) do verbo *deixar* e de sujeito (nominativo) do verbo *dizer.*

Bagno (2001) propõe o termo *pronome sujeito-objeto* (PSO) por ser uma designação que abarca as duas funções. Embora a gramática tradicional recomende o uso do pronome átono, o comum no Brasil é o uso do pronome do caso reto: *Deixa eu dizer o que penso disso.*

Em sua pesquisa, o autor encontrou dez ocorrências de PSO no *corpus* da língua falada, todas elas com pronome reto: *eu* (quatro vezes), *ele* (três vezes) e *eles* (três vezes). Sete dessas ocorrências eram com o verbo *deixar,* entre as outras, uma era com o verbo *ver,* uma com *mandar* e uma com *fazer.* O autor ainda demonstra a frequência desse fenômeno da fala brasileira com a expressão "xovê" para designar "deixa eu ver" (Bagno, 2001, p. 112).

Na busca de entender o porquê da preferência pelo pronome reto em vez do oblíquo e abandonar, mais uma vez, a ideia do certo e errado, Bagno (2001, p. 112) analisa "a tendência cada vez mais acentuada do português do Brasil a explicitar o sujeito e apagar o objeto". Assim, comparando o PB com o PE nessa questão, o autor apresenta como exemplo as seguintes respostas de um brasileiro e de um português ao comentário "Acabo de ver o Pedro na sala do diretor" (Bagno, 2001, p. 112):

- ◆ Brasileiro: **Eu** também vi. (sujeito explícito, objeto apagado)

- ◆ Português: Também **o** vi. (sujeito apagado, objeto explícito)

Naro e Scherre (2007, p. 163) também afirmam que o uso de sujeitos nulos é menos frequente no Brasil do que em Portugal, "com o consequente aumento no uso de sujeitos morfologicamente explícitos".

Pseudopassiva sintética

Bagno (2001) explica que denomina de *pseudopassiva* a chamada *passiva sintética* ou *passiva pronominal* do português porque, para ele, essa passiva não existe e seria mais um equívoco da tradição gramatical.

Na gramática de Cunha e Cintra (2017, p. 320, grifo do original) encontramos a seção que trata dos "valores e empregos do pronome SE" com suas funções:

- Fez-**se** novo silêncio. (SE como pronome apassivador)

- Vive-**se** ao ar livre, come-se ao ar livre, dorme-**se** ao ar livre. (SE como símbolo de indeterminação do sujeito)

Bagno (2001, p. 125) defende que essa interpretação é equivocada, ilógica e incoerente, pois se empregam critérios diferentes para analisar um e outro *se*. Observemos os exemplos a seguir:

- Lá em casa **se** lê muito.
- Lá em casa **se** lê muito jornal.

Conforme as gramáticas, no primeiro exemplo, o *se* indica indeterminação do sujeito, enquanto, no segundo, o *se* é uma partícula apassivadora. Bagno (2001) assume que, nas duas orações, o pronome *se* deve ser interpretado como recurso de indeterminação do sujeito e que, na segunda oração, o termo *jornal* funciona como objeto direto do verbo *ler*. O autor critica o argumento semântico para o primeiro exemplo e o argumento sintático para o segundo e afirma que o pronome *se* vem sendo submetido à reanálise sintática no PB. Assim, o *se* entra na relação de pronomes que podem funcionar como sujeito. Bagno (2001) apresenta vários exemplos – extraídos de diversos gêneros textuais (na literatura, na mídia, na publicidade) – de usos do pronome *se* como sujeito indeterminado, muitos deles em formas fixas: *como era de se* + infinitivo, *fácil de se* + infinitivo, *bom/bonito de se* + infinitivo. Vejamos os exemplos:

- Como **era de se esperar**, ele não apareceu para a entrevista.

- É bem **fácil de se imaginar** por que essas famílias estão em dificuldades financeiras.

- Foi um jogo **bonito de se ver**.

Se essas construções fixas indicam um uso bastante generalizado de *se* como índice de indeterminação de sujeito, uma construção interessante e bastante comum na fala dos brasileiros é a indeterminação do sujeito apenas pelo verbo, sem o uso de *se*. Bagno (2001, p. 169, grifo nosso) assim exemplifica esse tipo de construção:

- Aqui **vende** umas coisas lindas!

- Onde **guarda** as compras, mãe?

- Aqui no Rio **usa** muito esse tipo de roupa mais leve.

- Nessa papelaria **não tira** fotocópia.

- Como **faz** para o suflê não murchar?

Certamente os portugueses não usariam construções como essas e devem considerá-las agramaticais, pois entendem que é necessário o uso do pronome *se* em construções como esta: "Como se faz para o suflê não murchar?" (Bagno, 2001, p. 169).

Regências dos verbos ir *e* chegar *com sentido diretivo*

Outro fenômeno do PB analisado por Bagno é a regência de verbos como *ir* e *chegar* no sentido diretivo com a preposição *em* em vez de *a* ou *para*, como prescreve a tradição gramatical. Bagno (2001, p. 141) afirma:

> *Por mais que as gramáticas normativas, os dicionários tradicionais de regência verbal e o ensino conservador tentem nos convencer de que*

é errado usar a proposição EM com verbos com ideia de direção (IR e CHEGAR, por exemplo), nós continuamos teimando em "errar" e em usar essa preposição para reger esses verbos.

Na busca de uma explicação, o autor encontra uma resposta simples: no latim, a preposição *in* era usada com essa finalidade.

Em sua pesquisa com o verbo *ir*, Bagno (2001) utiliza uma matriz de regência em que considera, conforme as prescrições tradicionais, as preposições *a* e *para* – a primeira com o traço de não permanência (–permanência) e a segunda com o traço de permanência (+permanência). As possibilidades não padrão seriam de *a* em –permanência e *para* em +permanência, além da preposição *em* para –permanência e +permanência.

Os resultados sinalizam que os falantes cultos usam a preposição *em* para indicar movimento (com uso restrito para indicar –permanência) e a preposição *para* também com sentido de –permanência, ao contrário do que determina a gramática tradicional. Nos resultados obtidos, há indicativo de concorrência entre as preposições *a, para* e *em* para indicar –permanência, com marcada preferência pelo uso de *para*; para +permanência, há predomínio do uso da preposição *para*.

Com o verbo *chegar*, a situação é mais simples, com a preposição *a* (padrão) e *em* (não padrão). No *corpus* da língua falada, os resultados da pesquisa de Bagno (2001) apontaram 80% para o uso da preposição *em* e 20% para o uso da preposição *a*, enquanto, no *corpus* da língua escrita, a situação foi inversa, 81,8% do uso padrão e 18,2% do uso não padrão. O autor comenta que o uso da preposição *a* está em crescente declínio, ficando restrito à língua escrita. Uma hipótese para o uso menos frequente dessa preposição pode ser o fato de haver outros itens gramaticais de mesma realização fonética: a forma verbal *há* e o artigo feminino *a*. Para eliminar eventuais ambiguidades, o falante preserva o artigo feminino *a*, substitui a forma verbal *há* pela forma verbal *tem* e troca a preposição *a* ou pela preposição *em* ou pela preposição *para*, conforme o verbo.

Ainda com relação a regências dos verbos com sentido diretivo, Bagno (2001) comenta sobre o uso de *onde* e *aonde* e argumenta que não há diferença nesse caso, por mais que a gramática insista em diferenciar os dois advérbios/pronomes relativos. Depois de apresentar seus estudos e instruir professores sobre como fazer pesquisas com seus alunos a respeito dos cinco itens anteriores, Bagno (2001) apresenta uma seção em que questiona se PB e PE não seriam duas línguas, com argumentos de linguistas em favor dessa visão. Demonstrando com vários exemplos as diferenças entre PE e PB, o autor cita problemas de natureza pragmática que acentuam as diferenças entre o português falado no Brasil e o falado em Portugal. Na sequência, apresentaremos essas diferenças.

Construções ergativas

Uma dessas diferenças mencionadas por Bagno (2001) refere-se ao fenômeno da ergatividade. Nessas construções, muito comuns na fala dos brasileiros e possivelmente consideradas agramaticais pelos portugueses, o sujeito do verbo é o objeto da ação praticada. São exemplos de construções ergativas (Bagno, 2001, p. 69):

- ◆ Meu carro está consertando.
- ◆ A calça rasgou.
- ◆ O vaso quebrou.

Demonstrativos

Segundo a gramática normativa, herdamos um sistema tripartite para os pronomes demonstrativos, conforme o quadro de Cunha e Cintra (2017).

Quadro 4.12 – Pronomes demonstrativos

VARIÁVEIS				INVARIÁVEIS
Masculino		**Feminino**		
este	estes	esta	estas	isto
esse	esses	essa	essas	isso
aquele	aqueles	aquela	aquelas	aquilo

FONTE: CUNHA; CINTRA, 2017, P. 343.

Conforme a regra gramatical padrão, os pronomes *este, esta* e *isto* devem ser usados para indicar o que está perto da primeira pessoa, a que fala; *esse, essa* e *isso,* para indicar o que está perto da segunda pessoa, a quem se fala; *aquele, aquela* e *aquilo,* para indicar o que está afastado tanto da primeira como da segunda pessoa. Além de situarem as pessoas e as coisas no espaço, esses pronomes também as situam no tempo. Cunha e Cintra resumem essas variáveis como no quadro a seguir.

Quadro 4.13 – Pronomes demonstrativos no espaço e no tempo

DEMONSTRATIVOS	PESSOA	ESPAÇO	TEMPO
este	1ª	Situação próxima	Presente
esse	2ª	Situação intermediária ou distante	Passado ou futuro pouco distante
aquele	3ª	Situação longínqua	Passado vago ou remoto

FONTE: CUNHA; CINTRA, 2017, P. 345.

Bagno (2001) coloca em dúvida a diferença entre os pronomes *este* e *esse,* afirmando que, intuitivamente, na língua falada, usamos apenas o pronome *esse* e suas flexões. Já há tempos venho observando essa tendência da língua falada e, mais recentemente, também tenho constatado que, na língua escrita acadêmica, já não se diferenciam esses dois níveis dos demonstrativos, embora eu ainda prefira a distinção entre os pronomes *este/esse* para diferenciar o texto que estou lendo de outros textos referenciados nele. Admito, porém, que essa diferenciação não é necessária. O sistema do inglês, por exemplo, funciona muito bem com *this/that*.

De qualquer forma, pesquisas vêm sendo feitas sobre os demonstrativos no PB, principalmente em relação à diferença entre os pronomes *este* e *esse*. Pereira (2005), numa comparação entre PE e PB, aponta que, nos tipos de texto em que a norma se impõe, os dois sistemas encontram espaço para opção: o PE opta pelo pronome *este* e o PB, pelo pronome *esse*. Na fala do brasileiro, *este* é um pronome residual, está sendo substituído por *esse*. Para Assis (2010), resultados de pesquisas confirmam que o sistema ternário se encontra desestabilizado no PB.

Regências verbais

Como já vimos em um dos itens analisados por Bagno (2001) citados anteriormente, o uso de verbos como *ir* e *chegar* apresenta no PB regências diferentes das prescritas na gramática. Outros verbos também se revelam instáveis no uso culto da língua e merecem investigação. A regência do verbo *assistir*, por exemplo, foi investigada por Guida (2013). Analisando um *corpus* formado por textos do jornal *O Globo*, a autora identificou o predomínio de ocorrência da norma-padrão, com a regência da preposição *a*. No entanto, a autora encontrou também uma quantidade considerável de ocorrências do verbo como transitivo direto, especialmente com o uso da voz passiva. Outros verbos indicados por Bagno para estudo de regência são *visar* e *implicar*.

Verbos *ter* e haver *no sentido de "existir"*

Concordo com Bagno quando ele afirma ser inacreditável as gramáticas ainda condenarem o uso do verbo *ter* no sentido de "existir" e prescreverem o verbo *haver*, mesmo quase um século depois da publicação do poema *No meio do caminho*, de Carlos Drummond de

Andrade, em que nos deparamos com o conhecido verso "tinha uma pedra no meio do caminho" (Andrade, 2013, p. 36).

Vitorio (2010), em investigação sobre os verbos *ter* e *haver* com sentido existencial nas prescrições gramaticais e em estudos variacionistas, conclui que o verbo *ter*, apesar de não ser aceito pela tradição gramatical, predomina absoluto na fala do brasileiro e não é uma variante estigmatizada, pois é utilizada até em situações de formalidade sem ser alvo de preconceito linguístico. O verbo *haver* como verbo existencial já não ocorre no PB, pois as crianças somente têm acesso a ele no processo de aquisição da escrita, pela prescrição gramatical.

Tempos verbais

Bagno (2001) recomenda que se investiguem os tempos verbais que já não aparecem na fala do brasileiro, como os tempos futuro do presente (eu cantarei), mais-que-perfeito (eu cantara) e futuro do pretérito (eu cantaria), que só são utilizados em textos escritos ou na fala em situação de alto monitoramento.

Citamos aqui, como exemplo de pesquisa realizada sobre o futuro verbal no PB, o trabalho de Oliveira (2006), que começa sua análise listando as seis variantes de expressão do futuro:

> *a) a forma de futuro simples ("No próximo mês **viajarei** para o exterior"); b) a forma de presente ("No próximo mês **viajo** para o exterior"); c) a forma perifrástica com o verbo ir no presente + infinitivo ("No próximo mês **vou viajar** para o exterior"); d) a forma perifrástica com o verbo ir no futuro + infinitivo ("No próximo mês **irei viajar** para o exterior"); e) a forma perifrástica com o verbo haver no presente + de + infinitivo ("No próximo mês **hei de viajar** para o exterior"); e f) e a forma perifrástica com o verbo haver no futuro + de + infinitivo ("No próximo mês **haverei de viajar** para o exterior"). (Oliveira, 2006, p. 17, grifo do original)*

Depois de analisar dados diacrônicos, do século XIII ao XX, Oliveira (2006) analisa o processo de gramaticalização do verbo *ir* na formação do futuro perifrástico com o infinitivo, comparando-o com os processos com o verbo *go* no inglês e com o verbo *aller* no francês. A autora conclui que: a) o futuro simples tem sido cada vez menos usado na fala, tanto mais formal como menos formal; b) o presente se restringe a contextos bastante específicos, e seus índices de uso são mais ou menos estáveis; c) a forma perifrástica com *ir* + infinitivo no início substituiu a forma *haver de* + infinitivo, que é hoje quase restrita à indicação da modalidade deôntica; d) a substituição do futuro simples pela forma perifrástica com *ir* + infinitivo revelou-se uma mudança em andamento. Enfim, a perífrase *ir* + infinitivo, que teve origem no século XIV, iniciou o processo de auxiliarização do verbo *ir* como indicador de futuro no século XVI, aos poucos ganhou espaço no sistema linguístico e superou outras variantes, estabelecendo-se primeiro na língua falada e, mais recentemente, entrando na língua escrita.

A autora termina seu texto conclamando pesquisadores a estudarem "as formas de futuro combinadas com o gerúndio, que, parece, entraram em uso muito recentemente no português do Brasil" (Oliveira, 2006, p. 196). A autora exemplifica essa forma: "Só um instante, senhora, que eu *vou estar imprimindo* a fatura da senhora" (Oliveira, 2005, p. 197, grifo do original).

Uma vez que estamos tratando de perífrase e essa sugestão de Oliveira (2006) remete a uma possível inovação do PB com a perífrase *ir* + infinitivo + gerúndio, precisamos abordar outras duas perífrases que marcam uma diferença entre o PB e o PE: a perífrase de gerúndio contra a perífrase com infinitivo preposicionado.

Perífrase de gerúndio

No final do capítulo anterior, discutimos a tese do conservadorismo. Um dos principais argumentos de seus defensores é que o PB conserva o uso da perífrase com gerúndio como no português arcaico e o PE inovou com a perífrase com infinitivo preposicionado. Em outras palavras, o brasileiro ainda fala como se falava no século XVI – *eu estou comprando* –, enquanto o PE inovou e passou a registrar *eu estou a comprar*.

Oliveira (2017, p. 41) analisou textos do PE e do PB produzidos entre os séculos XVI e XX, e as ocorrências encontradas indicaram que "já se fazia uso da perífrase com gerúndio no século XVI, e que tal uso veio a ser substituído em PE, séculos mais tarde, pela perífrase com infinitivo preposicionado, enquanto em PB seu uso se manteve, confirmando um dos pressupostos da hipótese conservadora". A autora, entretanto, também constatou que houve uma mudança no PB em relação à colocação pronominal com a perífrase: nos textos dos séculos XVIII e XIX, os pronomes átonos se posicionam antes do verbo auxiliar; já nos textos do século XX, posicionam-se antes do verbo principal. A propósito, a colocação pronominal é mais um item que diferencia o PB do PE.

Colocação pronominal

Bagno (2001) recomenda também a pesquisa sobre o uso dos pronomes e lembra que a diferença entre o PB e o PE na colocação dos pronomes oblíquos tem sido tema de comparação e de estudo há mais de cem anos. O autor apresenta alguns exemplos que poderiam ser estudados para comparar o que se prega na tradição gramatical e o que se ouve e se lê no dia a dia da língua. São formas condenadas nas gramáticas (Bagno, 2001, p. 177):

1. Com verbos no imperativo:
   Me mostra o caminho.
2. Com verbos compostos:
   Eu não **tinha ainda me acostumado** com aquela ideia.
   Ele **tinha se cortado** e, pior, **se ferido** num acidente anterior.

As sugestões de Bagno são sempre dirigidas a professores, para que pesquisem com seus alunos os verdadeiros usos na língua falada e na escrita.

Em um trabalho sobre possibilidades metodológicas para a educação básica, Cerqueira e Silva (2021) apresentam vários exemplos de textos que focalizam a incongruência entre o que se prescreve nas gramáticas e como a língua é efetivamente usada. Dois desses exemplos, que reproduzimos aqui, são bem interessantes justamente pelo fato de se referirem ao ensino. O primeiro exemplo vem com o poema *Pronominais*, de Oswald de Andrade, que, na década de 1920, participou do movimento modernista em defesa da língua brasileira:

Dê-me um cigarro
Diz a gramática
Do professor e do aluno
E do mulato sabido
Mas o bom negro e o bom branco
Da Nação Brasileira
Dizem todos os dias
Deixa disso camarada
Me dá um cigarro

FONTE: ANDRADE, OSWALD DE. PRONOMINAIS. IN: POESIAS REUNIDAS. SÃO PAULO: COMPANHIA DAS LETRAS, 2013.

O outro exemplo apontado pelos autores é um diálogo entre dois adolescentes, extraído de uma tirinha criada pela cartunista Laerte e publicada, originalmente, no jornal *Folha de S.Paulo*, em 2014:

— Me diga uma coisa...
— O correto é "diga-me"...
— Tá, me desculpe...
— O correto é "desculpe-me".
— Dane-se!
— Agora acertou.

Os dois textos revelam a incoerência da regra gramatical e da noção de certo e errado no uso da língua no Brasil, servindo a uma boa reflexão sobre a diversidade linguística e sobre a imposição da gramática tradicional.

Outro trabalho que podemos citar aqui é o de Vieira (2014), que também se refere à colocação pronominal em verbos compostos, como no exemplo 2 de Bagno (2001), citado anteriormente.

Vieira (2014) compara pesquisas de autores brasileiros e portugueses e conclui que, nas amostras brasileiras, há ampla preferência da variante proclítica à segunda forma verbal, ou seja, como no exemplo apresentado por Bagno (2001, p. 177): "Ele **tinha se cortado** e, pior, **se ferido** num acidente anterior". A autora informa, ainda, que o uso de outras formas de colocação é restrito ao tipo de clítico. Embora raro, quando ocorre o uso de *o/a*, a preferência é pela ênclise: "eu precisei de um favor dele aí eu **passei a conhecê-lo**... aí ficou meu amigo" (Vieira, 2014, p. 90, grifo do original).

Dois dos itens desta relação de características morfológicas e sintáticas do PB referem-se a pronomes. Tratamos do uso do pronome reto *ele/ela* como objeto e da colocação dos pronomes na sentença. Mas há mais o que dizer dos pronomes, por isso incluímos mais um item relacionado ao uso de pronomes nesta nossa lista.

Nova pauta pronominal do português

Neste e nos próximos dois itens, nossa referência principal é a obra de Lucchesi, Baxter e Ribeiro (2009), que descrevem fenômenos do português popular, a que chamam de *português afro-brasileiro*, e atribuem esses processos à TLI, já discutida aqui. Vamos iniciar com a alteração na pauta dos pronomes que vai ter uma ligação direta com a concordância verbal, nosso próximo tópico.

Com a substituição dos pronomes de segunda pessoa, *tu/vós*, por *você/vocês*, e da primeira pessoa do plural, *nós*, por *a gente*, temos uma sensível mudança no quadro dos pronomes pessoais.

Quadro 4.14 – Nova pauta pronominal do PB

DE	PARA
Eu	Eu
Tu	Tu/Você
Ele/Ela	Ele/Ela
Nós	Nós/A gente
Vós	Vocês
Eles/Elas	Eles/Elas

Lucchesi e Mendes (2009) afirmam que essa mudança deve estar associada a mudanças nas relações sociais e nas formas como os falantes se referem aos participantes de uma interação verbal.

O pronome *você* tem uma longa história de gramaticalização que Gonçalves (2010, p. 2536) assim descreve: "Vossa Mercê > vossemecê > vosmecê > vosm'cê > voscê > você > ocê > cê".

A expressão *vossa mercê* era usada como deferência à realeza, com o pronome da segunda pessoa, *vossa*, e *mercê*, que significa "graça". Como foi se popularizando para o uso em vez de *tu*, o pronome *você/vocês* chegou a substituir quase totalmente os pronomes *tu/vós* no Brasil. A forma *tu* ainda é usada com maior frequência no sul do país, mas, muitas vezes, o falante dá preferência ao verbo na terceira pessoa do singular – *tu fala*.

Em pesquisa sobre o uso dos pronomes *tu* e *você* no Estado do Paraná, Loregian-Penkal (2015) encontrou os resultados mostrados na tabela a seguir.

Tabela 4.1 – Tu/você no Paraná por informante

Cidade	Tu	Você	Total
Curitiba	–	24	24
Irati	2	24	24
Londrina	3	24	24
Pato Branco	6	24	24
Total	11	96	96

Fonte: Loregian-Penkal, 2015, p. 106.

Dos 96 informantes participantes da pesquisa de Loregian-Penkal (2015), todos utilizaram o pronome *você*, e apenas 15% deles usaram também a forma *tu*. Dos falantes de Curitiba, ninguém usou o pronome de segunda pessoa.

Outro trabalho que analisa o uso dos pronomes *tu* e *você*, mas comparando o PB com o PE, é o de Nascimento, Mendes e Duarte (2018), que concluíram que o sistema pronominal de tratamento é mais complexo em Portugal do que no Brasil e que os pronomes *tu* e *você* estão em distribuição complementar. O pronome *tu* é usado em relações em que existe simetria, ou em assimetria entre pessoas próximas (entre familiares, por exemplo), enquanto o pronome *você* somente é usado em relações assimétricas sem proximidade. Vejamos como se definem esses conceitos.

Quando dizemos que uma relação está em simetria, isso significa que as pessoas que interagem têm igual relação de poder, como no caso de colegas de trabalho em funções similares. Uma relação assimétrica seria a de um chefe com seus subordinados, por exemplo. Dessa forma, em Portugal, colegas de trabalho ou um chefe e seu subordinado com proximidade fazem uso do pronome *tu*, enquanto um chefe, ao se relacionar com um subordinado sem proximidade, o chama de *você*. No PB, há uma distribuição regional, com predominância para o uso do pronome *você*.

Com relação ao uso de *a gente*, embora ele não seja exclusivo dos brasileiros, aqui é mais frequente. Em pesquisa de Rubio (2012), constatou-se que os brasileiros preferiram usar a forma *a gente* em lugar do pronome *nós* numa proporção de 70% para 30% das vezes. Já os portugueses apresentaram uma preferência de uso do pronome *nós* em aproximadamente 60% dos casos, contra 40% de uso da forma *a gente*.

Essas mudanças no uso dos pronomes refletem na simplificação da flexão verbal, tema do próximo item.

A flexão e a questão da concordância

Segundo Lucchesi (2009b), a mudança na pauta pronominal, conforme apontado no item anterior, levou a um empobrecimento da flexão verbal em razão de as formas *você* e *a gente* serem usadas com o verbo na terceira pessoa do singular. Assim, ocorre uma redução de seis para três formas no presente do indicativo e para duas formas no pretérito imperfeito.

Quadro 4.15 – Redução do paradigma da flexão verbal de pessoa e número no PB

6 FORMAS	3 FORMAS	2 FORMAS
eu trabalho	eu trabalho	eu trabalhava
tu trabalhas	você trabalha	você trabalhava
ele trabalha	ele trabalha	ele trabalhava
nós trabalhamos	a gente trabalha	a gente trabalhava
vós trabalhais	vocês trabalham	vocês trabalhavam
eles trabalham	eles trabalham	eles trabalhavam

FONTE: LUCCHESI, 2009B, P. 173, GRIFO DO ORIGINAL.

Na flexão verbal da fala popular, a redução pode ocorrer mesmo com o uso dos pronomes *tu* e *nós*.

Quadro 4.16 – Flexão verbal de pessoa e número no PPB

eu trabalho
você ~ tu trabalha
ele trabalha
nós ~ a gente trabalha ~ trabalhamos
vocês trabalham ~ trabalha
eles trabalham ~ trabalha

Fonte: Lucchesi, 2009b, p. 175.

Lucchesi (2009b) ainda afirma que esse empobrecimento da flexão verbal produz o aumento da frequência de uso do sujeito pronominal. Aí pode estar uma explicação para o sujeito explícito mencionado por Bagno (2001, p. 112) naqueles exemplos do item "Pronomes sujeito-objeto", em que um brasileiro diz "Eu também vi", explicitando o sujeito, enquanto um português diz "Também o vi", com sujeito apagado.

Com relação ao uso de *a gente*, já mencionamos a pesquisa de Rubio (2012), que também analisou a flexão verbal com o uso da forma *a gente* e do pronome *nós* com falantes brasileiros e portugueses. Como vimos anteriormente, tanto os brasileiros como os portugueses usaram *nós* e *a gente*. Quando usaram o pronome *nós*, os brasileiros empregaram o verbo na terceira pessoa do singular em 15% das produções, enquanto os portugueses utilizaram a primeira pessoa do plural em todas as produções. Quando usaram *a gente*, os brasileiros empregaram a terceira pessoa mais vezes do que os portugueses, em 95% dos casos contra 75% dos europeus. Vejamos alguns exemplos dos dados dos dois grupos de informantes.

Quadro 4.17 – Exemplos de pesquisa com portugueses e brasileiros – uso de nós *e* a gente

	BRASILEIROS	PORTUGUESES
Nós	... nós nunca **desconfiô(u)** de nada...	... pois nós **rebolávamos** a rir...
A gente	... a gente **fala** que é a Lagoa Seca, né?	... o navio fica ancorado e a gente **íamos** com os botezinhos...

FONTE: ELABORADO COM BASE EM RUBIO, 2012, P. 263.

Os resultados da pesquisa de Rubio (2012) parecem demonstrar que os brasileiros preferem o uso da forma *a gente* com o verbo na terceira pessoa, enquanto os portugueses parecem preferir usar o pronome *nós* com o verbo na primeira pessoa do plural. Em suas conclusões sobre o estudo da concordância com o uso de *nós* e *a gente* no PB e no PE, Rubio afirma:

> *Com base em toda a discussão empreendida [...] e nos resultados da análise das variedades do português brasileiro e europeu contemporâneas, defendemos que os fenômenos hoje presentes no português brasileiro seriam frutos de uma generalização das variações particulares já existentes no português europeu, que teriam ganhado novas caracterizações devido a uma "confluência de múltiplas motivações, cada qual com sua força variável através do tempo" e do espaço, conforme afirmam Naro e Scherre (2007, p. 186). (Rubio, 2012, p. 374)*

Como vemos na citação, o autor adota a visão de Naro e Scherre (2007) sobre a concordância verbal no PB, ou seja, uma visão derivista, segundo a qual os traços característicos do PPB já estavam presentes na língua quando os portugueses aqui chegaram, em especial os traços que distinguem o português popular das variedades cultas no país (Naro; Scherre, 2007). Essa visão polemiza com a perspectiva de Lucchesi (2009c), Lucchesi e Baxter (2009) e Lucchesi (2015), conforme discutimos no Capítulo 3.

Nessa linha contrária a Naro e Scherre (2007), Lucchesi e Mendes (2009, p. 472) argumentam: "A simplificação da flexão de caso nas variedades populares do português brasileiro remonta aos primeiros séculos de colonização do Brasil e decorre do processo de transmissão linguística irregular desencadeado pelo contato do português com as línguas indígenas e africanas".

Outro tipo de concordância também citado por Lucchesi (2009a) como sendo um traço do português popular originado da TLI e muito característico do PB é a concordância de número, mais especificamente, o plural não redundante. Lucchesi (2009a, p. 375, grifo nosso) analisa estes exemplos:

(1) Pra mim, **as coisas mais importantes** são o amor e a amizade.

(2) Pra mim, **as coisa mais importante** são o amor e a amizade.

Para Lucchesi (2009a), a supressão da concordância de número no exemplo (2) não elimina qualquer informação do enunciado. Na gramática oficial do português, o plural é redundante, isto é, todos os elementos do sintagma levam o morfema de plural. No entanto, cada vez mais, os brasileiros estão eliminando essa redundância em sua fala. Embora seja um foco de avaliação negativa pela elite mais escolarizada, pelos gramáticos e pela mídia, essa estrutura não redundante não apresenta nenhum problema do ponto de vista linguístico, assim como a redução da flexão verbal. Podemos, nos dois casos, fazer uma comparação com as estruturas da língua inglesa. O plural no inglês é não redundante, com apenas o substantivo recebendo a marca de plural dentro do sintagma: *the beautiful girls* (**as meninas** bonitas).

Enquanto no português as três palavras no sintagma recebem o "s" do plural, no inglês essa marca aparece apenas no substantivo *girl*. Também a flexão verbal é muito mais simples no sistema do inglês. No presente, um verbo como *work* (trabalhar) tem apenas duas formas: *I work, you work, he/she/it works, we work, they work*. No passado, todos os pronomes sujeito recebem a mesma forma: *worked*. No português, a forma padrão com o plural redundante é típica da população escolarizada e, segundo Lucchesi (2015, p. 197),

Quando se trata de formas que não são muito frequentes na fala dos mais letrados e são típicas da fala da população de baixa renda, que ainda tem acesso muito restrito à escolarização, a condenação social é muito explícita e vigorosa. Assim, a falta de concordância nominal e verbal, bem como certas variantes fônicas, como o rotacismo (e.g., assembreia por assembleia), que são características da fala popular brasileira, constituem verdadeiros estereótipos sociolinguísticos.

Para concluir nossa lista de características especiais do PB, vamos apresentar um estudo sobre a negação sentencial, realizado por Cavalcante (2009)[g].

A negação sentencial

Cavalcante (2009, p. 251) afirma que "no PB contemporâneo coexistem três padrões de negação sentencial, de acordo com a posição em que a partícula negativa aparece em relação ao sintagma verbal (VP)". Os exemplos de cada padrão apresentados pelo autor são:

(1) **Não** sei o nome dela. [Não VP]

(2) **Não** sei o nome dela **não**. [Não VP não)

(3) Sei o nome dela **não**. [VP não]

Esse trabalho analisou essas variantes em aspectos linguísticos e sociais. Quanto aos aspectos linguísticos, a estrutura não marcada, [Não VP], indica negação de uma declaração, enquanto [Não VP não] e [VP não] aparecem em contexto de respostas diretas, para

---

g. O estudo está publicado na obra organizada por Lucchesi, Baxter e Ribeiro (2009), que trata do português afro-brasileiro.

expressar a negação não somente da sentença, mas também de pressupostos ativados em situação de diálogo. Quanto aos aspectos sociais, Cavalcante (2009) encontrou um leve favorecimento para a variante considerada padrão [Não VP] e um desfavorecimento para a forma inovadora [Não VP não]. A variante [VP não] não parece ser afetada por fatores sociais.

Podemos concluir que os itens listados marcam as especificidades do PB, sejam eles aceitos nas variedades cultas, sejam eles estigmatizados e avaliados como "errados", "deturpados". Voltaremos a esse tema no próximo capítulo para tratar de norma e variação. Agora, passaremos às características e inovações lexicais do PB.

(4.3) Aspectos lexicais do português brasileiro

Nas seções anteriores, vimos que a diversidade nos falares brasileiros nas questões fonético-fonológicas, morfológicas e sintáticas apresenta diferentes níveis. A língua das pessoas mais escolarizadas difere das línguas das camadas urbanas mais baixas de menor instrução. Nas questões lexicais, talvez apareçam com mais força diferenças sociais relacionadas a idade e profissões, assim como diferenças regionais.

Nesta seção, nosso foco serão as palavras, os diversos repertórios que formam o léxico brasileiro. Trataremos primeiramente das palavras derivadas das línguas indígenas e africanas, que foram as primeiras a distanciar os nossos falares daqueles trazidos pelos colonizadores. Depois, analisaremos as contribuições das diversas línguas dos imigrantes. Na sequência, abordaremos as palavras que entram na língua por força do momento histórico, provindas de línguas globalizadas, por questões geopolíticas ou em decorrência do desenvolvimento tecnológico. Ao final, examinaremos as variações internas no Brasil, as palavras ligadas às gírias e às profissões e, finalmente, os regionalismos.

É claro que não é possível, nem é o objetivo desta obra, fazer uma análise abrangente do léxico do PB. Mencionaremos apenas palavras de diversas origens que fazem parte de nosso repertório lexical. O objetivo aqui é tratar da riqueza e da diversidade linguísticas do Brasil, forjadas em sua história de multilinguismo e heterogeneidade cultural.

As próximas seções serão basicamente constituídas de listas de palavras. As fontes para essas listas são bem diversas. Consideramos não apenas autores como Teyssier (1997) e pesquisadores do Projeto Atlas Linguístico do Brasil (ALiB), mas também informações que buscamos no Museu da Língua Portuguesa ou em trabalhos de pesquisa específicos para o estudo de determinados nichos lexicais.

(4.3.1) Vocabulário derivado de línguas indígenas

As fontes usadas para compor as listas do quadro a seguir são a obra de Teyssier (1997) e as anotações de uma visita feita ao Museu da Língua Portuguesa, que tem uma seção incrível sobre línguas indígenas e mostra as palavras separadas por campos semânticos e campos lexicais.

Quadro 4.18 – Palavras de origem indígena

FLORA	FAUNA	ALIMENTAÇÃO	TOPONÍMIA	OUTROS
abacaxi	araponga	aipim	Aracaju	biboca
araticum	caninana	beiju	Assaí	caboclo
buriti	capivara	macaxeira	Botucatu	catapora
caatinga	cupim	mandioca	Carioca	curumim
caju	curiango	mingau	Curitiba	guri
capim	piranha	moqueca	Guanabara	jururu

(continua)

(Quadro 4.18 – conclusão)

FLORA	FAUNA	ALIMENTAÇÃO	TOPONÍMIA	OUTROS
cipó	quati	paçoca	Maringá	nhe-nhe-nhem
jaboticaba	sabiá	pamonha	Paraná	pereba
mandacaru	sagui	pipoca	Paranaguá	peteca
maracujá	sucuri	pirão	Sergipe	saci
taquara	urubu	tucupi	Tijuca	xará

FONTE: ELABORADO EM BASE EM TEYSSIER, 1997.

Segundo Teyssier (1997, p. 71), além das palavras, também herdamos de línguas indígenas algumas expressões, como *andar na pindaíba, estar de tocaia* e *cair na arataca*.

Para termos uma ideia da vastidão vocabular indígena no PB, o *Dicionário de palavras brasileiras de origem indígena* (Chiaradia, 2008) registra 30 mil verbetes. Com certeza, no dia a dia, os vocábulos de origem indígena estão presentes na fala de todos nós.

(4.3.2) Vocabulário derivado de línguas africanas

Segundo Bonvini (2020b), estima-se que haja de 3 a 4 mil vocábulos de origem africana no português falado no Brasil. Esse autor cita trabalhos significativos na compilação desses vocábulos e analisa as diversas interpretações a respeito do papel das línguas africanas no PB, conforme já discutimos no Capítulo 3, com as hipóteses de crioulização, semicrioulização e influência africana. Na interpretação de Bonvini (2020b), no que se refere à presença de vocábulos de origem africana no português falado no Brasil, a utilização desses conceitos parece inapropriada. Pela situação de contato que se deu no Brasil entre o português e as línguas africanas, diferentemente do que aconteceu na África, o autor defende ter acontecido simplesmente um fenômeno de empréstimo linguístico, que teria ocorrido entre a metade do século XVI e o final do século XIX.

As exigências dos trabalhos via escravidão levavam a trocas de termos entre os falantes de línguas africanas e falantes da língua portuguesa. A relação de interdependência em função das especificidades da vida cotidiana forçava trocas bilaterais de termos. Conforme Bonvini (2020b), essas trocas bilaterais também aconteceram antes em Portugal e, depois, na África, especialmente em Angola e Moçambique.

Os contextos que levaram às necessidades de empréstimos eram bastante heterogêneos e estavam ligados à escravidão, à economia açucareira, à produção de minérios, à vida urbana e aos cultos religiosos, que contribuíram para a formação de um estoque lexical de especialidades. Isso significa que muitas das palavras das línguas africanas integradas ao português são de domínios ligados exclusivamente a determinadas atividades. Bonvini (2020b) acrescenta que, principalmente em cultos religiosos ou em comunidades originadas de grupos antigos de resistências (quilombos), esses vocabulários de especialidade são unidades lexicais completas com forte valor identitário.

Alkmin e Petter (2020) fizeram um levantamento dos vocábulos de origem africana em uso atualmente no PB e avaliaram a estabilidade e o dinamismo desses termos, buscando evidenciar sua integração, mobilidade e vitalidade. As autoras analisaram trabalhos de vários autores ao longo do tempo (séculos XIX e XX) e selecionaram os registros apresentados por Castro (2001, citada por Alkmin; Petter, 2020), dividindo os vocábulos em três categorias: 1) termos usados em qualquer interação social; 2) termos informais; e 3) termos marcadamente informais, de uso restrito. Na sequência, as autoras compararam as listas com os trabalhos dos séculos XIX e XX para verificar a integração, a mobilidade e a vitalidade nas três categorias. Concluíram, então, que

> Muitos desses vocábulos desapareceram da linguagem falada e outros tantos são em geral desconhecidos ou de uso restrito. Vários deles são termos relacionados à escravidão, que nomeiam realidades específicas ao sistema escravista brasileiro e à vida dos negros e escravos, tendo permanecido na escrita, como marco da história. (Alkmin; Petter, 2020, p. 174-175)

No Quadro 4.19, listamos alguns dos termos analisados pelas autoras.

Quadro 4.19 – Palavras de origem africana

Categoria 1	Categoria 2	Categoria 3
abadá	bamba	angu
cachaça	bambambã	babaca
cachimbo	banguela	babau
caçula	cafuné	biboca
capanga	catimba	bunda
carimbo	catimbeiro	cafofo
caxumba	catinga	cafundó
corcunda	mandinga	cambada
dengo	muamba	cucuia
fubá	muxoxo	muquifo
gibi		muquirana
macaco		muvuca
maconha		muxiba
macumba		quizumba
moleque		sacana
quitanda		ziquizira
xingar		zumbi

FONTE: ELABORADO COM BASE EM ALKMIN; PETTER, 2020, P. 143-177.

Segundo Alkmin e Petter (2020), a maioria dos termos da categoria 1, no Quadro 4.19, constam como registros em trabalhos desde o século XIX, identificados como *brasileirismos*, vários deles bem estáveis na língua. Quanto aos vocábulos da categoria 2, apesar de bem integrados ao léxico da língua, estão mais sujeitos à substituição por serem muito informais. Diante dos vocábulos da categoria 3, as autoras avaliam que seu dinamismo é mais vigoroso do que o das demais, pela movimentação dos itens. Alguns permanecem por um período de uso intenso e, depois, desaparecem. *Ziquizira*, por exemplo, é um termo que foi registrado em dicionários mais antigos, não aparece em dicionários mais recentes, mas consta em música da década de 1960 e em reportagem de jornal já no século XXI[h].

Vale registrar aqui, também, a discussão de Bonvini (2020b) sobre a reformatação linguística dos empréstimos e analisar um de seus exemplos, constante na lista de Alkmin e Petter (2020). Em um empréstimo, que geralmente se faz pela necessidade semântica, a língua se apropria de um termo de outra língua e mantém uma correspondência fonológica com seu significante. Depois, ocorre uma readaptação às novas situações decorrentes do uso, feita por reduções e reestruturações. O autor exemplifica com a palavra *moleque*, que em dicionários aparece de formas e origens diferentes: do kimbundu, kikongo: *muleke*; do quicongo, *nleke*; do quimbundo, *mulêke, mu'leke*.

Quanto à significação, também há muita variação entre os dicionários, mas o mais importante apontado por Bonvini (2020b) foi o fato de ter havido uma impressionante formação de termos derivados: *molecada, amolecar, amolecado, moleca, molecar, molecão, molecote, molecota, molecada, molecagem, molecório, molecoreba, molequear, molequeira*. Esse é um excelente exemplo da criatividade da nossa morfologia flexional!

Continuando no tema dos empréstimos linguísticos, vamos tratar agora dos vocábulos que emprestamos das línguas de imigração.

---

h. As referências das autoras são a música *Upa, neguinho*, de Gianfrancesco Guarnieri e Edu Lobo, de 1965, e um texto de Jânio de Freitas, publicado na *Folha de S.Paulo*, com o título *A ziquizira* (Freitas, 2004).

(4.3.3) Vocabulário derivado das línguas dos imigrantes

No Capítulo 3, vimos os principais grupos de imigrantes que vieram para o Brasil a partir do século XIX e contribuíram para o desenvolvimento econômico e cultural do país. Nesta seção, apontaremos as contribuições das línguas desses povos para o nosso léxico. A língua italiana e a língua árabe, principalmente, contribuíram muito para o nosso repertório lexical, seja antes, seja depois do período da imigração. Vamos, então, listar vocábulos que vieram dessas duas línguas e entraram no léxico do português.

De acordo com Alves e Maraneze (2004), o português recebeu vocábulos do **italiano** já no período renascentista em diversas áreas, como poesia (*soneto, terceto*), música (*arpejo, contralto*), náutica (*barcaça, fragata*), milícia (*acampar, batalhão*) e teatro (*arlequim, bufo*). Com relação à influência italiana no léxico do PB contemporâneo, a área que mais recebeu unidades lexicais de origem italiana foi a culinária.

Sabbatini (2007) fez uma compilação de mais de 400 contribuições do idioma italiano para o português, algumas das quais listadas no Quadro 4.20.

Quadro 4.20 – Palavras de origem italiana

MÚSICA	TEATRO	MUNDO DO CRIME	CULINÁRIA	OUTROS
ária	arlequim	baderna	antepasto	atitude
arpejo	balé	bandido	banquete	bomba
barítono	bufão	cartel	biscoito	bizarro
batuta	camarim	charlatão	cantina	bordel
coda	cena	comparsa	ciabata	canalha
concertina	cenário	contrabando	confeito	crédito
concerto	comédia	farsa	escarola	débito

(continua)

(Quadro 4.20 – conclusão)

MÚSICA	TEATRO	MUNDO DO CRIME	CULINÁRIA	OUTROS
contralto	coxia	máfia	espaguete	desenho
fagote	novela	malandro	lasanha	faxina
orquestra	ópera	pistola	macarrão	fracasso
piano	palco	rufião	milanesa	médico
serenata	ribalta	saquear	pizza	taça

FONTE: ELABORADO COM BASE EM SABBATINI, 2007.

Houve três momentos em que ocorreu a influência **árabe** em nossa língua: o primeiro, no português em formação; os outros dois, no PB. Como vimos no Capítulo 1, os árabes dominaram a Península Ibérica do século VIII a meados do século XV e deixaram um vasto repertório lexical em diversos campos semânticos de natureza político-social, agrícola, toponímica, científica, de pesos e medidas etc. (Abreu; Aguilera, 2010).

No Brasil, durante a escravidão, um grupo de escravizados de religião muçulmana na Bahia, os malês, destacou-se dos demais pelo seu desenvolvimento intelectual. Lideraram revoltas, exerceram muita influência cultural e introduziram outros escravizados no islamismo. Foram, no entanto, intensamente perseguidos, proibidos de falar em público, o que limitou o contato entre as línguas. Os vocábulos introduzidos por esse grupo foram poucos e em apenas dois campos semânticos: religião e culinária. Na religião, trouxe termos como *açubá, ailá, malê* e *assumi* e interjeições como *sala, maleco* e *barica da suba* (Abreu; Aguilera, 2010). Na culinária, destacamos *aluá* e o famoso *arroz de haussá*, mencionado por Gilberto Freyre em *Casa grande & senzala*.

Num segundo momento, no Brasil, o contato com o árabe se deu com a imigração de sírios e libaneses, que, conforme também já mencionamos em capítulo anterior, resultou em integração e mútua contribuição cultural. Especialmente na gastronomia, novos termos entraram no léxico do português: *babaganuche, beleua, cafta, chimichurri, esfiha, falafel, homus, laban, labna, mijadra, quibe, tabule, tahine, zátar.*

No Quadro 4.21, listamos alguns exemplos dos muitos vocábulos de origem árabe integrados ao português em diferentes campos lexicais.

Quadro 4.21 – Palavras de origem árabe

CULINÁRIA	OBJETOS E INSTRUMENTOS	CIÊNCIA, TECNOLOGIA E UNIDADES DE MEDIDA	TÍTULOS E PROFISSÕES	OUTROS
açafrão	açoite	açude	alcaide	afagar
alecrim	alaúde	alfândega	alfaiate	álcool
alcachofra	algema	algarismo	alferes	alfazema
alface	alicate	álgebra	algoz	algazarra
almôndega	andaime	algoritmo	almirante	algodão
arroz	argola	alicerce	almoxarife	almanaque
atum	atabaque	alquimia	atalaia	almofada
azeite	ataúde	amálgama	califa	alvará
azeitona	cabide	cifra	emir	auge
azeviche	garfo	fatia	mascate	azul
beringela	garrafa	quilate	nababo	azulejo

(continua)

(Quadro 4.21 – conclusão)

CULINÁ-RIA	OBJETOS E INSTRU-MENTOS	CIÊNCIA, TECNOLOGIA E UNIDADES DE MEDIDA	TÍTULOS E PROFIS-SÕES	OUTROS
cenoura	guitarra	quintal	sultão	enxaqueca
gengibre	jarra	resma	taifa	oxalá
gergelim	rabeca	tara	taifeiro	recife
laranja	taça	tarifa	vizir	refém
tama-rindo	tambor	zero	zaga	sucata

FONTE: ELABORADO COM BASE EM ABREU; AGUILERA, 2010.

(4.3.4) Primeiro o francês, depois o inglês – a língua da vez

As duas línguas mencionadas na seção anterior tiveram grande impacto na língua portuguesa, principalmente pela relação entre os falantes de uma e de outra língua, em períodos de domínio territorial, como no caso dos muçulmanos na Península Ibérica ou da imigração de italianos, sírios e libaneses no Brasil. Nesta seção, trataremos de duas outras línguas que influenciaram de modo intenso o léxico do PB, mas não necessariamente pela relação entre os falantes dessas línguas com brasileiros, mas pelo que essas línguas representaram ou representam no contexto histórico global.

Primeiramente, na era do Iluminismo, os ideais dos que lutavam contra as determinações mercantilistas e religiosas influenciaram a Revolução Francesa e inspiraram movimentos de independência no Brasil. A França estava "na moda" e a língua francesa influenciou várias outras línguas, emprestando vocábulos de diversos campos semânticos. Porém, a língua francesa entrou no Brasil em vários momentos históricos, observando-se esse processo bem antes da era iluminista. Eis aqui um resumo dos fatos que marcaram a presença dos franceses no Brasil[i]:

- ◆ 1612-1615 – Franceses constroem o forte de São Luís, no litoral do Maranhão.

- ◆ 1644 – Fundação da Guiana Francesa, com fronteira com o Brasil pelo Rio Oiapoque.

- ◆ 1808 – Depois da invasão de Portugal por Napoleão, a corte portuguesa se instala no Rio de Janeiro.

- ◆ 1816 – Um grupo de artistas franceses, entre eles os pintores Debret e Taunay e o arquiteto De Montigny, vem para a corte de D. João VI e introduz o estilo neoclássico no Brasil.

- ◆ 1888 – A construção do Instituto Pasteur de Paris conta com a ajuda financeira de D. Pedro II.

- ◆ 1903 – Inauguração do Instituto Pasteur de São Paulo, inspirado no de Paris e representante da influência francesa nas ciências.

- ◆ 1934 – Fundação da Universidade de São Paulo, com papel decisivo de um grupo de jovens intelectuais franceses.

- ◆ 1960 – Oscar Niemeyer concebe Brasília influenciado por trabalhos de Le Corbusier.

Os empréstimos de origem francesa são chamados de **galicismo**. A seguir, apresentamos uma lista dos galicismos no português, ou seja, de palavras de origem francesa que fazem parte de nosso

---

i. Informações extraídas da exposição *O francês no Brasil em todos os sentidos*, no Museu da Língua Portuguesa, no período de 11 de maio a 8 de novembro de 2009.

cotidiano. Como as demais listas apresentadas nos quadros anteriores, no Quadro 4.22 elencamos apenas uma parte do repertório de palavras de origem francesa no português.

Quadro 4.22 – Palavras de origem francesa

Gastronomia	Moda e vestuário	Objetos	Lugares e transportes	Outros
baguete	bijuteria	abajur	ateliê	avalanche
canapé	boné	bibelô	avenida	bege
champignon	boutique	bidê	bicicleta	balé
chantilly	cachecol	buquê	boate	carmim
crepe	crochê	cachê	cabaré	chefe
croissant	echarpe	camelô	cabine	compló
croquete	lingerie	carnê	chalé	degradê
escargot	maiô	cassetete	charrete	frapê
filé	maquiagem	chassi	chofer	gafe
glacê	moda	crepom	creche	garçom
maionese	necessaire	croqui	coupé	greve
menu	peruca	cupom	garagem	madame
omelete	pochete	dossiê	guichê	matinê
patê	robe	maquete	guidão	patoá
petit-pois	sutiã	placar	metrô	pivô
suflê	tricô	souvenir	toalete	reprise

Se, por um determinado tempo na história, o galicismo teve forte influência, com a Revolução Industrial e, principalmente, após a Segunda Guerra Mundial, o **anglicismo** se projeta mundialmente. As manifestações culturais americanas, em especial o cinema e a música, ganham espaço no cotidiano dos jovens em escala global. Com a era digital e a globalização, a língua inglesa assume um papel preponderante na comunicação entre os povos.

Considerada uma língua franca, a língua inglesa passa a não mais pertencer aos falantes nativos, pois o número de falantes não nativos ultrapassa o número de falantes de inglês como língua materna. Palavras de língua inglesa passam a fazer parte do léxico de falantes de diversas línguas. As pessoas de negócios no mundo empresarial se comunicam com palavras em inglês independentemente da língua de comunicação. Com o advento da internet e das redes sociais digitais, os termos em língua inglesa se proliferam na comunicação entre profissionais, entre acadêmicos e entre jovens.

Quadro 4.23 – Palavras de origem inglesa

ALIMENTAÇÃO	MUNDO EMPRESARIAL	INFORMÁTICA/ INTERNET	ESPORTES	OUTROS
bacon	business	backup	baseball ou beisebol	baby-doll
brunch	check-in/ check-out	chip	basketball ou basquetebol	black-tie
cheese-burger	feedback	download	bike	blazer ou blêizer
cupcake	franchising	drive	body-board	cardigan ou cardigã
delivery	freelance	e-mail	break-dance	fashion

(continua)

(Quadro 4.23 – conclusão)

ALIMEN- TAÇÃO	MUNDO EMPRESA- RIAL	INFORMÁ- TICA/ INTERNET	ESPORTES	OUTROS
diet	holding	homepage	doping	jeans
drink	know- -how	input/ output	boxe	laser
fast-food	leasing	mouse	fitness	lycra
grill	lobby	off-line/on- -line	futebol	overdose
ketchup	manager	scanner ou escâner	jogging	show
light	marke- ting	site	karting	smoking
milk- -shake	meeting	software	knock-out ou nocaute	spoiler
pickles ou picles	merchan- dising	tablet	skate	shorts
sandwich ou san- duíche	press- -release	upgrade	surf ou surfe	tênis
sundae	staff	upload	voleibol	top model
waffle	timing	website	windsurf	video- game

Essa é apenas uma amostra de palavras da língua inglesa usadas em nosso cotidiano. Você deve ter notado que a maioria das palavras mantém a grafia original do inglês e tem uma pronúncia meio híbrida entre as regras dos sistemas sonoros das duas línguas. Quando dizemos *light*, por exemplo, mantemos a pronúncia de [aɪ] para a letra "i", que é própria do inglês, mas fazemos um [tʃ] no final em razão de dois fenômenos: a paragoge e a palatalização. Você pode rever esses fenômenos no Quadro 4.10.

Voltando ao Quadro 4.23, observe que palavras como *picles* e *sanduíche* têm a grafia em português estabilizada e substituíram as palavras em inglês (*pickles, sandwich*). Outras convivem nas duas versões, como *knock-out* e *nocaute*. Vamos tratar disso a seguir, ao abordarmos os neologismos.

(4.3.5) Neologia e neologismos

Sabemos que as línguas estão em constante movimento – de alguma forma, palavras surgem, umas ficam, outras desaparecem. Novas tecnologias, novas formas de relações humanas, novas condições de organização nos levam a precisar dispor de itens linguísticos ou configurações semânticas inexistentes em nossa língua. Para isso, existe a neologia, que, segundo Siqueira (2015, p. 244), constitui-se na "capacidade natural de se realizar a renovação do léxico da língua, a partir da criação e da incorporação de novas unidades léxicas, os neologismos". Siqueira (2015) explica que *neologia* também se refere ao estudo dos neologismos de uma língua.

Ganança (2018) sintetiza os conceitos desses dois termos afirmando que a neologia compõe o processo de formação de novos itens lexicais, enquanto o neologismo abrange os produtos resultantes daquele processo. Os neologismos são, então, unidades léxicas criadas ou emprestadas para cobrir nomeações e conceitos necessários.

É bom ter em mente que nem sempre os neologismos entram na língua pela inexistência de um termo apropriado nela, o que tem causado muita controvérsia, principalmente por parte das pessoas que zelam pela "pureza" da língua e tentam preservá-la de "invasões estrangeiras". Essa discussão, porém, não é o nosso foco aqui. Voltemos ao conceito de neologismo.

Siqueira (2015, p. 71), tratando tanto da língua geral quanto da língua de especialidades, assevera que

O neologismo é uma inovação linguística que pode apresentar-se sob a forma lexical (vocabular) ou sintática (frasal), podendo referir-se a um significante novo associado a um conceito já existente; a um significante novo associado a um novo conceito ou a um significante já existente associado a um conceito novo (neologismo semântico).

Boulanger (1979, citado por Alves, 1984) aponta três tipos de neologismos: 1) **formal** – criado por meio de derivação, composição, siglas, redução de palavras; 2) **semântico** – criado pela atribuição de um novo significado a uma unidade lexical já existente; 3) **por empréstimo** – adoção de um vocábulo de uma língua estrangeira.

No Quadro 4.24, citamos alguns exemplos encontrados por Fernandes et al. (2015), que pesquisaram neologismos dos três tipos em redes sociais.

Quadro 4.24 – Exemplos de neologismos

Tipo de neologismo	Palavra	Classificação
Formais	*kkkkk*	Fonológico por onomatopeia
	Turistando no RJ.	Derivação sufixal
	*Você costuma **emprimaverar** meu dia.*	Derivação parassintética
	*Ele é meu **amigorado**, qual o problema?*	Composição – amigo + namorado
	*Todas lindas! **SQN**!*	Composição por siglas ou acronimia SQN – "só que não"
	*Advinha quem está de **niver** hoje?*	Truncamento – aniversário
	*Sou **brasiguaio** com orgulho.*	Palavra-valise – brasileiro + paraguaio

(continua)

(Quadro 4.24 – conclusão)

TIPO DE NEOLOGISMO	PALAVRA	CLASSIFICAÇÃO
Semânticos	*Só quero uma **gelada** hoje!*	Gelada = cerveja
	***Desmaiei** de cansado ontem.*	Desmaiar = dormir
Empréstimos	*Dá pra **startar** e pausar quando quiser!!!!!*	O verbo *start* do inglês recebe sufixo verbal *ar* = sentido de "iniciar"
	*Gente, não estou conseguindo **backupear** meus arquivos, e agora?*	A palavra *backup* do inglês recebe sufixo verbal *ar* = sentido de "fazer uma cópia"
	***Googlando** em pleno domingo à noite, ...*	A palavra *Google* recebe morfema de gerúndio do português
	*Lady Gaga resolveu cometer **twitcídio**.*	Combinação de *twit* + suicídio
	*Tanta coisa pra fazer, **OMG**!*	Acrônimo OMG = Oh my God! Do inglês "Oh meu Deus!"
	*Eu fiz um **print** da tela e te enviei.*	A palavra *print* do inglês no sentido de "impressão"

FONTE: ELABORADO COM BASE EM FERNANDES ET AL., 2015.

Os exemplos apresentados no Quadro 4.24 demonstram as possibilidades criativas da morfologia derivacional. Novas palavras são criadas na língua pela mudança de classe, como em *turistar* e *emprimaverar*, pelas composições, como em *amigorado* e *brasiguaio*, por siglas, como *SQN*, ou pelos estrangeirismos que entram na língua e passam por processos de adaptação até sua inclusão definitiva como palavra portuguesa ou seu desaparecimento. As palavras *startar* e *backupear* receberam o morfema de flexão verbal *ar*, mas mantêm a grafia original do inglês, *start* e *backup*. No Quadro 4.23, vimos algumas palavras que já receberam a ortografia portuguesa, como *futebol*, que já fez desaparecer o *football*, ou *escâner*, que convive com *scanner*. Conforme afirma Alves (1984, p. 125),

> *a existência de um neologismo é ratificada pela aceitação da sociedade em que ele está inserido, pelo seu uso efetivo nessa comunidade. E não podemos, a priori, determinar a possibilidade que tem uma unidade lexical neológica de ser aceita e de ser realmente integrada ao código da língua. [...] Uma vez consagrado pelo uso, o elemento neológico é geralmente inserido num dicionário.*

Siqueira (2015) vai buscar em Gilbert (1975) os três critérios de classificação para os empréstimos durante sua adaptação na língua: 1) **morfossintático**, que corresponde à capacidade do empréstimo de adaptar-se morfossintaticamente, como o verbo *start*, do inglês, que se transforma em *startar*, recebendo a terminação *ar*, de primeira conjugação; 2) **semântico**, em que o termo se integra à língua e se torna polissêmico, adquirindo novos sentidos, como a palavra *outdoor*, do inglês, que significa "exterior", "ambiente externo", mas, no português, adquiriu o significado de "cartaz", mas um cartaz específico, grande e de rua; e 3) **fonológico**, em que o termo se adapta ao sistema fonotático da língua receptora, como a palavra inglesa *light*, pronunciada como ['laɪtʃi]. Depois de adaptadas, com a aceitabilidade pela frequência de uso, conforme explicado por Alves na citação anterior, as novas unidades lexicais podem ser dicionarizadas.

Para concluir nossa análise sobre o léxico no PB, vamos tratar de mais três áreas especiais de composição do léxico de uma língua.

(4.3.6) A gíria, a linguagem técnica e o regionalismo

A **gíria** é um fenômeno notadamente urbano e natural dos povos de todas as épocas. Segundo Preti (2000, p. 58), esse é um tema que tem ganhado projeção no âmbito dos estudos do léxico, porém "não deixa documentos suficientes para datar o seu exato aparecimento, embora sua existência possa ser vislumbrada em muitos povos". Esse autor fez um levantamento sobre dicionários especializados em gíria na língua portuguesa e concluiu que o aumento do interesse por parte dos estudiosos da área da linguagem poderá aperfeiçoar os métodos de pesquisa na seleção de *corpora* e no cumprimento dos princípios lexicográficos.

Já abordei a gíria em outro livro, em que afirmei que "o falar do jovem é caracterizado pelo uso de gírias específicas da idade, do grupo em que se insere e da época" (Gomes, 2015, p. 87). Naquele texto, o objetivo era demonstrar a variação e a mudança linguística, e o foco era o ensino. Aqui, o objetivo é falar de história. Então, tendo em mente diferentes períodos do século passado e do início deste, e correndo o risco de não ser precisa quanto aos métodos e princípios mencionados por Preti, apresento, no Quadro 4.25, exemplos de gírias que foram populares desde os anos 1920 até a atualidade.

Quadro 4.25 – Exemplos de gírias ao longo dos anos

Período	Gíria	Significado
1920/1930	almofadi-nha	pessoa bem arrumada, bem-vestida
	supimpa	coisa divertida, alegre
	balacoba-co	experiência divertida, alegre
	carola	pessoa religiosa, muito certinha
	massa	dinheiro
	mexeri-queira	pessoa fofoqueira
	pombas!	expressão que significa "que droga!"

(continua)

(Quadro 4.25 – continuação)

Período	Gíria	Significado
1940/1950	balangandãs	acessórios exagerados, como brincos, anéis e pulseiras
	barbeiro	motorista ruim
	brotinho	jovem bonita
	bafafá	confusão
	chá de cadeira	espera demorada
	de lascar o cano	algo muito ruim
	dor de cotovelo	inveja
1960/1970	carango	carro
	bicho	cara, amigo
	cafona	fora de moda, brega
	grilado	desconfiado
	lelé da cuca	louco, desequilibrado
	pão	homem bonito
	papo firme	sério, responsável

(Quadro 4.25 – continuação)

Período	Gíria	Significado
1980/1990	antenado	bem-informado, ligado, por dentro das coisas
	bolado	chateado, bravo
	maneiro	muito bom
	numa nice	estar bem, relaxado
	pagar o mico	passar vergonha
	tomou Doril	sumiu
	zoar	brincar, debochar, fazer bagunça
2000	abalar	arrasar, causar boa impressão
	beca	roupa bonita
	bombar	lotar, encher local com gente animada
	busão	ônibus
	tá dominado	está tudo sob controle
	tá ligado?	está entendendo?
	x9	informante

(Quadro 4.25 – conclusão)

PERÍODO	GÍRIA	SIGNIFICADO
Atual	daora	algo bom, especial
	de boa	tranquilo
	colar lá	comparecer em determinado local
	rolê	passeio
	sinistro	pode ser uma situação difícil ou um elogio
	tá emba-çado	situação complicada
	vazar	sair

Algumas dessas gírias eram usadas por meus pais e tios; muitas eu usei em minha adolescência; outras, meus filhos usavam e ainda usam; as últimas, ouço minhas netas usando. Algumas gírias permanecem, como *bacana*, que podemos ouvir de pessoas de todas as idades. Talvez nem pareça mais ser uma gíria. Outras simplesmente desaparecem. Quem chamaria hoje uma garota de *brotinho* ou um rapaz de *pão*? Essas gírias eram muito frequentes nos falares dos jovens quando eu era adolescente, mas desapareceram.

Se, para uma pessoa de mais idade, às vezes é difícil compreender a gíria dos jovens ou, ao contrário, um jovem pode não compreender um termo empregado pelos avós, existe outro contexto ainda mais exemplar de dificuldade de comunicação pelo uso da linguagem. Trata-se do contexto de uso de linguagem de especialidade, a chamada *linguagem técnica*. Você já esteve entre pessoas de determinada profissão, diferente da sua, e se sentiu como se falassem outra língua?

A **linguagem técnica** é utilizada para um determinado campo de aplicação e contém elementos terminológicos com sentidos próprios desse campo. Muitas vezes, uma palavra que pode ter um sentido compreensível para a maioria das pessoas na linguagem comum, quando empregada num campo especializado qualquer, tem uma utilização semântica especial, que só vai ser compreendida em seu real valor por quem é daquela área de estudo ou atuação.

Podemos exemplificar esse caso com a palavra *competência*. Em uma conversa comum, *competência* significa um profundo conhecimento sobre determinado assunto, ou a capacidade de fazer alguma coisa, uma aptidão – *Ela não tem competência para fazer esse trabalho.* Numa conversa entre juristas, indica uma atribuição para desempenhar determinado encargo ou julgar determinado assunto – *Esse processo é de competência do Supremo Tribunal Federal.* Entre linguistas, o termo *competência* se refere ao conhecimento linguístico internalizado que o falante/ouvinte tem de sua língua – *O ser humano é dotado geneticamente da competência linguística.* Assim, as palavras da língua vão adquirindo novos sentidos, e o repertório lexical vai se expandindo.

Essa expansão, como vimos anteriormente, acontece pelo processo de criação de novas palavras ou pela atribuição de novos sentidos a palavras já existentes. As necessidades das diversas áreas de conhecimento motivam a busca por novos termos, sejam do tipo formal, sejam do tipo semântico, sejam por empréstimo. Seguindo o padrão observado até aqui, selecionamos algumas áreas de especialidade para apresentar exemplos de termos específicos.

Quadro 4.26 – Exemplos de linguagem especializada

ESTÉTICA	MEDICINA	EDUCAÇÃO	ÁREA JURÍDICA	MUNDO EMPRESARIAL
celulite	anamnese	andragogia	acórdão	capital humano
colágeno	arritmia	educação inclusiva	autos	capital de giro

(continua)

(Quadro 4.26 – conclusão)

Estética	Medicina	Educação	Área jurídica	Mundo empresarial
estrias	biópsia	ensino híbrido	jurisprudência	clima organizacional
flacidez	cefaleia	formação continuada	liminar	commodity
hidratação	edema	mapa conceitual	mandado	gestão
lifting	hematoma	quiz	petição	networking
pé de galinha	vesícula	sala de aula invertida	trânsito em julgado	plano de marketing

Vejamos, por fim, os **regionalismos**, que são fatos linguísticos que se situam na esfera da variação lexical de natureza diatópica, a variação que se processa no espaço geográfico. Quando falamos de regionalismo no âmbito do léxico, estamos nos referindo às diferenças de vocábulos usados nas diversas regiões do Brasil.

Quando você está dirigindo seu carro e tem que parar no sinal vermelho, você diz que parou no sinal, no semáforo, no sinaleiro, na sinaleira, no farol ou no luminoso? Você coloca vina ou salsicha no seu cachorro-quente? Do lado da sua cama, você tem um bidê ou uma mesa de cabeceira? Conversas desse tipo costumam ser divertidas num grupo de pessoas de lugares diferentes do Brasil. Esse tema interessa tanto às pessoas que podemos encontrar dicionários de baianês, de gauchês, de carioquês e muitos outros "ês".

A variedade de termos regionais é imensa. Aqui, apresentaremos apenas alguns exemplos de variação regional estudados por pesquisadores do Projeto Atlas Linguístico do Brasil (ALiB). Os exemplos a seguir estão em trabalhos de iniciação científica orientados por professores pesquisadores do Projeto Alib. Selecionamos os trabalhos de Santos e Isquerdo (2009), Oliveira e Isquerdo (2009), Barbeiro e Isquerdo (2009), Carvalho e Isquerdo (2009), Silva e Aguilera (2009) e Freitas e Isquerdo (2009). Escolhemos exemplos de palavras que designam brincadeiras de criança e variantes para as palavras *diabo* e *cachaça*.

Quadro 4.27 – Exemplos de regionalismo

PALAVRA	VARIANTES	PESQUISADORES
Papagaio	Pipa, pepeta, rabiola, pandorga, pandoga, arraia, raia	Santos; Isquerdo (2009)
Cabra cega	Pata-cega, cobra-cega	
Bolinha de gude	Bolita, bulita, biloca	Oliveira; Isquerdo (2009)
Gangorra	Balanço, equilibrista, bate-bunda, joão-galamarte, borrica, jambalão, trampolim	Barbeiro; Isquerdo (2009)
Balanço	Balango, trapézio	
Amarelinha	Macaca, maré, caracol, casadinha,	
Cambalhota	Cambelhota, carambola, carambiola, carambela, calambota, calambilhota, cambota, cambote, carambota, calhambota, mortal, perereca, piruleta, piroleta	Carvalho; Isquerdo (2009)
Diabo	Capeta, demônio, satanás, chifrudo, saci, lúcifer, satã, pé redondo, cão, belzebu, maldito, inimigo, demo, pé vermelho, cramunhão, anjo mau	Silva; Aguilera (2009)
Cachaça	Aguardente, álcool, aperitivo, bagaceira, branquinha, cachaça, marvada, pinga, pinga caipira, pinga d'água, pinga do engenho, rabo de galo, restilo, uísque	Freitas; Isquerdo (2009)

Esses trabalhos costumam traçar a distribuição espacial das variantes, buscando delinear o caminho histórico dos vocábulos. Com relação à palavra *papagaio*, por exemplo, as autoras afirmam que é uma herança lusa e que predomina na Região Norte, na fala tanto de jovens como de idosos de qualquer escolaridade. A variante *pipa*, forma inovadora, propaga-se a partir de São Paulo e vem ganhando espaço no território brasileiro. Já a variante *pandorga* é presente nas fronteiras com países hispano-americanos, pela influência do espanhol (Santos; Isquerdo, 2009).

Silva e Aguilera (2009) pesquisaram as variantes do vocábulo *diabo* apenas no Estado do Paraná e encontraram as 16 variantes mostradas no quadro, mas constataram que as designações mais frequentes são *diabo, capeta, demônio* e *satanás*, que, juntas, representam 75% do total.

A pesquisa de Freitas e Isquerdo (2009) sobre as variantes para designar a bebida alcoólica feita de cana-de-açúcar foi realizada nas três capitais do Centro-Oeste. As autoras encontraram em seus resultados influências de fatores sociais, culturais e econômicos na forma de designar um referente. As variantes *cachaça* e *pinga* são os itens de maior produtividade, usadas por todos os informantes, independentemente do sexo e da escolaridade. Esses itens estão tomando o lugar de *aguardente*, variante que está desaparecendo.

Como pudemos ver, a riqueza de nosso léxico se constitui de muitos elementos. Os contatos linguísticos, as necessidades sociais, as características regionais e vários outros aspectos garantem o dinamismo de nosso repertório lexical.

Síntese

Neste capítulo, abordamos as especificidades linguísticas do português falado no Brasil. Primeiro, tratamos do sistema sonoro, com a descrição dos sistemas consonantal, vocálico e silábico. Depois, examinamos os diversos processos fonológicos, derivados da variação, principalmente regional e social. Analisamos as variações na morfologia e na sintaxe, em que verificamos muitos itens já consagrados na fala do brasileiro e em processo de entrada na escrita, mas que são desprezados pela tradição gramatical. Nesse ponto, enfocamos alguns aspectos da gramática que se diferenciam do português europeu.

Na sequência, tratamos da riqueza do léxico do português brasileiro em vários de seus aspectos, considerando as influências das línguas indígenas e africanas, das línguas de imigração, do galicismo (as palavras derivadas da língua francesa) e do anglicismo (palavras derivadas da língua inglesa). Abordamos também a formação de neologismos, gírias, linguagem técnica e regionalismos.

Atividades de autoavaliação

1. Indique se as afirmações a seguir são verdadeiras (V) ou falsas (F) em relação ao sistema consonantal do português brasileiro:

    ( ) O sistema é composto por 19 consoantes.

    ( ) A fonotaxe do português não admite que o tepe, ou "r" fraco, inicie palavra.

    ( ) Em coda, ou seja, em final de sílaba, a única consoante realmente aceitável é o /S/.

    ( ) As consoantes palatais, nasal e lateral, não iniciam palavras nem mesmo em empréstimos linguísticos.

    ( ) O padrão fonotático admite encontros consonantais tautossilábicos, mas com possibilidades restritas – apenas consoantes obstruintes na primeira posição e consoantes líquidas na segunda posição.

    Agora, assinale a alternativa que corresponde à sequência obtida:

    a) F, V, F, V, V.

    b) V, V, F, F, V.

    c) V, V, F, V, V.

    d) V, F, V, V, F.

    e) V, F, V, F, V.

2. Analise os fenômenos fonéticos a seguir e indique aquele que **não** corresponde a uma característica do português brasileiro:

a) Estratégia de reestruturação silábica por epêntese.

b) Palatalização de /t/ e /d/ diante das variantes de /i/.

c) Rotacismo.

d) /e/ tônico realizado como [ɐ] em determinados contextos, seja em monotongo, seja em ditongo.

e) Monotongação de ditongos diante de tepe e fricativas pós-alveolares.

3. Analise as sentenças a seguir e identifique se a estratégia de relativização é padrão, cortadora ou copiadora:

I) Essa é a roupa que eu mais gosto.

II) O professor que eu te falei dele é aquele ali.

III) A ponte que nós passamos estava em reforma.

IV) Esse assunto que eu não domino bem ele sempre cai nos concursos.

V) A casa em que eu nasci ainda existe.

Agora, assinale a alternativa que corresponde às relações corretas:

a) Nas sentenças I e V, a estratégia é a relativa padrão; nas sentenças II e IV, a estratégia é a relativa cortadora; e, na sentença III, a estratégia é a relativa copiadora.

b) Nas sentenças I e III, a estratégia é a relativa cortadora; nas sentenças II e IV, a estratégia é a relativa copiadora; e, na sentença V, a estratégia é a relativa padrão.

c) Nas sentenças I e III, a estratégia é a relativa padrão; nas sentenças II e IV, a estratégia é a relativa copiadora; e, na sentença V, a estratégia é a relativa cortadora.

d) Nas sentenças I e III, a estratégia é a relativa cortadora; na sentença II, a estratégia é a relativa copiadora; e, nas sentenças IV e V, a estratégia é a relativa padrão.

e) Nas sentenças I e V, a estratégia é a relativa copiadora; nas sentenças II e IV, a estratégia é a relativa cortadora; e, na sentença III, a estratégia é a relativa padrão.

4. Indique se as afirmações a seguir são verdadeiras (V) ou falsas (F) em relação às características especiais do português brasileiro:

( ) A diferença entre *este* e *esse* está desaparecendo na língua falada.

( ) O uso de *ter* com sentido existencial não é uma construção estigmatizada, embora a gramática tradicional não a aceite como correta.

( ) Os brasileiros marcam bem a diferença entre *onde* e *aonde*.

( ) O brasileiro prefere o uso da preposição *em* com o verbo *chegar*, apesar de a gramática indicar que a preposição correta é *a*.

( ) Diferentemente do português europeu, em que o sujeito nulo é comum, no português brasileiro são comuns o sujeito explícito e o objeto nulo.

Agora, assinale a alternativa que corresponde à sequência obtida:

a) F, V, F, V, F.

b) V, V, V, F, V.

c) V, V, F, V, V.

d) V, F, F, V, F.

e) V, F, V, F, F.

5. O léxico do português brasileiro tem palavras de diversas origens. Analise as afirmações a seguir e indique se são verdadeiras (V) ou falsas (F):

( ) *Mandioca, pipoca* e *saci* derivam de línguas indígenas.

( ) *Caçula, muamba* e *muquifo* derivam de línguas africanas.

( ) *Jarra, fatia* e *refém* derivam do italiano.

( ) *Novela, malandro* e *débito* derivam do árabe.

( ) *Moda, cupom* e *cabine* derivam do francês.

Agora, escolha a alternativa que corresponde à sequência obtida:

a) F, V, F, V, F.
b) V, V, F, V, F.
c) F, F, V, F, F.
d) V, V, F, V, V.
e) V, V, F, F, V.

Atividades de aprendizagem

Questões para reflexão

1. Escolha um texto de mais ou menos uma página. Pode ser uma reportagem de revista ou um trecho de um livro de prosa literária. Peça a alguém próximo a você que leia o texto em voz alta naturalmente enquanto você grava a leitura. Na sequência, ao ouvir a gravação, observe a existência dos seguintes fenômenos: monotongação; ditongação; palatalização de /t/ e /d/; epêntese; e pronúncia de /S/ e /R/. Faça uma tabela para registrar a quantidade de cada fenômeno produzido e discuta em seu grupo esses resultados.

2. Escolha um texto de jornal relacionado à área de negócios ou de informática. Faça a leitura e verifique se há palavras especializadas e empréstimos linguísticos. Escreva um pequeno texto relatando sua experiência, com atenção especial para seu entendimento dos termos. Depois, discuta suas conclusões com seu grupo.

Atividade aplicada: prática

1. Escolha cinco características morfológicas e sintáticas do português brasileiro apresentadas neste capítulo. Dê preferência àquelas que são condenadas pela gramática. Faça um quadro com colunas conforme o exemplo a seguir.

Fenômeno	Vídeo 1	Vídeo 2	Vídeo 3
Relativa copiadora			
Pronome *ele/ela* como objeto			
Verbo *ter* no sentido de "haver"			
Concordância não redundante de número			
Construção ergativa			

Na sequência, selecione trechos de vídeos disponíveis na internet que contenham falas informais. Assista aos vídeos e verifique se os fenômenos selecionados estão presentes nessas falas. Anote um X para cada vez que o fenômeno for identificado. Elabore um texto que descreva sua pesquisa e depois o apresente a seu grupo de estudos.

(5)

Estandardização, norma,
variação e ensino

Em nossos estudos sobre a história da língua portuguesa até agora, tratamos dos fatos sociopolíticos que envolveram seu surgimento, dos fenômenos linguísticos que ocorreram ao longo da história e fizeram a língua se tornar o que é hoje e descrevemos as características do português brasileiro (PB) que o fazem diferente das outras variedades que formam a comunidade de países que têm o português como língua oficial.

Neste capítulo, continuaremos a tratar dessa história, mas agora com foco na estandardização da língua. Apresentaremos os fatos envolvidos nesse processo com os trabalhos de lexicógrafos e gramáticos. Analisaremos o tema da norma, voltando à polêmica da língua brasileira *versus* a língua de Portugal, considerando a visão dos puristas conservadores e a dos partidários da ideia de que temos um modo brasileiro de falar a língua.

Na sequência, abordaremos a variação, buscando na sociolinguística uma teorização para os fenômenos de variação e mudança examinados até aqui. Encerraremos o capítulo discutindo o tratamento da norma e da variação no ensino de língua materna.

(5.1) A estandardização da língua

No século XIII, o galego-português atingiu grande prestígio por sua manifestação literária: a poesia trovadoresca. Trovadores portugueses e também poetas de outras línguas ibéricas se destacavam na lírica trovadoresca em galego-português. Nesse momento histórico, essa língua medieval, derivada do latim e levada pelos soldados romanos ao noroeste da Península Ibérica, começava a ser escrita. Os documentos oficiais, embora ainda registrados em latim, já sofriam interferência dos falares vernáculos, e os documentos voltados às demandas mais práticas do cotidiano já eram escritos na língua românica. Já mencionamos no início do livro que os primeiros textos conhecidos foram a *Notícia do Torto* (1211) e o *Testamento de Afonso II* (1214).

Segundo Faraco (2019, p. 75), foi no "início do século XIII que se desencadeou o importante processo da progressiva substituição do latim pela língua românica na escrita". Se nos defrontarmos com textos dessa época, teremos muita dificuldade de compreensão, principalmente em virtude de dois fatores. O primeiro é que havia as diferenças linguísticas já mencionadas no Capítulo 2; o segundo é que a ortografia ainda não estava fixada.

Ilari e Basso (2009) exemplificam esses dois aspectos. Na mudança linguística, a queda do -*n*- e do -*l*- intervocálicos geraram vogais contíguas e, depois, a fusão dessas vogais. Nos documentos medievais essa fusão ainda não estava consumada.

Vamos analisar estes exemplos de Ilari e Basso (2009, p. 24-25):

panatariu(m) > panadeiro > pãadeiro > paadeiro > padeiro

palatium > paaço > paço

Os autores afirmam que nos documentos medievais apareciam sempre as grafias com as vogais contíguas, como em *paadeiro* e *paaço*. Com relação à ortografia, Ilari e Basso (2009) comentam sobre duas dificuldades. A primeira se refere à segmentação das palavras, que apareciam de forma diferente nos textos medievais. Ainda hoje, a segmentação é motivo de hesitações, como em *de repente, por isso, estarmos*, grafados como **derrepente, *porisso, *estar-mos*. Esse problema de segmentação é muito comum durante a aquisição da língua.

A outra dificuldade na ortografia apontada por Ilari e Basso (2009) diz respeito aos novos sons da língua românica para os quais não havia representação no alfabeto latino. Ainda não havia, por exemplo, o uso do til (~) para representar a vogal nasal ou os dígrafos *lh* e *nh* para os novos sons palatais. Nos textos há formas diferentes para representar o mesmo som.

Em Castro (2004), podemos encontrar uma análise de cópias dos dois primeiros documentos, que demonstram as inconsistências gráficas e linguísticas existentes. As duas cópias do *Testamento de Afonso II*, embora autenticadas e destinadas a produzir idênticos efeitos legais, e anunciadas como iguais uma à outra, apresentavam diferenças consideráveis. Reproduzimos aqui um fragmento das duas cópias, citadas por Castro (2004, p. 112):

Ms. Lisboa: *E mandei fazer treze cartas cũ aquesta tal una come outra* [...]

Ms. Toledo: *E mãdei fazer treze cartas cũ aquesta tal uma como a outra* [...]

Vemos nesse trecho uma variação na representação da vogal nasal – *mandei e mãdei* – e uma variação na representação para o comparativo – *come outra* e *como a outra*. Além da variação entre vocábulos ou sua ausência, como nos exemplos, foi também encontrada uma variação na ordem das palavras (Castro, 2004, p. 112):

> Ms. Lisboa: [...] *todas mias devidas* [...]
>
> Ms. Toledo: [...] *mias deuidas todas* [...]

No exemplo, identificamos a inversão e também a variação na grafia da palavra *devidas/deuidas*. É muito comum a instabilidade entre a letra *v* e a letra *u* em textos arcaicos. Vejamos, então, como aconteceu a fixação da ortografia do português.

(5.1.1) A fixação da ortografia

Segundo Silva (2009), podemos dividir a história da ortografia da língua portuguesa em três períodos: 1) fonético; 2) pseudoetimológico; e 3) histórico-científico.

O período **fonético** refere-se ao período do galego-português, também chamado de *período arcaico*, quando não havia sistematização e a grafia se baseava na pronúncia das palavras. Em razão dos problemas apontados por Ilari e Basso (2009), a questão da segmentação e da limitação do alfabeto latino que citamos anteriormente, as palavras apareciam grafadas com recursos diferentes, muitas vezes em um mesmo texto.

Silva (2009, p. 58, grifo do original) exemplifica esse caso com as diferentes funções atribuídas ao *h*: "podia indicar a tonicidade da vogal (*he = é*), marcar a existência de um hiato (*trahedor = traidor*; *cahir = cair*), substituir o *i* (*sabha = sabia*) ou ainda figurar sem função definida (*hobra = obra*; *honde = onde*)".

O período **pseudoetimológico** tem início no Renascimento e se caracteriza pela preocupação com a origem das palavras, ou seja, com a etimologia. Os eruditos da época queriam imitar os clássicos gregos e latinos e recuperaram as grafias com *ph, rh, th, y* e *ch* = [k]. Assim, as palavras supostamente de origem grega passaram a ser grafadas com esses dígrafos: *"chimica, pharmacia, reumatismo, theatro, martyr"* (Silva, 2009, p. 58). As de origem latina aparecem com os dígrafos *ct, gm, mn* e *mpt*: *"fructo, augmento, digno, damno, prompto"* (Silva, 2009, p. 58). Muitos autores não concordavam com essas novas grafias, pois havia falta de uniformidade e grande desacordo entre a língua falada e a escrita (Silva, 2009).

O período **histórico-científico**, também chamado *período simplificado*, é marcado pelos vários acordos que buscam simplificar a grafia das palavras e aproximar as normas ortográficas do Brasil e de Portugal. De acordo com Silva (2009, p. 58), esse período se inicia com a publicação, em 1904, da obra *Ortografia nacional*, cujo autor, Gonçalves Viana, apresenta uma série de propostas para a reformulação da ortografia portuguesa:

- eliminação dos símbolos de etimologia grega – *ph, rh, th, y* e *ch* = [k];
- redução das consoantes dobradas, com exceção de *rr* e *ss*;
- eliminação das consoantes nulas;
- regularização da acentuação gráfica.

Uma vez que a obra teve grande repercussão, o governo português nomeou uma comissão para analisar a proposta e, assim, uma nova ortografia foi oficializada em 1911. Como não houve contatos prévios com o Brasil, somente em 1931 foi oficializado o acordo entre Brasil e Portugal. A partir daí, vários acordos, decretos e convenções aconteceram. Listamos aqui a cronologia apresentada por Silva (2009):

- 1934 – A Constituição brasileira trouxe de volta a ortografia de 1891.
- 1938 – O Decreto-Lei n. 292 restabeleceu o Acordo e fixou as regras de acentuação gráfica.
- 1943 – Firmou-se a Convenção Ortográfica que revigorou o Acordo de 1931, mas divergências nas publicações portuguesa e brasileira de seus *Vocabulários ortográficos* levaram à criação do documento *Conclusões Complementares do Acordo de 1931*. Porém, a proposta foi rejeitada no Brasil e promoveu uma cisão na questão ortográfica do português.

- 1947 – A Academia de Ciências de Lisboa publicou o *Vocabulário ortográfico resumido da língua portuguesa*, mas, no Brasil, continuou a vigorar a ortografia de 1943.
- 1967 – Aconteceu o I Simpósio Luso-Brasileiro sobre Língua Portuguesa Contemporânea, em Coimbra. Nele, foi aprovada uma moção com recomendações para eliminar as principais divergências ortográficas: eliminação das consoantes mudas conservadas em Portugal, abolição do acento diferencial de homógrafos mantido no Brasil e supressão dos acentos gráficos das proparoxítonas. No entanto, não houve nenhuma decisão oficial na época.
- 1971 – No Brasil, o Congresso Nacional aprovou as seguintes alterações, introduzidas pela Lei n. 5.765, de 18 de dezembro: eliminação do acento circunflexo diferencial de palavras homógrafas com vogais fechadas e abertas, como em *sede/séde*, *gôsto/gosto*, exceto as formas verbais *pôde/pode*; eliminação do acento grave de sílaba subtônica, como em *sòmente*, *còmodamente*, *cafèzal*, *cafèzinho*; e eliminação do trema dos hiatos átonos, como em *vaïdade*, *saüdade* (Brasil, 1971).
- 1973 – Em Portugal, um decreto-lei também eliminou o acento grave das subtônicas e o circunflexo das diferenciais.
- 1986 – No Rio de Janeiro, sete países-membros da Comunidade dos Países de Língua Portuguesa (CPLP) reuniram-se e fizeram uma proposta para unificar as duas ortografias oficiais; contudo, a proposta causou polêmica por ser muito radical (por exemplo, a supressão de acento nas proparoxítonas).
- 1990 – Mais uma vez, membros da CPLP se reuniram e firmaram um acordo mais moderado, mas que também foi alvo de muitas críticas.
- 2007 – Com a participação de mais um membro na CPLP, o Timor-Leste, o Acordo Ortográfico, bem como o Segundo Protocolo Modificativo, entrou em vigor.
- 2008 – Portugal sancionou o acordo e ratificou o Segundo Protocolo Modificativo, que seriam implementados em janeiro de 2009, com um período de transição até dezembro de 2012.

Muitas polêmicas ainda ocorreram, divergências ainda existem, mas as alterações entraram mesmo em vigor. Conforme ressalta Silva (2009, p. 62), "é utopia achar que se pode estabelecer um sistema ortográfico 'perfeito' e que agrade a todos, mas é válido buscar mudanças que tornem as regras ortográficas mais simples".

Certamente as polêmicas vão continuar, com conservadores e progressistas discutindo questões para o estabelecimento de novos acordos. Mas concluiremos esta seção sobre a ortografia destacando o entendimento de Bagno (2001) quando afirma que a ortografia não faz parte da gramática da língua, que a ortografia oficial dos países é uma decisão política, como pudemos observar pelos exemplos listados por Silva (2009), citados anteriormente. As decisões foram solidificadas por decretos-leis assinados por pessoas que tinham competência jurídica. A gramática é outra coisa, ou não? Esse vai ser o tema da próxima seção.

(5.1.2) A gramatização da língua

À medida que o latim foi sendo substituído pelas línguas românicas na Europa, essas línguas vernáculas foram ocupando funções sociais e culturais mais elevadas. A documentação jurídico-administrativa, as atividades literárias e de tradução, a historiografia, o comércio, as ciências, o ensino, todas essas áreas foram assumindo a escrita em língua vernácula em lugar do latim. Em consequência, como afirma Faraco (2019, p. 24), "foram também recebendo instrumentos de gramatização, com o objetivo de fixar-lhes normas de referência gramatical, lexical e ortográfica".

O humanismo renascentista igualmente influiu nesse processo, e o pioneiro de seu ensino foi Fernão de Oliveira, autor da primeira gramática do português, publicada em 1536. Daí até o século XIX, inúmeras gramáticas normativas foram publicadas em Portugal e em outros países da Europa, nas outras línguas latinas também. Segundo Faraco (2008, p. 143),

*O grande objetivo desses primeiros gramáticos era, portanto, contribuir para fixar um padrão de língua para os novos Estados Centralizados [...]. E esse processo se realizou em Portugal, na Espanha e, mais tarde, na França, combinando dois aspectos: o prestígio social da variedade falada em situações monitoradas pela aristocracia no centro político do país, ou seja, a norma culta/comum/*standard *(que passou a ser identificada à língua) e o cultivo de uma escrita vernácula latinizada, isto é, de uma imitação adaptada à língua moderna de modelos estilísticos dos escritores latinos clássicos.*

Em Portugal, esse prestígio sociopolítico-cultural aconteceu com as variedades centro-meridionais, com a consequente ascendência sobre os falares setentrionais, provocando uma relativa divisão linguística entre o Norte e o Centro-Sul (Faraco, 2019). Essa divisão deu origem às duas línguas hoje conhecidas como *galego* e *português*. Conforme já vimos no Capítulo 1, nas palavras de Lagares (2012), desde essa época, no século XVI, os processos de gramatização e de construção de uma norma escrita a que foi submetida a língua portuguesa colocaram essa língua em situação de superioridade em relação ao galego, que permaneceu à margem das transformações. O galego ficou relegado à língua falada e em conflito linguístico com a imposição do castelhano, que começava a se transformar em espanhol como língua de Estado.

No Brasil, apenas no século XIX aconteceu o processo de formação de uma "escola" brasileira de formação gramatical (Coelho; Danna; Polachini, 2014). Entre o final do século XIX e o início do século XX, houve o chamado *período científico*, o dos estudos histórico- -comparativos no Brasil, e gramáticos desse período assinalavam a existência de características específicas brasileiras na língua portuguesa, segundo Marinho (2020). Esse autor fez uma análise em algumas gramáticas dessa época e registrou uma contradição entre uma retórica de ruptura com a tradição gramatical, que defendia a ideia de uma gramática brasileira, e o fazer gramatical realmente realizado. Em sua análise da "primeira gramática brasileira a abordar especificidades sintáticas da língua portuguesa do Brasil" (Marinho,

2020, p. 17), a de Julio Ribeiro, por exemplo, encontrou essas questões específicas em um lugar periférico no decorrer da obra, apenas como observações complementares às regras gramaticais apresentadas. Conforme o autor, "junto com essas explicações complementares dadas às especificidades da língua portuguesa do Brasil, é comum aparecer expressões que as denigrem" (Marinho, 2020, p. 20).

O trabalho de Coelho, Danna e Polachini (2014) identifica também censuras aos fenômenos de natureza sintática, enquanto os registros no domínio da palavra, seja na dimensão lexical, seja na morfológica, eram menos propensas às valorações negativas.

Abordamos anteriormente a polêmica em torno da escolha do nome da língua e a derrota daqueles que defendiam uma língua brasileira, um nome autônomo que evidenciasse nossos falares, nossa cultura. Essa questão da língua brasileira, porém, volta sempre à baila. Apareceu quando apresentamos as características morfológicas e sintáticas do PB, voltou agora sutilmente com as gramáticas e virá com força em nossa próxima seção, com o tema da norma.

(5.2) A instituição de uma norma "brasileira"

Para começarmos a falar de uma norma brasileira, precisamos, primeiro, definir *norma*. Um autor bastante importante para o estabelecimento dessa definição foi Coseriu (1973), que caracterizou o termo como um nível intermediário entre a dicotomia língua/fala de Saussure. Para Saussure (2021), havia dois níveis da linguagem humana: a **língua** existente na coletividade, como um dicionário depositado no cérebro das pessoas, composto de exemplares idênticos distribuídos para os indivíduos, e a **fala** como resultado de combinações individuais, dependentes da vontade daquele que fala por meio de atos de fonação também voluntários, necessários para a execução dessas combinações.

Para Coseriu (1973), a perspectiva se tornou tricotômica, com a **norma** entre a língua e a fala. Mantendo a posição estruturalista da visão saussuriana, Coseriu (1973) apresentou a norma como o sistema de uso coletivo da língua. A fala seria o real individual, a norma o real coletivo, e a língua o virtual coletivo.

Hoje, nos estudos linguísticos, o conceito de *norma*, conforme explica Bagno (2012, p. 20), "dá margem a muita discussão teórica". Analisando as definições de alguns autores, Bagno conclui que do substantivo *norma* é possível gerar dois adjetivos de sentidos distintos – *normal* e *normativo*. *Normal* indica o que é real, natural, e *normativo* indica um ideal definido por juízo de valor. O autor, então, dispõe lado a lado as oposições geradas pelos dois termos na figura reproduzida a seguir.

Figura 5.1 – Norma normal e norma normativa

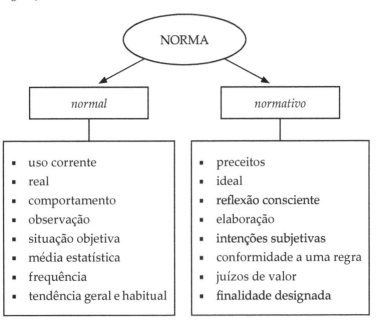

Fonte: Bagno, 2012, p. 21.

Com base nessa duplicidade de sentido que permeia os diversos discursos sobre língua, seja por estudiosos especializados, seja por pessoas leigas no tema, o autor aponta que a situação pode ainda se complicar quando o termo é acrescido de adjetivos, como no caso da expressão *norma culta*, que circula na mídia, na internet, nos livros didáticos, nas gramáticas, nos artigos científicos. Se existe essa duplicidade de sentido para o termo *norma*, então *norma culta* também se investe dessa personalidade dupla entre **o que é** – normal, frequente, habitual – e **o que deveria ser** – normativo, imposto por regras.

Faraco (2008) afirma que sofremos de uma esquizofrenia linguística, como uma dissociação entre a ação (o modo como falamos) e o pensamento (o modo como representamos o que falamos). Essa dissociação está relacionada com esse duplo sentido do conceito de *norma culta*.

O que tem prevalecido na sociedade é a concepção do normativo, com uma visão ideológica que embute um preconceito de que existe uma maneira correta de falar e que tudo o que foge das regras do livro de gramática está errado, não é elegante ou civilizado (Bagno, 2012). Como, ao longo dos anos, essa concepção tradicional tirou a língua da vida social, deixada numa redoma, preservada, Bagno (2012) a chama de "norma oculta". Faraco (2008) também adota um termo especial para ilustrar essa cultura negativa – a cultura do erro, cultivada pela rigidez e pelo anacronismo dos pseudopuristas. O termo de Faraco (2008) é "norma curta", que se refere ao conjunto de preceitos dogmáticos que não encontram respaldo nos fatos. Se o adjetivo *normativo* leva a essa concepção que inspirou os autores a criar os termos *norma oculta* e *norma curta*, como poderíamos, então, compreender a expressão *norma culta* com base no sentido de *normal*?

A seguir, apresentamos definições de Faraco e Bagno que podem nos ajudar a entender o que realmente significa *norma culta*. Faraco define *norma* reforçando o conceito de Bagno:

> *norma é o termo que usamos, nos estudos linguísticos, para designar os fatos de língua usuais, comuns, correntes numa determinada comunidade de fala. Em outras palavras, norma designa o conjunto de fatos*

linguísticos que caracterizam o modo como normalmente falam as pessoas de uma certa comunidade, incluindo os fenômenos de variação. (Faraco, 2008, p. 40, grifo do original)

norma culta *se refere à linguagem concretamente empregada pelos cidadãos que pertencem aos segmentos mais favorecidos da nossa população. [...]. Trata-se, portanto, [...] de um termo técnico estabelecido com critérios relativamente mais objetivos e de base empírica.* (Bagno, 2012, p. 23-24, grifo do original)

Faraco inclui no termo *norma* os fenômenos de variação, enquanto Bagno considera *norma culta* um termo técnico que se estabelece por critérios objetivos e acrescenta que, para evitar ambiguidades, os linguistas têm proposto o uso do termo *norma culta* para indicar os usos reais da língua, obtidos por coleta de dados empíricos, e o termo *norma-padrão* para indicar o que se refere a normativo. No entanto, ele próprio prefere descartar o termo *norma culta* pelas ambiguidades e pelo preconceito implícito, pois a designação de um falar culto implicaria a condição de inculto para as outras variedades sociolinguísticas.

No modelo proposto por Bortoni-Ricardo (citado por Faraco, 2008, p. 43), Faraco encontra os critérios para a definição de *norma culta*. Esse modelo distribui as variedades linguísticas em três *continua* que se entrecruzam:

1. o *continuum* rural-urbano

2. o *continuum* de oralidade-letramento

3. o *continuum* de monitoração estilística

Com base nesses três *continua*, a variedade culta estaria no polo urbano, no polo do letramento, em situação de monitoramento. É claro que, no eixo da monitoração, a situação vai determinar o grau. Um usuário da norma culta certamente varia sua fala considerando desde um ambiente familiar sem preocupação com monitoramento até uma situação em que usa uma linguagem altamente monitorada, como no caso de dar uma palestra ou participar de uma entrevista, por exemplo. Faraco (2008, p. 48-49) apresenta, assim, "um primeiro critério para identificar o fenômeno linguístico a que se dá o nome de *norma culta*: ela seria a variedade de uso corrente entre falantes urbanos com escolaridade superior completa, em situações monitoradas".

Nesse mesmo texto, Faraco (2008) também diferencia *norma culta*, estabelecida como a expressão viva de determinados segmentos sociais em dadas situações, de *norma-padrão*, entendida como a codificação relativamente abstrata, supostamente saída do uso real, para servir de referência para a sociedade. A norma-padrão serve a projetos de uniformização linguística em contextos de acentuada dialetação. A questão é que o padrão escolhido, sempre aquele praticado por uma elite de prestígio, baseia-se em exemplos de correção gramatical extraídos do cânone literário, a língua usada pelos escritores clássicos (Lucchesi, 2015). Essa norma escolhida não consegue conter e suplantar a diversidade, não consegue estancar o movimento e a história, nem igualar linguística e culturalmente a sociedade.

Já discutimos, em capítulo anterior, a respeito da escolha do nome da língua falada no Brasil. Citamos a polêmica que envolveu o romancista José de Alencar e os puristas que defendiam que a língua aqui falada é o português. Lucchesi (2015) questiona o nacionalismo de Alencar, entretanto, pois seu projeto não aceitava as inovações brasileiras, a linguagem popular falada pela população majoritária de negros e mestiços. Alencar manifestava, segundo Lucchesi (2015), uma posição dúbia em que criticava os puristas, mas condenava formas do uso popular. Assim, o projeto da norma-padrão no Brasil objetivou combater a variedade popular, calar as variedades rurais e das periferias das cidades. De acordo com Faraco (2008, p. 79-80),

> *Podemos dizer hoje, passado mais de um século do esforço padronizador do século XIX, que ele foi um projeto que, no fundo, fracassou: por ferir excessivamente o senso linguístico dos falantes urbanos letrados brasileiros, nunca conseguiu, de fato, alterar a face linguística do nosso país. No entanto, na mão dos pseudopuristas, continua a nos assombrar.*

Na mesma linha, Lucchesi (2015) aborda a questão da autoestima nacional com a adoção de uma norma estrangeira e cada vez mais anacrônica que gera insegurança linguística e que se traduz nas máximas "o brasileiro não sabe falar português" ou "o português é uma língua difícil". Para Lucchesi (2015, p. 194), essas máximas marcam "o imaginário nacional: o da inferioridade do povo brasileiro – uma sub-raça de mestiços resultante do cruzamento do degredado português, do índio preguiçoso e do negro boçal". O autor também caracteriza a situação do lusitanismo da norma-padrão no Brasil como uma esquizofrenia, tal como lemos em Faraco (2008), mencionado anteriormente. Lucchesi (2015, p. 188) argumenta que

> *Essa sorte de esquizofrenia presente ainda hoje nas gramáticas brasileiras reflete a contradição entre a manutenção de um cânone gramatical adventício e artificialmente imposto pelo purismo gramatical do século XIX e as transformações que a dinâmica da industrialização e da urbanização impôs, ao longo do século XX, aos padrões de comportamento linguístico da elite letrada brasileira. A pergunta que se coloca então é: como um padrão tão anacrônico consegue se manter até os dias de hoje?*

Bagno (2012, p. 27), ao analisar a tensão existente entre a norma culta e a norma-padrão, apresenta o conceito de *norma híbrida*, que "se verifica principalmente nas práticas de uma escrita mais monitorada". A ideia de que qualquer produção escrita deve estar de acordo com as regras impostas pela gramática, que deve ser formal, rebuscada, caprichada etc., sempre nos assombra. Muitos daqueles itens apresentados na Seção 4.2, no Capítulo 4, nos deixam bastante em dúvida na hora de escrever. A dúvida entre produzir uma escrita que pareça natural e agradável de ser lida, mas que tenha um ou outro deslize nas regras da gramática, e elaborar um texto em uma língua artificial e desagradável, mas que atenda a toda a imposição normativa, muitas vezes nos aterroriza quando vamos escrever um texto.

Segundo Bagno (2012, p. 27), isso é "um equívoco cultural muito arraigado, mas desmistificado pelas reflexões contemporâneas sobre relações entre língua falada e língua escrita". O texto na atualidade, seja falado, seja escrito, "se configura como uma **manifestação semioticamente híbrida** que mobiliza os **multimeios** sonoros, visuais, gráficos, tridimensionais etc. que as novas tecnologias de comunicação e informação têm colocado ao nosso dispor" (Bagno, 2012, p. 27, grifo do original).

Como a tecnologia hoje nos oferece tantos recursos, nossos textos nunca estão realmente acabados. Também, com os múltiplos recursos que a língua oferece, mesmo em momentos de alto monitoramento, podemos usar um daqueles recursos verbais que escapam das regras da gramática normativa.

O desenvolvimento tecnológico sempre causa mudanças nas relações sociais e, consequentemente, nas configurações de uso da linguagem. Primeiro, a Revolução Industrial reconfigurou o modo de vida das pessoas: provocou intensa mudança nas atividades laborais, expandiu o sistema educacional para qualificar as pessoas para as novas profissões, ampliou o conceito de cidadania. A cibercultura e o advento da internet mais uma vez reconfiguraram hábitos cotidianos, as relações sociais e, consequentemente, as práticas linguísticas. Se o mundo muda, se as relações sociais mudam, se as necessidades linguísticas mudam e ficam cada vez mais complexas, certamente as "normas normais" mudam. Por que não a norma-padrão?

Eu gostaria de concluir esta seção com um exemplo de uma observação que tenho feito com relação à concordância verbal na primeira pessoa do plural, com o uso do pronome *nós* e da forma *a gente*. Sempre que ouço um uso diferente da regra padrão – o verbo no plural para *nós* e, no singular, para *a gente* –, eu anoto. Com as diversas *lives* a que temos assistido durante a pandemia de covid-19, desde o início de 2020, tenho observado uma certa frequência no uso de formas não padrão.

Ainda não tenho aplicado um método científico para a execução de uma pesquisa, mas acho que vale a pena mostrar aqui alguns exemplos dessas falas que tenho coletado. Vou elencar alguns dos exemplos com a indicação do autor, sem citar o nome, para deixar claro que são pessoas que vivem em ambientes de uso da norma culta e, certamente, são praticantes de uma variedade culta. As quatro primeiras falas ocorreram em entrevistas em canais da mídia alternativa na internet, e a última foi registrada durante uma sessão da Comissão Parlamentar de Inquérito (CPI) da covid-19[a].

- ◆ A gente se encontramo. (cantor e compositor de MPB)
- ◆ Vamo se controlá. (antigo ministro de Estado)
- ◆ Onde se reunimos. (deputado federal)
- ◆ Nós vamo se organizá. (economista e ativista social)
- ◆ Vamo se reunir. (político e empresário)

Em todas essas falas havia descontração, certamente com baixo monitoramento, embora fossem apresentações públicas. Talvez, diferentemente de entrevistas concedidas a redes de televisão aberta, as pessoas se sintam mais à vontade na mídia alternativa. No entanto, no último exemplo, a situação não era de informalidade.

Entendo que nos encontramos em um momento da história sem precedentes, que certamente vai trazer consequências imprevisíveis para a língua. Ao mesmo tempo que a escolarização mais intensa e o acesso aos meios de comunicação aproximam as pessoas da norma-padrão, com mais exposição a exemplares de língua elaborada, as redes sociais também estimulam uma comunicação menos monitorada, multiplicando os usos das formas não padrão.

Para reunir mais subsídios para essa discussão sobre norma, trataremos de variação e mudança linguística na próxima seção.

---

a. A CPI da covid-19 aconteceu no período de abril a outubro de 2021 e teve o objetivo de apurar as ações e omissões do governo federal no enfrentamento da pandemia de covid-19. As sessões foram transmitidas ao vivo pela TV Senado e podem ser vistas em: <https://www12.senado.leg.br/tv/busca?text=cpi+da+covid>. Acesso em: 29 ago. 2022.

(5.3) A variação que vivemos

Como já mencionamos, este livro é sobre a história de uma língua – a língua portuguesa. Quando o título de um livro indica que vamos abordar esse assunto, parece que estamos falando de uma entidade homogênea, unívoca, uníssona. Contudo, durante o texto todo até aqui, temos tratado de variação e de mudança. Primeiro, falamos do latim e de toda a variação que essa língua sofreu para se transformar nas línguas românicas. Depois, abordamos a língua românica que deu origem ao português, aquela que foi mais tarde nomeada de *galego-português*, que se transformou em duas – galego e português. Em seguida, falamos do português que se multiplicou em vários "portugueses", um deles o nosso, o brasileiro. E então descobrimos que o nosso "brasileiro" se transforma em muitos "brasileiros". Isso porque a variação e a mudança são parte intrínseca de uma língua. Tal condição se manifesta porque vivemos em uma sociedade que é dinâmica, complexa, heterogênea. As relações entre as pessoas também são dinâmicas, com diferentes níveis de formalidade.

Houve um tempo em que essa dinâmica não era considerada nos estudos da língua. Estudava-se a língua apenas por meio de suas unidades – os fones, os fonemas, os morfemas, os sintagmas, as sentenças. A sociolinguística laboviana[b] trouxe para a linguística uma nova forma de estudar a língua, de natureza variável e quantitativa. Os fenômenos linguísticos são vistos como heterogêneos e analisados por meio de correlação estatística. Isso quer dizer que os fenômenos não são categóricos, eles variam de um enunciado para outro, de um falante para outro, de um estilo para outro por parte de um mesmo falante, conforme explica Bortoni-Ricardo (2014). Segundo essa autora, esses fenômenos heterogêneos (fonológicos, morfológicos,

---

b. William Labov é um linguista estadunidense considerado o fundador da sociolinguística variacionista, por isso o termo **laboviano** para indicar essa linha de estudos da variação e mudança.

sintáticos, até discursivos) podem se correlacionar por meio de regras variáveis com:

1. *Fatos linguísticos a elas associados, como o contexto em que ocorrem, no âmbito da frase ou do texto;*
2. *Fatos não linguísticos, quase sempre de natureza demográfica, que caracterizam o falante, tais como estrato socioeconômico, nível de escolaridade, gênero, faixa etária, proveniência regional etc.;*
3. *Com dimensões processuais na interação, como grau de atenção, formalidade, deferência etc.* (Bortoni-Ricardo, 2014, p. 53-54)

Antes de tratarmos dos fatos não linguísticos e linguísticos e dessas dimensões, precisamos esclarecer o que são essas regras variáveis. Os exemplos que apresentamos no final da seção anterior demonstram que a regra de concordância da primeira pessoa do plural no PB é uma regra variável. Bortoni-Ricardo (2014) também apresenta exemplos com essa regra. Afirma que *nós fomo, nós fomos, nós foi* e *nós fumu* são quatro variantes da mesma forma verbal no PB. Existe aí uma variante conservadora – *nós fomos* – e outras três variantes novas que entram no repertório da comunidade de fala.

Podemos, com base nos exemplos do final da seção anterior, considerar também *a gente foi* e *a gente fomos* como mais duas variantes. Os estudos em sociolinguística buscam identificar quando essas variantes dão entrada na língua, em que grupos étnicos, sociais e etários, e se estão associadas a grupos de prestígio ou a grupos estigmatizados. Mollica (2010, p. 13) entende que "o preconceito linguístico tem sido um ponto muito debatido na área, pois ainda predominam as práticas pedagógicas apresentadas em diretrizes maniqueístas do tipo certo/errado, tomando-se como referência o padrão culto".

Voltemos à questão da regra variável e das variantes. Um fenômeno é variável se estiver em variação, como a concordância verbal na primeira pessoa do plural dos exemplos dados. As variantes são as diversas alternativas possíveis para a realização do fenômeno. Outro exemplo de fenômeno em variação, agora na fonologia, é o /R/ em coda, que analisamos no Capítulo 4. Lembra-se das diferenças regionais que analisamos? O tepe, a fricativa glotal, a fricativa velar, a vibrante, o retroflexo? Pois bem, cada uma dessas é uma variante. A variação pode acontecer nos diferentes níveis linguísticos, conforme todos aqueles exemplos examinados no Capítulo 4:

- variação lexical: *papagaio/pipa/pandorga/arraia*;
- variação fonético-fonológica: a pronúncia de /t/ seguido de /i/ = [t] ou [tʃ];
- variação morfológica ou morfossintática: uso de *tu* ou *você*;
- variação sintática: estratégia de relativização, como em *A moça com quem eu conversei./A moça que eu conversei com ela./A moça que eu conversei.*;
- variação discursiva: *e, aí, daí, então* como elementos que encadeiam o discurso.

Agora que tratamos dos termos *variável, variante* e *variação* e, ainda, dos níveis da língua em que pode ocorrer a variação, vamos analisar o que são os fatos levantados por Bortoni-Ricardo anteriormente (em 1, 2 e 3). Esses fatos podem se correlacionar com os fenômenos em variação e exercer pressão sobre eles durante as interações sociais.

(5.3.1) Fatos linguísticos: condicionadores internos

Esses fatos referem-se ao conjunto de variáveis internas, que dizem respeito à língua propriamente dita, levando-se em conta os diversos subsistemas – fonológico, morfológico, sintático, semântico, lexical, discursivo. Vamos a um exemplo de um fato já mencionado no Capítulo 4, ao tratarmos da pronúncia do "s" em final de sílaba, representado pelo arquifonema /S/. Quando falamos que o "s" pode ser pronunciado com ou sem vozeamento dependendo da consoante seguinte, estamos nos referindo a um fato linguístico. Se em contexto posterior de uma consoante sonora, o /S/ também será sonoro, como em *esboço, rasgo, asno*. Se a consoante seguinte for surda, o /S/ também será surdo – *caspa, pasta, casca*. Nesse caso, a variável está condicionada ao contexto linguístico – o vozeamento da consoante posterior. Essa é uma regra variável da língua portuguesa, que também pode ocorrer no nível da frase: *casas amarelas/casas verdes/casas pretas*. Nos dois primeiros exemplos, temos uma realização de [z] para o /S/, pois temos na sequência uma palavra iniciada por vogal ou por uma consoante sonora. Porém, temos uma realização de [s] no último exemplo, porque o /p/ da palavra seguinte é uma consoante surda.

Na língua inglesa, a regra também é variável, mas é diferente. O que condiciona a pronúncia do "s" é o segmento anterior. Em *he's a doctor*, o "s" da contração da forma verbal *is* é pronunciado [z], porque antes dele vem um segmento vocálico, que é sonoro. Em *it's a car*, o mesmo "s" da contração da forma verbal *is* é pronunciado [s], porque antes dele vem uma consoante surda, o /t/. Esse é um aspecto de sotaque de brasileiro quando fala inglês, que tende a produzir esse último exemplo também com som de [z].

Dessa maneira, analisando os exemplos com base no item 1 de Bortoni-Ricardo (2014, p. 53-54), o fato linguístico correlacionado à regra de pronúncia do /S/ em coda silábica é o contexto posterior na língua portuguesa, no âmbito da palavra ou da frase. Na língua inglesa, a pronúncia do "s" vai ser condicionada pelo contexto anterior.

O caso examinado nos mostra que a variação linguística se estabelece com base em critérios, ela não é caótica. O fenômeno variável funciona em conformidade com os condicionadores, que exercem pressão para que a variação aconteça. No exemplo dado, a variação, ou seja, a pronúncia de [s] ou [z] para o /S/ na língua portuguesa, depende do contexto fonológico posterior. Chamamos de *condicionador interno* porque depende de um fato que ocorre na própria língua. Mas os condicionadores também podem ser externos à língua.

(5.3.2) Fatos não linguísticos: condicionadores externos

Podemos usar o mesmo exemplo do arquifonema /S/ no português para explicar o que são fatos não linguísticos. No Capítulo 4, apontamos outras variantes para essa pronúncia, mas comparando a fala do paranaense com a do carioca. Numa palavra como *casca*, por exemplo, o paranaense vai dizer [ˈkaskɐ], enquanto o carioca vai dizer [ˈkaʃkɐ].

Já no caso da palavra *visgo*, o paranaense pronuncia ['vizgʊ], e o carioca pronuncia ['viʒgʊ]. Estamos vendo aqui não apenas a variação interna da pronúncia de uma fricativa vozeada ou não vozeada em função da consoante posterior ao /S/, mas também a variação entre uma fricativa dental/alveolar produzida pelo paranaense e uma fricativa pós-alveolar produzida pelo carioca. Trata-se de uma **variação diatópica**, em que a alternância acontece por pressão da região geográfica da qual se origina o falante, portanto, um fato não linguístico ou condicionador externo.

É provável que, para você, leitor ou leitora, seja bem fácil compreender como se dá a variação regional, pois convivemos com ela cotidianamente. Principalmente na era da internet, é bastante comum o contato com pessoas de outras regiões. A TV também sempre nos proporcionou a possibilidade de ouvir pessoas de outras regiões e desenvolver a capacidade de detectar a origem de uma pessoa pelo seu sotaque.

Coelho et al. (2015) destacam as oposições possíveis na comparação de unidades espaciais. Podemos comparar uma variação entre as formas de falar no Brasil e em Portugal (dois países), entre o Paraná e Santa Catarina (dois estados), entre Chapecó e Florianópolis (duas cidades), entre os falantes de zonas centrais e periféricas numa mesma cidade ou, ainda, entre zonas urbanas e zonas rurais. Enfim, a variação diatópica refere-se ao local de origem e de domicílio ou nascimento do falante.

Outro tipo de condicionador externo é a **variação diastrática**, que é marcada pelas características sociais do falante, pela maneira como as sociedades se organizam social e culturalmente. Os condicionadores desse tipo de variação podem ser diversos: o nível socioeconômico, o grau de escolaridade, o sexo/gênero, a faixa etária. Cada um desses níveis exerce influência na forma de falar da pessoa. Uma pesquisa sociolinguística pode, por exemplo, investigar a influência do grau de escolaridade na escolha da variante "marca de concordância na forma verbal de primeira pessoa do plural", isto é, o quanto o grau de escolaridade influencia na escolha de formas como *a gente vai*, *a gente vamos*, *nós vai*, *nós vamos*. A pesquisa pode também investigar nessa escolha o nível socioeconômico do falante, sua faixa etária ou o sexo/gênero, enfim, as diversas variáveis podem se relacionar.

Comparando esses dois tipos de variáveis não linguísticas, temos que a variação diatópica acontece do ponto de vista horizontal, por diferenças que se expressam dentro dos limites físico-geográficos, enquanto a variação diastrática ocorre de um ponto de vista vertical, por meio de indicadores sociais, geralmente definidos por níveis mais baixos até níveis mais altos.

Bortoni-Ricardo (2014) apresenta, por fim, um item à parte dos fatos linguísticos e não linguísticos e que tem a ver com os processos de interação. Vamos inserir nesse terceiro item um outro tipo de variação, que se observa no meio em que se processa a interação, a fala ou a escrita.

(5.3.3) Dimensões processuais de interação e os meios: a fala e a escrita

Aqui, vamos analisar mais dois tipos de variação, a estilística, ou diafásica, e a diamésica, que diz respeito aos meios pelos quais nos relacionamos – a fala e a escrita.

A **variação estilística** é resultante dos papéis sociais que desempenhamos nas situações de interação. Ela se define no *continuum* de formalidade e na monitoração da fala. Lembra-se de que falamos desse *continuum* quando tratamos da norma culta? Imaginemos um professor universitário protagonizando as seguintes situações: 1) uma conversa no bar com seus colegas; 2) uma aula para uma turma no final do semestre; 3) uma palestra em um congresso. Certamente, na situação 1, seu nível de formalidade é baixo, com baixa monitoração. Podemos supor que, na situação 2, também pode haver bastante informalidade por ser o final do semestre, mas com um certo nível de monitoração por ser um contexto de aula. A situação 3, no entanto, com certeza, vai ser de formalidade e alto grau de monitoração.

A variação diafásica vai se definir na adequação da fala aos interlocutores e à situação comunicativa. De acordo com Coelho et al. (2015, p. 46),

Nossos papéis sociais se alteram conforme as situações comunicativas das quais participamos – por exemplo, entre professor e aluno, patrão e empregado, pai e filho, entre irmãos etc. – e estão intimamente relacionados aos tipos de relações que ocorrem entre o locutor e seu interlocutor (as chamadas relações de poder e solidariedade, que remetem às relações sociais de hierarquia e intimidade/proximidade que existem entre os participantes de uma situação comunicativa), ao contexto ou domínio social em que se dá a interação, como já mencionado, a até mesmo ao assunto sobre o qual se conversa.

Esses autores comparam a escolha da variação estilística entre um registro mais ou menos formal com a escolha da roupa que vestimos para cada situação. Assim como nos adequamos à moda para não parecermos inadequados em determinados contextos, usando uma roupa apropriada, também adequamos nossa linguagem ao contexto de comunicação.

Quando falamos de variação estilística, ou seja, de informalidade e formalidade, então, estamos mais uma vez falando de um *continuum*. Entre um polo e outro existem infinitas possibilidades que devem se adequar ao contexto, à situação, ao gênero textual. Nesse caso, se falamos de gênero, devemos observar o meio ou código em que a interação acontece – a fala ou a escrita. Aqui, cabe perguntar: Que diferenças existem entre o meio falado e o meio escrito? Para Coelho et al. (2015, p. 49, grifo do original),

Podemos dizer que, salvo em situações excepcionais, a produção de um texto falado é uma atividade **espontânea**, **improvisada** *e* **suscetível** *à variação nos diversos níveis. Já a escrita constitui-se como uma atividade* **artificial** *(não espontânea),* **ensaiada** *(no sentido de que reservamos tempo e espaço para planejamento, revisões e reformulações) e um pouco* **menos variável**, *pois em geral está mais vinculada à produção de gêneros sobre os quais há maior pressão de regras normativas e maior monitoramento.*

Os autores alertam, entretanto, para a necessidade de relativização, pois a relação entre a fala e a escrita não é dicotômica, mas contínua. Nesse aspecto, Bagno (2012) ressalta que as novas tecnologias possibilitam recursos semióticos que aproximam a escrita das manifestações orais. A escrita não precisa mais ser considerada um meio pobre de recursos se comparada à fala, que se vale do tom de voz, da altura, das modulações de entonação, do falsete, das imitações de outras vozes e de sotaques, enfim, de uma infinidade de recursos. Segundo Bagno (2012, p. 27), "sofisticados recursos de multimídia [...] nos permitem aumentar o tamanho da letra para enfatizar a mensagem, usar cores variadas, fazer as palavras dançar na tela, mudar de cor, piscar intermitentemente e até mesmo sobrepor a fala ao que está escrito, e muitas outras coisas". Conforme o autor, hoje existe uma "prosódia" no texto escrito por conta dessas ferramentas digitais.

Ainda com relação às diferenças entre a fala e a escrita, podemos entender que, com a noção de gênero textual, essa demarcação entre um meio e outro fica ainda mais difícil. Um texto escrito em uma mensagem em rede social está tão próximo à fala como a estrutura de uma palestra está próxima a um texto escrito. Voltemos, então, à noção de hibridismo de Bagno (2012, p. 27):

> Qualquer manifestação da nossa faculdade de linguagem é híbrida: em qualquer texto falado ou escrito fazemos usos amplamente variados dos múltiplos recursos que a língua nos oferece. Num mesmo texto em que encontramos certas marcas de um extremo monitoramento do discurso também podemos encontrar regências verbais, concordâncias, colocações pronominais e outros usos que escapam do que vem previsto nas gramáticas normativas.

Após essa afirmação, Bagno apresenta vários exemplos de hibridismo em textos de pessoas altamente letradas que, ao mesmo tempo que se caracterizam por um vocabulário erudito e construções sintáticas complexas, também contêm construções condenadas pela tradição normativa, como o uso do verbo *assistir* como transitivo direto ou do pronome *lhe* como objeto direto.

Enfim, essa é a variação que vivemos! Os fenômenos linguísticos sofrem pressões linguísticas e extralinguísticas que forçam os falantes a fazer escolhas. Essas forças podem estar na própria língua, como um contexto fonológico, por exemplo, ou podem ser externas, como o sotaque regional, a condição social, a idade. A norma também exerce pressão conforme a posição do falante nos três *continua*: rural-urbano, oralidade-letramento e monitoramento. Ainda, devemos ter em conta a relação fala-escrita, que, com os avanços tecnológicos das interações, já não tem limites demarcados.

Para finalizarmos este capítulo, na próxima seção, vamos refletir sobre o ensino de língua materna.

(5.4) Norma, variação e ensino

Já tratei de norma, variação e ensino em outro livro (Gomes, 2015) e gostaria de retomar aqui um exemplo que lá usei para demonstrar o preconceito existente na sociedade e, em especial, na mídia para com determinadas variedades linguísticas no Brasil. Em uma entrevista, um jogador da seleção brasileira no período da Copa do Mundo no Brasil foi questionado pelo jornalista se o nordestino é assim engraçado por causa do sotaque. Visivelmente incomodado, o jogador disse que não via nada de engraçado, que não fazia graça para ninguém. Infelizmente, situações constrangedoras como essa são comuns. Existe muito preconceito em relação a falas regionais e, principalmente, aos falares populares. Um dos fenômenos mais estigmatizados dos falares populares é o da concordância, seja verbal, como em *nós num vai hoje, não*, seja nominal, como em *as menina bonita*.

A sociolinguística, considerando o princípio da heterogeneidade, veio demonstrar que, linguisticamente, exemplos como esses são totalmente válidos. Trata-se apenas de uma variedade diferente daquela de prestígio escolhida para ser a norma-padrão. Conforme Camacho (2003, p. 69), "a Sociolinguística propôs uma alternativa fundamental, segundo a qual variações de linguagem não devem passar por um crivo valorativo, já que não são mais que formas alternativas que o sistema linguístico põe à disposição do falante".

Aqueles exemplos da minha observação sobre a primeira pessoa do plural, apresentados na Seção 5.2, são bem típicos no contexto dessa fala de Camacho (2003). A maioria daquelas pessoas, em falas mais monitoradas, deve utilizar a concordância padrão, mas, em um momento em que se sente à vontade, faz uso daquela variante que usa em seu ambiente familiar. *A gente se encontramo* é uma variante que convive com outras variantes: *nós se encontrô, nós se encontramo, a gente se encontrou, nós nos encontramos*. Apenas esta última é valorizada e considerada como norma-padrão. O uso da forma nominal com o verbo no singular também já aparece nas gramáticas, como em Cunha e Cintra (2017), que apresentam a forma *a gente* como uma fórmula de representação da primeira pessoa em colóquio normal.

Se a concordância não padrão é um fenômeno estigmatizado e dificilmente aceito pelos defensores do ensino da norma-padrão, outros fenômenos já são comuns e aceitos no PB, especialmente na oralidade, mas também na escrita. Lucchesi (2015) analisa estudos variacionistas em dois processos de variação e mudança que separam a norma culta da norma-padrão. São dois processos que já fazem parte da norma culta, mas que fogem do que é prescrito na tradição gramatical mais conservadora:

1. a variação na forma do objeto anafórico de terceira pessoa – *Eu procurei a Maria na faculdade, mas não encontrei **ela***;
2. a variação nas estratégias de construção das orações relativas: a relativa cortadora – *A menina **que você estava conversando** é minha amiga* – e a relativa com pronome lembrete – *A menina **que você estava conversando com ela** é minha amiga*.

Já analisamos essas estratégias de pronominalização e de relativização na Seção 4.2 com os estudos de Bagno (2001), que convida os professores a pesquisar com seus alunos o uso dessas estratégias em vez de simplesmente ignorá-las por não serem prescritas nas gramáticas.

Lucchesi (2015), depois de examinar os trabalhos de pesquisa sobre as estratégias, apresenta sua opinião sobre a normatização desses fenômenos. Quanto ao uso do pronome reto da terceira pessoa na função de objeto direto, afirma que os linguistas devem assumir uma posição de flexibilização da forma padrão com a incorporação da forma inovadora, mas mantendo a forma conservadora, o uso do clítico – *Eu procurei a Maria na faculdade, mas não a encontrei.* O usuário deve ter à sua disposição as opções de uso corrente no âmbito da cultura letrada.

Com relação às estratégias de relativização, Lucchesi (2015) acredita que a flexibilização deve acontecer com a variante cortadora, mesmo na escrita formal. O autor não defende, porém, a incorporação da variante do pronome lembrete na norma-padrão. Afirma que o professor deve recomendar que essa variante seja evitada na escrita, mas aceita na linguagem coloquial.

Em consonância com a proposta de flexibilização de Lucchesi (2015), Bagno (2001) e Faraco (2008) discutem o papel da escola no ensino da norma-padrão. Com foco na ampliação do letramento do aluno, os professores devem lidar com a heterogeneidade linguística na sala de aula.

Bagno (2001) entende que cabe à escola o ensino da norma-padrão para que o aluno possa se integrar à produção/condução/transformação da sociedade de que faz parte e que esse ensinamento independe das aulas tradicionais de gramática, da memorização de nomenclaturas e de conceitos incompletos. Para Bagno (2001, p. 65), a aula de português deve ser concentrada no desenvolvimento "da prática da leitura e da escrita, da releitura e da reescrita, da re-releitura e da re-reescrita, sem a necessidade de decorar nomenclaturas".

Faraco (2008, p. 158), entretanto, acredita que o ensino deve ser acompanhado de ação reflexiva sobre a própria língua e que essa reflexão deve partir de uma percepção intuitiva dos fatos até "uma progressiva sistematização acompanhada da introdução do vocabulário gramatical básico". Esse vocabulário, segundo o autor, é necessário, por exemplo, para a compreensão de informações contidas nos dicionários. Essa prática proporcionaria uma atitude científica de observação e descrição de como a língua se organiza estruturalmente e de como a variação disponibiliza um rico repertório para os falantes.

Uma forma de oferecer esse repertório das variedades da língua, em suas modalidades oral e escrita, é o ensino pelos gêneros textuais. Já defendi que, "por meio da apresentação aos alunos de diversos gêneros textuais, falados e escritos, e da prática de reflexão sobre a linguagem em seus elementos estruturais e discursivos, o professor estará contribuindo para a formação de um cidadão" (Gomes, 2015, p. 102). Faraco (2008, p. 175) também considera que

> é tarefa fundamental da escola oferecer aos alunos a insubstituível experiência da literatura, sem, no entanto, descuidar do convívio sistemático com os textos jornalísticos, com os de divulgação científica, com os textos argumentativos, enfim com os muitos textos que têm ampla circulação sociocultural.

Com o ensino por meio dos gêneros textuais, é possível, então, apresentar o repertório de variedades, trabalhar o *continuum* entre o oral e o escrito e a norma híbrida descrita por Bagno (2012) e, ainda, refletir sobre o funcionamento da língua de forma crítica. Bagno (2012, p. 59) afirma ser

> a favor de um ensino crítico da norma-padrão. E para empreender essa crítica, é necessário despejar sobre o pano de fundo homogêneo da norma-padrão clássica a heterogeneidade da língua realmente usada. Para isso, a escola deve dar espaço ao maior número possível de manifestações linguísticas, concretizadas no maior número possível de gêneros textuais e de variedades de língua: rurais, urbanas, orais, escritas, formais, informais, cultas, não cultas etc.

Enfim, não se pode esconder a variação linguística atrás de uma norma idealizada que não condiz com as manifestações reais de nosso cotidiano. Como define Faraco (2008), a norma-padrão é uma codificação, uma fixação de um projeto político de uniformização linguística.

Síntese

Neste capítulo, não nos distanciamos dos fatos históricos, trazendo a história da ortografia e da gramatização da língua portuguesa. Fizemos um retrospecto dos diversos acordos ortográficos e também da normatização de nossa gramática, que sempre foi pautada pelo modelo europeu. Depois, tratamos de questões mais atuais de nosso cotidiano, das nossas relações por meio da língua, discutindo a questão da norma, em suas perspectivas normal e normativa, segundo Bagno (2012), em que o normal se refere ao uso natural que fazemos da língua em nosso dia a dia e o normativo diz respeito às regras impostas pela tradição gramatical.

Na mesma linha, destacamos a diferença entre norma culta e norma-padrão, conforme Faraco (2008). Na sequência, abordamos a variação linguística em uma perspectiva variacionista, descrevendo as variações diatópica, diastrática, diafásica e diamésica, sem esquecer a variação interna à língua.

Finalmente, relacionamos todas essas questões da norma e da variação com o ensino, ressaltando o papel da escola no combate ao preconceito linguístico por meio de um ensino que se faça pela reflexão sobre a língua e toda a sua variedade, tanto na oralidade quanto na escrita.

Atividades de autoavaliação

1. Assinale a alternativa que identifica corretamente um problema da ortografia do período medieval:

a) Mesmo com várias diferenças no sistema gramatical, textos da época medieval podem ser hoje facilmente compreendidos.

b) A ortografia do galego-português foi definida mesmo antes de os textos oficiais começarem a ser escritos nessa língua românica.

c) Uma das dificuldades da ortografia da época era a segmentação das palavras – problema comum ainda hoje durante o aprendizado da língua portuguesa.

d) Os dígrafos *lh* e *nh*, embora não existentes no latim, desde muito cedo já foram introduzidos na língua, pois apareciam já nos primeiros textos.

e) As cópias do *Testamento de Afonso II* eram muito consistentes na ortografia, com pouquíssimas diferenças entre elas.

2. Indique se as afirmações a seguir são verdadeiras (V) ou falsas (F) em relação à fixação da ortografia do português:

( ) No galego-português, a letra *h* exibia diferentes funções.

( ) Houve três períodos na história da ortografia: o fonético, o pseudoetimológico e o histórico-científico.

( ) O grande problema do período pseudoetimológico era a falta de uniformidade e a diferença entre fala e escrita.

( ) O grande problema do período histórico-científico era a complexidade do sistema ortográfico.

( ) Nunca houve interesse político em aproximar a grafia do português do Brasil com a do português de Portugal. O interesse sempre foi somente das academias.

Agora, assinale a alternativa que corresponde à sequência obtida:

a) V, F, F, V, F.

b) V, V, V, F, F.

c) V, F, F, V, V.

d) V, F, F, V, F.

e) F, V, V, F, F.

3. Entre as afirmativas a seguir, assinale a que **não** indica o sentido de *norma* definido por Coseriu:

a) A norma seria um nível intermediário entre língua e fala.

b) A norma estaria no nível coletivo de uso da língua.

c) Enquanto a língua está no nível virtual coletivo e a fala no nível real individual, a norma está no nível real coletivo.

d) A norma seria, para Coseriu, um conjunto de possibilidades abstratas no sistema.

e) A norma é o "como se diz", e não o "como se deve dizer".

4. Indique se as afirmações a seguir são verdadeiras (V) ou falsas (F) considerando os conceitos de *norma normal* e *normativa*:

( ) O normal se refere ao uso real, enquanto o normativo se define como ideal.

( ) O normal está no nível do comportamento, enquanto o normativo se estabelece com a reflexão consciente.

( ) Enquanto o normativo se refere a situações objetivas, o normal está relacionado a intenções subjetivas.

( ) O normal se define por média estatística, e o normativo deve se conformar a uma regra.

( ) O normal tem finalidade designada, enquanto o normativo se dá por tendência geral e habitual.

Agora, assinale a alternativa que corresponde à sequência obtida:

a) F, V, F, V, F.

b) V, F, V, F, F.

c) V, F, F, V, F.

d) V, V, F, V, F.

e) F, V, V, F, F.

5. Na sociolinguística variacionista, há alguns termos importantes que podem causar alguma confusão. Leia as definições a seguir e assinale a alternativa que contém **erro**:

a) *Variação diatópica* se refere à variação nas características sociais do falante, incluindo nível econômico, grau de escolaridade, faixa etária e gênero.

b) *Variação* é o termo usado para indicar que formas linguísticas estão em alternância. Pode ocorrer em vários níveis: fonológico, morfológico, sintático, lexical.

c) *Variável* é um fenômeno em competição, um conjunto de variantes.

d) *Variante* é uma das alternâncias possíveis, designando cada uma das diferentes formas de dizer a mesma coisa.

e) *Variedade* se refere a qualquer sistema de expressão linguística, como o falar carioca.

Atividades de aprendizagem

Questões para reflexão

1. Leia com atenção a seção sobre *norma* e reflita sobre os termos *norma oculta*, de Bagno (2012), norma curta, de Faraco (2008), e *esquizofrenia linguística*, usado por Faraco (2008) e Lucchesi (2015). Depois, escreva um texto de opinião em que você exponha sua própria visão sobre o conceito de *norma*.

2. Tendo em mente a variação diatópica, escolha um item da gramática sonora da língua e faça uma pesquisa sobre possíveis variações regionais. Em seguida, faça uma descrição das variações encontradas para apresentar a seu grupo.

Atividade aplicada: prática

1. Os dois trechos a seguir foram reproduzidos de publicações antigas: a primeira data de 1847, anterior à reforma ortográfica de 1911/1931; a segunda é uma publicação de 1950, anterior à reforma ortográfica de 1971.

> Á proporção que qualquer empresa litteraria põe em proveito as observações de huma critica judiciosa, tonando-se indispensavel modificar o plano primitivo da obra que se pretendeu offerecer todos os annos ao público. Tal he hoje a nossa posição, que foi mister ceder a proveitosos conselhos, publicando os factos e os acontecimentos do paiz no quadro do anno inteiro, em vez de comprehendello no espaço do 1º de Outubro de hum anno ao 1º do mesmo mez do anno seguinte.

FONTE: ANNUARIO..., 1847, P. V.

> Por constituir êste processo uma novidade em relação às técnicas até então em uso no Brasil, êstes professôres [...] se viram na necessidade de compilarem, êles mesmos, textos especiais. [...] Em acréscimo a êsse material, Dr. Dimmick escreveu um texto para ser usado em classe, com o objetivo principal de corrigir a pronúncia.
>
> [...]
>
> Como o nosso corpo discente vem aumentando consideràvelmente desde março, há necessidade de textos novos para o 3º, 4º e 5º anos. Há já alguns meses êste material, também, vem sendo escrito.

FONTE: DIMMICK, 1950, P. 7.

Analise os textos e faça duas listas de palavras que não correspondem à grafia atual da língua. Elabore um relatório sobre as mudanças ocorridas após a publicação desses textos com base nas reformas de 1911 (oficializada no Brasil em 1931) e de 1971.

(**6**)

Língua portuguesa hoje e amanhã

Chegamos ao último capítulo deste livro, em que abordaremos algumas questões mais recentes e controversas relacionadas à língua portuguesa. Trataremos também do ensino de português para falantes de outras línguas, tema que tem recebido grande atenção de pesquisadores nos últimos anos, bem como de políticas linguísticas, prospectando um futuro para a língua portuguesa.

Primeiramente, analisaremos três temas polêmicos: os dois primeiros se constituem em questões globalizadas, enquanto o terceiro envolve especificamente o português brasileiro (PB).

A primeira controvérsia já não é recente e não começou no Brasil, mas tem gerado uma polêmica já há algumas décadas – a da linguagem politicamente correta. A segunda, mais recente, e diretamente ligada à primeira, é a da linguagem neutra, que também é discutida em vários países. A terceira polêmica diz respeito, exclusivamente, ao PB, em um caso específico de reação de pais de crianças portuguesas que têm usado termos do PB influenciados por *youtubers* brasileiros.

(6.1) A linguagem politicamente correta

Sempre gostei muito da época do carnaval e dos sambas e marchinhas que todos os anos nos alegravam, primeiro nas matinês quando criança e, depois, nos bailes nos quatro dias de festa quando adolescente e jovem adulta. Hoje, quando ouço algumas dessas músicas, sinto um misto de saudosismo e vergonha de ter cantado muitos de seus versos, que apresentam linguagem inadequada e colocam em destaque condições de grupos desprestigiados. Porém, isso não ocorre só em músicas antigas; ainda hoje, vez ou outra, escuto algumas barbaridades em canções.

Talvez tenha sido apenas quando se começou a debater sobre linguagem politicamente correta, lá pelos anos 1980 ou 1990, que passei a refletir sobre o quanto o preconceito está embutido em nossa sociedade, percebendo que, muitas vezes, nós sequer nos damos conta do mal que esse tipo de música pode fazer a determinadas pessoas. O debate sobre o uso de uma linguagem politicamente correta em substituição a termos que possam constranger, diminuir, machucar pessoas que pertençam a grupos sociais minoritários ou de menor prestígio não é recente, mas tem sempre voltado ao centro das discussões e tem sido tema de trabalhos na área da linguística, como o número especial da *Revista USP* intitulado "Dossiê politicamente correto", de 2017. Apresentaremos discussões levantadas em Possenti e Baronas (2006), Fiorin (2008) e em dois dos quatro artigos do referido dossiê: Morato e Bentes (2017) e Ramos (2017).

Possenti e Baronas (2006, p. 49) defendem que "analisar dados do movimento politicamente correto é, em mais de um sentido, analisar o funcionamento ideológico da linguagem". Seguindo a teoria da análise do discurso, os autores ressaltam que o signo linguístico não reflete, mas refrata a realidade, tornando-se uma arena da luta de classes. Segundo os autores, como os sentidos são formados historicamente, a escolha entre termos como *homossexual versus bicha*, *moça versus gata*, por exemplo, "mostra a clara relação desses itens com as formações discursivas históricas nas quais tais itens ganham os sentidos que ganham" (Possenti; Baronas, 2006, p. 129).

Quando esses autores afirmam que alguns falantes se dão conta e outros não da carga negativa ou positiva de certos termos, fico a refletir sobre minha consciência em relação às letras daquelas marchinhas de carnaval. Hoje condeno o uso de muitos termos que para mim eram normais naquela época. Por isso, interessa à análise do discurso investigar não apenas como se dá a disputa pelos sentidos no emprego de algumas palavras e na rejeição a outras, mas também como essas palavras são avaliadas em discursos muitas vezes contundentes, que revelam forças sociais para legitimar certos termos e deslegitimar outros.

O movimento do politicamente correto tem a ver com o combate ao racismo e ao machismo, ao uso de formas linguística que reproduzem uma ideologia de segregação de classe, sexo, raça, características físicas, ou seja, qualquer tipo de discriminação. Algumas dessas formas são claras, como *bicha*, *preto*, *sapatão*; outras nem tanto, como *denegrir*, *judiar*, *mulato*. Com relação a essas três últimas palavras, Fiorin (2008) aponta para o erro dos defensores da linguagem politicamente correta no argumento baseado na etimologia, pois essa posição pode contrariar o funcionamento da linguagem.

O sentido original da palavra normalmente se perde ao longo da história. Na mudança semântica, as palavras adquirem um sentido diferente no decorrer do tempo. Pinker (2000b) compara a mudança linguística com a brincadeira de telefone sem fio, e essa comparação ilustra as palavras de Fiorin (2008, p. 4), que afirma: "não se percebe mais que *judiar* é formado a partir de *judeu* nem que *denegrir* é constituído com a raiz de *negro*". Fiorin ainda adverte para o falseamento de certas etimologias, como no caso da palavra inglesa *history*, que tem sido considerado um termo inadequado porque conteria o pronome *his* e refletiria o ponto de vista masculino na história. Argumenta o autor que essa é uma análise completamente falsa da origem da palavra, que teria a raiz indo-europeia -*weid*, que se refere à visão. Conforme Fiorin (2008, p. 4), "dela derivam, por diferentes transformações fonéticas: ideia, ídolo, história, idílio, evidente, invejar, ver, prever, visitar, etc.".

Outra palavra que tem sido objeto de discussão pela etimologia é *mulato*. Existem duas versões para a origem do termo, e uma delas indicaria origem pejorativa da palavra *mula*. Outra versão aponta uma origem árabe para o vocábulo, que significaria "mestiço". Segundo Possenti e Baronas (2006), a análise do discurso questiona essa ligação direta entre a palavra e a conotação pejorativa. Para essa teoria, os efeitos de sentido produzidos pela palavra decorrem do discurso a que pertence. Um discurso racista pode ser racista mesmo sem o uso de palavras pejorativas e só vai ocorrer se a sociedade for racista. Os sentidos preconceituosos das palavras se relacionam com a história e a língua e, como processo discursivo, se formam a partir da expressão de desejos, ideias, propósitos, visões de mundo. Ademais, são condicionados pelas determinações sociais, culturais e históricas dos falantes.

O ensaio de Morato e Bentes (2017) apresenta uma reflexão sobre os sentidos sociocognitivos do politicamente correto no contexto brasileiro contemporâneo. As autoras defendem que as práticas discursivas reguladas pela linguagem politicamente correta podem ser feitas num sentido fraco ou forte, como um "norteador de situações a serem superadas" ou como um "sistema normativo de práticas desejáveis" (Morato e Bentes, 2017, p. 15) para evitar o preconceito, a discriminação e a violência. A categorização e a reflexividade são processos especialmente importantes.

A categorização como base de nosso sistema conceitual é fundamental para emoldurar nossa concepção de mundo e nossas ações sociais. Com a reflexividade, ou sensibilidade política, o politicamente correto dá visibilidade aos processos cotidianos, relativos às nossas ações e práticas de linguagem. As autoras consideram que a linguagem correta em sentido fraco promoveria a reflexividade, enquanto em sentido forte fomentaria regimes simbólicos para superar situações de preconceito, desigualdade e injustiça social.

Um fato apontado nesses três textos foi a publicação da cartilha intitulada *Politicamente correto e direitos humanos,* em 2004, pela Secretaria de Direitos Humanos da Presidência da República (Queiroz, 2004). A publicação da *Cartilha do politicamente correto,* como ficou conhecido o documento, teve como objetivo chamar a atenção dos leitores para uma série de expressões que, de uso cotidiano e corriqueiro, nem sempre consciente, veiculam preconceito e discriminação contra grupos sociais. A publicação catalogava 96 expressões linguísticas que seriam politicamente incorretas. Além das já citadas *denegrir* e *judiar,* a cartilha também continha, por exemplo, a palavra *baianada,* seguida do seguinte comentário:

> *Expressão pejorativa atribui aos baianos inabilidade no trânsito e em outras atividades. Trata-se de um preconceito de caráter regional e racial, ao lado de outros como o que imputa a malandragem aos cariocas, esperteza aos mineiros, falta de inteligência aos goianos e orientação homossexual aos gaúchos etc.* (Queiroz, 2004, p. 9)

A publicação da cartilha suscitou enorme polêmica e foi logo retirada de circulação por determinação do presidente da República. Os críticos da cartilha a consideraram um ato autoritário do governo, uma forma de cerceamento da liberdade de expressão. Diziam também que haveria um engessamento da língua, impedindo seu desenvolvimento.

Possenti e Baronas (2006, p. 68) entendem que a cartilha está fundamentada em uma concepção de linguagem que estabelece uma ligação direta entre as palavras e as coisas, que "os sentidos preconceituosos dos termos estariam colados às palavras e não inoculados de historicidade como defende a AD [análise do discurso]". Fiorin (2008, p. 2) coloca em dúvida "se combater o uso de palavras e expressões que patenteiam a discriminação é um instrumento eficaz na luta contra ela". Morato e Bentes (2012, p. 20) consideram que faltou à referida cartilha "uma visão mais sociolinguística da linguagem. Faltou a compreensão de que a língua não é só signo; é também e, sobretudo, ação, prática, cognição social".

Antes de concluir este tema, vale destacar outro texto do dossiê da *Revista USP*, o de Ramos (2017). Essa autora afirma que o debate sobre a linguagem politicamente correta ainda está no nível da polêmica e precisa entrar no nível da discussão. Ela entende que existe uma topologia de exclusão, que os atores atingidos pela linguagem preconceituosa não frequentam os mesmos lugares da esfera do debate ou, se frequentam, não estão nas mesmas condições dos outros atores. Assim, na polêmica, encontram-se dois grupos: os que reclamam do cerceamento do politicamente correto e aqueles que sofrem preconceito, mas lhes é negada a liberdade de expressão. Segundo Ramos (2017, p. 49),

> não podemos discutir essa questão pressupondo que já estamos em pé de igualdade no que diz respeito ao acesso à fala pública. A polêmica sobre o politicamente correto enuncia a necessidade de instituição de esferas públicas onde de fato possamos estabelecer um debate sobre todas as formas de opressão que atravessam o tecido social.

Se o debate sobre o politicamente correto é controverso, outro debate que, na verdade, deriva dele é ainda mais acalorado – o da linguagem neutra. A discussão sobre a linguagem neutra até recentemente se inseria no campo do politicamente correto, tanto que um dos fatos comentados por Possenti e Barones (2006) era a publicação do documento Carta da Terra de Mato Grosso, que trazia palavras assim grafadas: *pel@s; professor@s; d@s mesm@s*. Mas esse tema se tornou ainda mais polêmico do que a linguagem politicamente correta, pois vai além do léxico, abrangendo questões gramaticais, e desencadeou muita discussão no meio linguístico. Vamos dedicar uma seção para essa temática.

(6.2) A linguagem neutra

Na internet, abundam textos e vídeos sobre as polêmicas propostas para um gênero neutro no português. Assim como o debate sobre a linguagem politicamente correta, os embates ultrapassam o limite do político-ideológico e entram nas esferas do Executivo, do Legislativo e do Judiciário, e ainda dos estudos linguísticos. Na esfera político-ideológica, os discursos conservadores, não raro carregados de valores religiosos, criticam veementemente a linguagem neutra. Nos círculos mais progressistas, especialmente naqueles mais sensíveis às causas feministas e das comunidades LGBTQIA+, a defesa do uso de uma linguagem mais inclusiva já é recorrente. Nas esferas dos três poderes, são vários os projetos de lei, portarias e decretos que buscam proibir o uso da linguagem neutra.

O Estado de Rondônia, por exemplo, criou uma lei que proibia a linguagem neutra na grade curricular e no material didático das instituições estaduais de ensino, bem como em editais de concursos públicos, conforme matéria publicada pela mídia (Gomes, 2021); entretanto, a lei foi suspensa pelo Supremo Tribunal Federal (Fachin..., 2021). Outro exemplo é a portaria emitida pela Secretaria da Cultura vedando o uso da linguagem neutra em projetos financiados pela Lei Rouanet (Agência O Globo, 2021).

Na área da linguística, também tem havido argumentos contrários à ideia da imposição de uma linguagem neutra, que contrariaria a natureza da linguagem. Muitos desses argumentos se apoiam no conceito de marcação de gênero de Camara Jr., segundo o qual

> do ponto de vista semântico, o masculino é uma forma geral, não marcada, e o feminino indica uma especialização qualquer (jarra é uma espécie de <jarro>, barca um tipo especial de <barco>, como ursa é a fêmea do animal chamado urso, e menina uma mulher em crescimento na idade dos seres humanos denominados como a de menino). (Camara Jr., 2002, p. 88)

Assim, para Camara Jr. (2002), o feminino é uma forma marcada, que se firma em face de uma forma não marcada para o masculino. Portanto, o feminino seria o gênero marcado, e o masculino, o não marcado. Possenti e Barones (2006), por exemplo, em sua análise sobre o uso do símbolo @ para neutralizar o gênero no documento Carta da Terra de Mato Grosso, citam Camara Jr. para concluir que, "independente de os nomes se referirem a seres providos de sexo ou não, eles pertencerão sempre a um determinado gênero. [...] Esse equívoco, em última instância, nega a relativa autonomia do sistema linguístico em relação aos seus usuários" (Possenti; Barones, 2006, p. 64).

Propostas de uso de uma linguagem mais inclusiva, que privilegie não somente o masculino, mas também que seja mais equilibrado com o feminino e que inclua grupos de gênero não binário, têm surgido nos últimos anos e poderíamos resumi-las em quatro tipos, os quais, conforme Schwindt (2020, p. 2), contemplam:

1. o uso marcadamente feminino de nomes comuns de dois gêneros (exemplo: *presidenta*);

2. o emprego de formas femininas e masculinas, sobretudo em vocativos e pronomes, em vez do uso genérico do masculino (exemplos: *alunas e alunos, todas e todos*);

3. a inclusão de novas marcas no final de nomes e adjetivos, como *x* e @, ou a ampliação da função de marcas já existentes, como *-e* (exemplos: *amigx, amig@, amigue*);

4. alterações na base ou raiz de pronomes e artigos (exemplos: *ile, nile, dile, aquile, le*).

Vamos analisar os trabalhos de Mäder e Severo (2016) e de Schwindt (2020) sobre o tema. O primeiro objetiva responder à seguinte pergunta: "seria possível modificar deliberadamente as estruturas gramaticais de uma língua de modo a torná-la menos sexista e mais igualitária?" (Mäder; Severo, 2016, p. 245). Esses autores apresentam dois exemplos de possibilidades de inovações gramaticais bem-sucedidas em outras línguas. O primeiro exemplo vem da língua inglesa, com o uso do pronome *they* e suas formas flexionadas (*them, their, theirs* e *themseves* ou *themself*) como singular, funcionando como um gênero neutro. O outro exemplo é o do pronome *hen* no sueco. Nessa língua, há o gênero comum e o gênero neutro. No gênero comum, para referentes humanos, os artigos são *han* para o masculino e *hon* para o feminino (para referentes não humanos, no gênero comum, o pronome é *den* e, no gênero neutro, é *det*). Ainda que haja um gênero neutro, para os seres humanos há apenas as opções masculino e feminino. Nos anos 1960, linguistas do meio feminista criaram o pronome *hen* como alternativa para o masculino *han* e o feminino *hon*. No início, a invenção não saiu do nicho em que havia sido criado, mas, a partir de 2012, vem sendo difundido em diversos contextos, como escolas para crianças, em pronunciamentos no Parlamento e em decisões judiciais (Noack, 2015, citado por Mäder; Severo, 2016).

Com relação ao PB, os autores analisam os contextos de uso dos tipos 2, 3 e 4 e assumem que as três formas – vinculadas a contextos específicos de uso – estariam entrando em competição, além da variante "padrão" (masculino genérico). Levando em consideração a difusão do pronome *hen* sueco como uma criação artificial, os autores concluem que, em função de mudanças culturais nas últimas décadas, embora improvável, uma mudança na gramática pode ocorrer com o objetivo de acabar com marcas sexistas na língua (Mäder; Severo, 2016). Tendo em vista a perspectiva desses autores, é importante citar aqui as palavras de Possenti e Barones (2006, p. 65): "todo processo discursivo é produzido no interior de uma formação ideológica".

Schwindt (2020), por sua vez, analisou cada um dos quatro tipos de gênero inclusivo apontados anteriormente, do ponto de vista linguístico. O autor atenta para o fato de que em sua análise não está em primeiro plano o caráter sexista da língua portuguesa ou de qualquer outra, mesmo que esse seja um tema relevante. Trata-se mesmo de um recorte, de uma perspectiva teórico-analítica. Depois da análise de cada um dos tipos, o autor argumenta que alguns aspectos devem ser levados em conta em uma mudança deliberada que envolva questões morfológicas.

O primeiro é que primitivos como morfemas, fonemas e condições de estrutura silábica são resistentes a mudanças, porém não impermeáveis, e que o grau de impermeabilidade parece depender da naturalidade e da pressão de fatores sociais. O segundo aspecto é que uma mudança deliberada no sistema gramatical depende "de clareza coletiva sobre o referente semântico das formas inovadoras e da consciência de que, seja qual for esse referente, sua representação formal será sempre um recorte categorial" (Schwindt, 2020, p. 18).

Para que as marcas linguísticas realmente se estabeleçam, é necessário que as pessoas entendam o significado dos grupos por elas designados: *cis, trans, não binário* etc. Em consideração ao uso dos quatro tipos analisados, o autor afirma que a marcação feminina de nomes comuns de dois gêneros (*presidenta*) e a adoção concomitante de formas femininas e masculinas (*alunas e alunos*) já estão em pleno uso e ele prefere classificar esses dois exemplos como *uso neutro de gênero* em lugar de *uso de gênero neutro*. Os outros dois apresentam problemas e são mais restritos. O emprego dos caracteres x e @ são restritos à língua escrita por não serem pronunciáveis, e seu uso tem sido criticado porque discriminaria pessoas com certas deficiências. Programas de leitura utilizados por pessoas com deficiências visuais, por exemplo, não compreendem esses caracteres. Com relação ao emprego de -*e* como morfema alternativo de gênero neutro, Schwindt (2020, p. 19) faz a seguinte advertência:

> *O ritmo [...] de uma variação e possível mudança nesse sentido em PB é controlado pelo sistema de marcação e pela produtividade de palavras fechadas por essa vogal. A ambiguidade de um neutro em -e com usos masculinos de nomes fechados por essa mesma vogal (ex. o presidente) exemplifica essa complexidade.*

Se vai haver uma mudança estrutural na língua que demonstre atitudes mais inclusivas, menos machistas e sexistas dos falantes, só o tempo vai dizer. Certamente nossa geração não vai assistir a essa mudança. Mas podemos fazer melhor uso das palavras para que elas, como declara Fiorin (2008), não machuquem, não revelem preconceitos e não produzam discriminações.

(6.3) O português brasileiro em Portugal

Vejamos, agora, a terceira polêmica deste capítulo. Esta controvérsia, diferente das outras duas, além de mais recente, refere-se a um fato pontual, um episódio ocorrido em Portugal, mas que teve muita repercussão na mídia brasileira. Também em uma comparação com os dois casos anteriores, este certamente já está esquecido e a discussão voltará à tona quando acontecer outro episódio semelhante. Infelizmente parece que uma discussão séria sobre preconceito linguístico ainda não se estabeleceu na sociedade como um todo, estando confinada aos círculos que lidam com a linguagem. Mas vamos ao fato!

O jornal *on-line* português *Diário de Notícias*, no final de 2021, publicou uma reportagem intitulada "Há crianças portuguesas que só falam 'brasileiro'", de Paula Sofia Luz. Segundo a reportagem (Luz, 2021), em razão da pandemia de covid-19 e do consequente confinamento, as crianças ficavam muito tempo com acesso a celular, *tablet* e computador, consumindo conteúdos produzidos por *youtubers* brasileiros.

A reportagem expõe especialmente as preocupações de pais com a linguagem das crianças, que estariam dizendo *grama* em vez de *relva*, *ônibus* em lugar de *autocarro*, *listras* em lugar de *riscas* e *geladeira* em vez de *frigorífico*. Um dos pais entrevistados reclama da filha de 3 anos que, quando vê um polícia na rua, diz que é um *policial*. Já Iara, de 4 anos, pediu à mãe que comprasse *bala* e não *rebuçado*. António, segundo a mãe, não conseguia dizer os "r's nem os l's" (Luz, 2021).

Cabe observar que os exemplares mencionados são, na maioria, dados do léxico brasileiro, seja de palavras como as citadas, seja de expressões como *estás a trolar comigo*. Apenas um dos exemplos se refere à fonética, a pronúncia do /R/ e do /l/, dois focos de variação no PB. Não houve nenhuma menção a um dado de morfologia ou sintaxe. Na expressão *estás a trolar comigo*, por exemplo, apesar da expressão brasileira *trolar comigo*, o verbo não segue o padrão do PB, mas do português europeu (PE), com a conjugação na segunda pessoa do singular com a perífrase de infinitivo.

Alguns pais entrevistados tiveram reações mais dramáticas, chegando ao ponto de levar o filho a "um processo de tratamento como se fosse um vício" (Luz, 2021), enquanto outros relativizaram a situação, como a professora que comparou esse fato com o mesmo "pânico social" ocorrido no tempo em que ela era criança e lia "livros do Tio Patinhas" traduzidos em português do Brasil ou quando assistia a novelas brasileiras (Luz, 2021). Enfim, como mencionamos no início, essa discussão aparece de tempos em tempos após episódios como esse.

No Brasil, a repercussão ao fato foi enorme. Podemos encontrar muitos vídeos na internet sobre o ocorrido, produzidos por *youtubers*, por jornalistas ou por linguistas, além de reportagens de veículos de comunicação. Muitos textos também foram escritos para analisar o fato. Vamos comentar dois deles, ambos publicados no *Jornal da USP*. O primeiro foi escrito por Rodrigo Tammaro (2021), que levantou a preocupação de pais sobre a atuação de influenciadores digitais brasileiros na produção de linguagem de crianças portuguesas, causando mudanças principalmente no léxico de seus filhos. Ao ser questionada pelo jornalista sobre o tema, a Professora Elaine Grolla analisou o episódio pela perspectiva da aquisição de linguagem e disse que não há motivo para preocupação, que a influência no léxico não vai causar mudanças na língua como um todo. Essa professora vê o fato como uma oportunidade que a criança tem de conhecer outros dialetos, de conhecer novas culturas (Tammaro, 2021). Na reportagem do *Diário de Notícias*, uma das mães entrevistadas também mencionou a possibilidade de as escolas incorporarem essas linguagens para mostrar diferentes contextos culturais e trabalhar a interculturalidade (Luz, 2021).

O outro texto publicado no *Jornal da USP* sobre o caso tem o título de "Português brasileiro e tiririca: duas pragas a serem combatidas?", escrito por Flávio Brandão-Silva e Marcelo Módolo (2021). Os professores foram buscar na história da língua os movimentos normatizadores e comentaram sobre a definição da norma-padrão no Brasil no século XIX, com base no modelo de prestígio europeu. Depois de também discutir a questão das diferenças apenas lexicais no falar das crianças portuguesas, os autores acrescentaram um ponto importante: a valoração negativa que os portugueses fazem do falar brasileiro. Parece que o uso de palavras do léxico do PB vai "corromper a pureza do PE". Então os autores fazem a comparação do PB para os portugueses com a tiririca, uma planta que se alastra e precisa ser combatida (Brandão-Silva; Módolo, 2021).

Como comentei anteriomente, as discussões sobre episódios de preconceito linguístico acontecem periodicamente. Quando eu tinha meus filhos pequenos, houve muitas controvérsias em relação às falas dos personagens do Mauricio de Sousa. As mães reclamavam das falas do Cebolinha, que falava "elado", e do Chico Bento, cuja fala "caipira" poderia corromper o português das crianças. Com os estudos variacionistas, as falas do Chico Bento começaram a ser usadas na sala de aula como recurso didático para apresentar às crianças o contínuo rural-urbano e as variações linguísticas. Nenhuma criança se tornou um adulto que fala o português popular por ler revistinha do Chico Bento, mas muitas podem ter se tornado adultos mais receptivos aos diversos falares.

Voltando à questão de Portugal, essa não foi uma notícia que me impressionou muito. Como afirmei anteriormente, eu já havia presenciado situações parecidas no Brasil. No entanto, uma notícia publicada no jornal *Folha de S.Paulo*, em 3 de maio de 2021, com o título "Português brasileiro rende nota menor e discriminação em escolas e universidades de Portugal", de Giuliana Miranda (2021), trouxe mais preocupação. Na minha concepção, essa, sim, é uma situação bastante preocupante. É compreensível a preocupação de pais, desconhecedores de questões linguísticas, ao verem seus filhos falando de forma diferente daquela que se fala em casa. Mas professores universitários discriminando alunos por apresentarem outra variedade culta da língua é algo inadmissível. É legítima a exigência do uso de variedades cultas no ambiente acadêmico, porém não deve haver uma variedade escolhida, se a instituição aceita alunos de outros países de língua portuguesa.

Behling (2020) oferece uma explicação para essa rejeição ao PB pelos portugueses. Em seus estudos sobre o "brasileiro" como língua de afirmação em Portugal, essa autora afirma que existe uma causa que é, ao mesmo tempo, sintoma da rejeição ao brasileiro como língua e como falante. A pesquisadora refere-se às tradições eurocêntricas de pertencimento do PE como uma língua perfeita. O brasileiro transgride essa língua perfeita, por isso é rejeitado e, por ser rejeitado, ele transgride.

Essa língua transgressora é apresentada por Behling (2020) como impossível não só em Portugal como no imaginário do falante mais ou menos afeito a esse ideal de pertencimento. Uma das transgressões apontadas pela autora vai além de questões morfossintáticas como a colocação pronominal. Trata-se da "penetração do 'brasileiro', e não do português europeu, como língua para outros europeus, por exemplo, em cursos de língua na Alemanha, revelando os potenciais simbólicos e reais das transgressões" (Behling, 2020, p. 68). Podemos pensar, então, que, para os pais daquelas crianças que estão aprendendo PB com o Luccas Neto[a] ou para a professora da estudante universitária brasileira que não merecia a mesma nota da colega por não usar o PE, a preocupação está na transgressão, na ameaça, não somente à língua perfeita, mas ao pertencimento.

Outra razão que se pode inferir desses comportamentos pode ser o imaginário imperial e colonial que ainda persiste em Portugal. Segundo Minga (2019), ainda hoje há em Portugal uma ênfase representacional sobre o passado que influencia a visão do português acerca de suas relações com os povos colonizados, com uma forte carga ideológica que posicionou os colonizados como o "Outro". A autora também aponta o imaginário do povo português – agora em relação à sua própria imagem – que vem da ideia de um povo

---

a. Luccas Neto é o *youtuber* referido na reportagem do *Diário de Notícias*.

"pacífico" que teria promovido uma colonização "branda", concepção estimulada no século XX pelo luso-tropicalismo. Esse ideário se renova no século XXI com o conceito de lusofonia.

> *Curiosidade*
>
> *Luso-tropicalismo*
>
> O luso-tropicalismo é uma teoria, formulada por Gilberto Freyre, segundo a qual o português foi um herói colonizador, que tinha uma predisposição à miscigenação e, com sua empatia inata e criadora, era capaz de interpretar valores e costumes. Com grande capacidade de inter-relacionar-se com outras raças, o português estabeleceu uma simbiose com os povos tropicais. Essa teoria foi utilizada como instrumento da máquina de propaganda de Salazar (Minga, 2019).

(6.4) Lusofonia

Vamos iniciar esta seção sobre lusofonia contando um fato anedótico relatado pelo escritor angolano Ndalu de Almeida, conhecido por Ondjaki, em um debate no Festival Internacional de Literatura Metropolis Bleu (Ondjaki, 2014). O escritor diz que, certa vez, estava em Portugal, num grupo de pessoas em uma conversa a respeito de seu livro de poesias, e uma senhora lhe perguntou que diferenças ele encontrava, como um autor lusófono, entre a poesia lusófona e a poesia portuguesa. Com ironia, ele agradeceu muito àquela senhora pela pergunta porque ela acabara de expressar aquilo que muita gente, consciente ou inconscientemente, sente: que existe uma poesia portuguesa, uma poesia brasileira e uma poesia lusófona, esta última referindo-se aos escritores africanos. Então, o escritor a questionou se ela, alguma vez, havia perguntado a José Saramago ou a João Ubaldo

Ribeiro se eram escritores lusófonos. "Por que lusófonos somos só nós? Ou somos todos ou há amoralidade", concluiu o escritor (Ondjaki, 2014). Entendemos que Ondjaki gostaria que houvesse um termo que incluísse todos os escritores, de todos os países de língua portuguesa, de todas as comunidades que se interessem pela língua, mas numa relação de horizontalidade, sem graduações, sem hierarquias.

Essa história ilustra a complexidade envolvida na concepção do termo *lusofonia*. Convém, assim, analisar algumas formas de se conceber esse termo. Para o professor português Moisés Lemos Martins, entrevistado por Carvalho (2019, p. 96), "a lusofonia aponta para uma identidade transcultural e transnacional, que assinala o espaço dos falantes do espaço de língua oficial portuguesa, incluindo as suas diásporas, e regiões como Macau, Goa e Galiza". Esse conceito visa abranger todos os povos, todos os espaços em que há comunicação intercultural, relacionando-se, pois, ao fenômeno da globalização. O Professor Martins, que, segundo Carvalho (2019), tem lutado por uma estratégia conjunta de cooperação científica entre os países lusófonos, assume uma visão crítica e pós-colonial da lusofonia. Para ele, é importante respeitar as diferenças e a autonomia dos países, e o português, como patrimônio simbólico, deve ser uma língua de ciência.

Minga (2019) se debruça sobre o conceito de lusofonia, que se baseia, em sua perspectiva, na pretensão de Portugal em restaurar uma posição hegemônica no contexto global de uma economia de mercado, com base na ideia de uma cultura lusófona. Para a autora, o conceito é vago e impreciso e tem oscilado nas últimas décadas entre diversos significados, que podem estar ligados a questões linguísticas e identitárias, de interesses econômicos, de ideologias políticas, entre outras.

O termo *lusofonia* ganha destaque após a independência das colônias africanas, por isso Minga (2019, p. 112) o percebe relacionado a um "patrimônio simbólico em permanente disputa". Embora tenham um passado comum, essas nações compartilham uma história em que houve um colonizador e os demais foram colonizados. De acordo com Alfredo Margarido (2000, citado por Minga, 2019), a lusofonia veio reforçar aquela ideia do luso-tropicalismo que retira de Portugal a culpa pela colonização. Com a reaproximação com as antigas colônias, aquele passado atravessado de violências poderia ser escamoteado.

Outro autor mencionado por Minga (2019) é Eduardo Lourenço (1999), que considera a lusofonia uma utopia portuguesa, que tenta atribuir uma univocidade imaginária. Minga entende que o interesse de Portugal em tudo o que remeta à lusofonia está na manutenção da colonialidade, no pressuposto da inferioridade dos antigos povos colonizados.

Faraco (2012) aponta para a polissemia da palavra *lusofonia*, que ora se refere ao conjunto de falantes de português ao redor do mundo, ora é usada para designar planos geopolíticos estratégicos. Para o autor, a primeira concepção não carrega implicações políticas ou valorativas, mas, na segunda concepção, os projetos nem sempre são convergentes, às vezes são até concorrentes. O maior problema nessa concepção, segundo Faraco (2012, p. 32), está "nos silêncios, nos não ditos, nos implícitos [que] dificultam obviamente os debates".

Faraco (2008) destaca o entendimento da linguista moçambicana Perpétua Gonçalves, para quem o uso do termo *lusófono* em referência aos países da África apaga do mapa linguístico as diversas línguas lá faladas, levando ao entendimento de que a língua materna de todos é a língua portuguesa e, consequentemente, a língua de cultura e de identidade. Ao designar genericamente esses países como *lusófonos*, escondem-se o multilinguismo e a multiculturalidade lá existentes. Faraco (2008) acrescenta que essa linguista não põe em questão a causa da definição do português como língua oficial dos africanos, pois este desempenha funções importantes que as línguas locais não podem (ainda) desempenhar. O autor reforça que a língua portuguesa é muito importante nesses países por cumprir muitas funções sociais de relevância, porém não é hegemônica.

Trazendo a questão para o Brasil, Minga (2019) dá um exemplo do imaginário na cultura portuguesa acerca da inferioridade dos povos colonizados. Trata-se do incômodo gerado pela adoção do novo acordo ortográfico. Os estudantes portugueses vêm o acordo como "uma forma de subordinação da antiga metrópole à ex-colônia, no caso o Brasil" (Minga, 2019, p. 116). Contudo, para Faraco (2012), o Brasil tem se contentado em assumir um papel secundário na gestão da língua, sempre esperando as iniciativas de Portugal. Um país que concentra 85% dos falantes de língua portuguesa poderia assumir um protagonismo de coproprietário da língua. E esse imobilismo favorece estratégias políticas unilaterais de Portugal, que, por um aparente temor da "brasilianização" da língua, costuma ignorar ou até embaraçar iniciativas brasileiras (Faraco, 2012).

Como podemos perceber pelos conceitos desenvolvidos por esses autores, a lusofonia é mais um tema polêmico na história da língua portuguesa. Entendemos que as estratégias conjuntas são importantes para o fortalecimento da língua, mas elas não podem ser elaboradas sob hierarquias. Embora Portugal carregue o peso da colonização e o Brasil o de ter a esmagadora maioria de falantes, os países africanos e o Timor-Leste devem também ter voz para que organismos como o Instituto Internacional de Língua Portuguesa (IILP) e a Comunidade dos Países de Língua Portuguesa (CPLP) possam funcionar, não como espaço de dominação, mas realmente como instituições de cooperação e de promoção da língua portuguesa. Quanto ao termo *lusofonia*, parece que sempre será controverso, pelo fato de remeter ao colonizador. Daí a contrariedade de Ondjaki em face da identificação de sua obra como *poesia lusófona*. Talvez ele preferisse *angolófona*.

Na próxima seção, vamos tratar da perspectiva do falante, mas considerando a aquisição do português por aqueles que têm outra língua materna.

(6.5) O português para falantes de outras línguas e o Exame Celpe-Bras

Ao longo de nossa discussão sobre a língua portuguesa, temos tratado de variação, de diversidade, de heterogeneidade. Se agora vamos pensar no falante dessa língua e, ainda, em ensino e avaliação, temos de considerar a diversidade e a heterogeneidade de cultura e de contexto que envolvem esses falantes. No decorrer do texto, mencionamos algumas vezes os termos *primeira língua, língua materna, segunda língua, língua estrangeira*. Porém, não refletimos sobre o que esses termos representam levando-se em conta o falante. É o que faremos agora.

As diferenças terminológicas geralmente são discutidas e mesmo engendradas em contextos educacionais. Para um efetivo projeto de ensino, é preciso analisar contextos, e o contexto deve direcionar as ações. Assim começou a discussão sobre a diferença entre língua materna e não materna e as estratégias de ensino para um falante que vai à escola para aprender uma língua que já domina pois a adquiriu naturalmente – sua língua materna – e para um falante que vai à escola para aprender outra língua – uma língua não materna, uma segunda língua.

Nosso foco, nesta seção, será essa segunda língua, a língua não materna. Os estudiosos do ensino de línguas definiram que poderia haver dois diferentes contextos para a aquisição de uma língua não materna – aquele em que há convivência com falantes nativos e o aprendizado acontece de forma natural e aquele em que há um esforço duplo de ensino/aprendizado em contexto de sala de aula. Ao primeiro chamaram de *aquisição de segunda língua* e ao segundo, *aprendizado de língua estrangeira*.

Com base nessa concepção, quando no Brasil apareceu uma demanda para o ensino de português para estrangeiros falantes de outras línguas, adotou-se o termo *português para estrangeiro* ou *português como língua estrangeira* (PLE). Segundo Bulla e Kuhn (2020), essa área se estabeleceu no meio acadêmico no final da década de 1980 e na década de 1990, com o objetivo de ensinar o português para estrangeiros que tinham propósitos variados: intercâmbios de graduação e pós-graduação, turismo, negócios, trabalho etc. Fazia-se, então, um paralelo com as áreas de línguas estrangeiras no Brasil (que ensinavam inglês, francês, italiano, alemão etc.), escolhendo-se a denominação PLE para estabelecer uma distinção com a área de português como língua materna (PLM).

À medida que os anos foram passando, as demandas foram crescendo e os contextos se complexificando; outras denominações, então, foram sendo cunhadas pela comunidade acadêmica. Não vamos detalhar as razões e os contextos que levaram à adoção de cada termo, os quais podem ser encontrados em Bulla e Kuhn (2020, p. 2). Apenas listaremos aqui algumas siglas e as respectivas denominações, conforme a pesquisa dessas autoras, sempre com a intenção de ensino ou avaliação da língua:

- **PLE**: português como língua estrangeira;
- **PSL**: português como segunda língua – amplia o escopo para os brasileiros que não têm o português como língua materna ou, como preferem definir as autoras, não foram socializados em português, como os surdos e algumas comunidades de indígenas;
- **PFOL**: português para falantes de outras línguas;
- **PLNM**: português como língua não materna – termo guarda-chuva bastante usado em Portugal;
- **PLA**: português como língua adicional – indica que essa língua não precisa ser a segunda, mas pode ser a terceira, a quarta ou, ainda, que é uma língua acrescida ao repertório linguístico do estudante;
- **PLAc**: português como língua de acolhimento – termo usado para indicar o ensino para imigrantes falantes de outras línguas;
- **PLH**: português como língua de herança – referente a comunidades de brasileiros que migraram para outros países em que a língua portuguesa não é oficial.

É importante fazer uma observação sobre os termos designados pelas siglas PLNM e PLAc, que foram cunhados em Portugal. O primeiro não é usado no Brasil, mas o segundo foi adotado para distinguir o ensino de português para a recente população de imigrantes no Brasil. As autoras informam que esse termo às vezes é considerado inapropriado por atribuir ao migrante "uma posição inferior que requer caridade, impedindo o estabelecimento de relações igualitárias, de interculturalidade e multilinguismo" (Bulla; Kuhn, 2020, p. 20).

Mais algumas considerações são importantes sobre esses termos. Primeiro, que Bulla e Kuhn (2020) fizeram seu levantamento com base em trabalhos acadêmicos. Os termos em outros contextos ou mesmo em outros trabalhos podem não ter as mesmas conotações. Segundo, mesmo com toda essa lista de termos, eles podem não atender a todas as situações possíveis. As autoras advertem que cada perfil de estudante, examinando ou comunidade, ou ainda, cada contexto, deve ser analisado para definir particularidades.

Bulla e Kuhn (2020) também apresentam um levantamento dos perfis e contextos contemporâneos que buscam o aprendizado ou a avaliação de PLA (sigla usada pelas autoras em seu trabalho). Listamos também aqui esses perfis, mas recomendamos a consulta ao texto original para conhecer mais detalhes (Bulla; Kuhn, 2020, p. 10):

- estrangeiros;
- migrantes contemporâneos, como haitianos;
- filhos de brasileiros no exterior;
- comunidades de imigração histórica, como japoneses;
- comunidades de regiões de fronteira;
- comunidades indígenas;
- comunidades surdas;
- oriundos de países de língua oficial portuguesa.

Vamos tecer alguns comentários sobre dois desses grupos. Primeiro, é interessante ver incluídos nessa lista os filhos de brasileiros no exterior. Conforme as autoras, o Ministério das Relações Exteriores (MRE), por meio da Rede Brasil Cultural, desde 2011, procura impulsionar a aprendizagem de PLH por crianças e adolescentes de famílias brasileiras que vivem em 25 países. Essas crianças e jovens, em muitos casos, aprendem o português em interações familiares e não têm contato com o português escrito. Além disso, existem organizações fundadas por pais brasileiros em razão da preocupação que têm com seus filhos.

Outro item interessante na lista apresentada é o que se refere a pessoas oriundas de países que têm o português como língua oficial, os países da CPLP. Como já discutimos anteriormente neste texto e é reforçado pelas palavras de Bulla e Kuhn (2020), embora o português seja língua oficial dos nove países da CPLP, em termos funcionais, o estatuto da língua varia bastante. Mais uma vez usando o termo das autoras, o português é a língua de socialização inicial (temos usado o termo *língua materna*) da maioria da população no Brasil, em Portugal e em São Tomé e Príncipe; é a língua veicular maioritária em Angola e em Moçambique e minoritária em Cabo Verde, na Guiné-Bissau e no Timor-Leste; e, ainda, é a língua oficial do ponto de vista formal na Guiné Equatorial. Mateus (2008) afirma que, apesar de a língua portuguesa conviver com as línguas nacionais nos países da África e no Timor-Leste, grande parte dos alunos desses países só vai ter contato com a língua portuguesa quando inicia sua escolarização. Ademais, como nesses países o português é a língua de escolarização, o ensino bilíngue é opcional e se apresenta em diferentes graus. Assim, o português é referido como a segunda língua desses alunos, mas nem sempre é ensinado com as estratégias eficazes para essa condição e para um cenário multilíngue.

Mais uma consideração importante nos estudos de Bulla e Kuhn (2020) é que todas essas questões de terminologia, de perfis e de contextos não são direcionadas apenas ao ensino. Você deve ter percebido que em alguns momentos falamos de ensino e avaliação. É porque todas essas reflexões são também relevantes para fomentar ações relacionadas ao Certificado de Proficiência em Língua Portuguesa para Estrangeiros (Celpe-Bras).

O Celpe-Bras é um exame de proficiência em língua portuguesa desenvolvido pelo Ministério da Educação e é aplicado no Brasil e em muitos outros países. Mendes (2019) afirma que o exame é um instrumento de política linguística que tem funcionado como uma poderosa ferramenta, pois ações e decisões importantes dependem dele. O Celpe-Bras foi planejado em 1993 e implantado pela Portaria n. 1.787, de 26 de dezembro de 1994. É aplicado com o apoio do MRE, no Brasil, com 48 postos aplicadores, e no exterior, com 77 postos espalhados pelos continentes americano, africano, europeu e asiático (Mendes, 2019).

A autora considera que o exame é um exemplo de política linguística bem-sucedida, pois impacta muitos contextos: o ensino-aprendizagem de PLE, a formação de professores, a estruturação de currículos, a elaboração de material didático. Resultam também do sucesso do exame diversas mudanças teórico-metodológicas em instituições, que precisaram se atualizar nas práticas de ensino e na formação de professores. O exame se orienta por uma visão de língua em uso, por interações contextualizadas que consideram a relação da língua com a cultura e com a sua história.

Se o Celpe-Bras é um exemplo de política linguística e é bem-sucedido, convém levantar uma reflexão sobre políticas linguísticas para concluir nosso texto, pois elas podem determinar o futuro da língua.

(6.6) Políticas linguísticas

Para iniciarmos nossa conversa sobre o futuro da língua portuguesa, apresentaremos as reflexões de Mateus (2008) sobre os diversos papéis que o português representou ao longo da história e, depois, as reflexões de Oliveira (2016) sobre três visões de língua como perspectivas para políticas linguísticas. Em seguida, abordaremos políticas linguísticas para a internacionalização da língua portuguesa, considerando as ideias de Mendes (2019) e, na sequência, as de Oliveira (2013).

Examinando os momentos mais importantes da história do português, Mateus (2008) avaliou a característica da língua em cada período. Listamos aqui cada um desses períodos relacionados ao conceito de língua definido pela autora:

- Viagens marítimas e descobertas do mundo – **língua de prestígio**.
- Português adaptado às diferentes culturas – **língua de expansão**.
- Imposição do português nas colônias – **língua de subjugação cultural**.
- Independência dos países da África – **língua de unidade nacional**.
- Luta pela autonomia cultural e, também, nacional – **língua de afirmação**.

Segundo Mateus (2008), neste princípio de século XXI, as línguas devem ser instrumento de luta nessa relação de forças de agregação e desagregação, na busca por afirmação identitária e cultural. Conclui a autora que o português, como um repositório de memórias, reconhecido como patrimônio dos povos que o falam, configura-se hoje como uma **língua de tradição**.

Já com foco no cenário brasileiro, na análise do contexto para os desafios da construção de políticas linguísticas, Oliveira (2016) afirma que políticas públicas são um fazer permanente das organizações, das corporações, das instituições e são sempre adaptadas a sua época. Focalizando o momento histórico atual do Brasil, o autor busca amparo nas perspectivas apresentadas por Richard Ruiz (1984) para entender o funcionamento das políticas linguísticas: a língua como problema, a língua como direito e a língua como recurso. Para exemplificar essas três orientações, Oliveira (2016) explora também a história por exemplos característicos de cada perspectiva:

- **Língua como problema** – a campanha de nacionalização do ensino no Estado Novo.
- **Língua como direito** – a Constituição de 1988 reconhece e inclui a temática indígena.
- **Língua como recurso** – a criação do IILP para promover a língua no exterior.

Outro exemplo dado por Oliveira (2016, p. 397) de língua como recurso, na era digital, é a gramática, que deixa de se orientar para "um usuário humano, que a consulta quando tem alguma dúvida, para se orientar a um usuário máquina, que intervém já na escrita de um texto".

Já a noção de direito linguístico se modifica pela noção de recurso quando entra em jogo a língua como veículo de inclusão digital para evitar as desigualdades. Para isso, as políticas linguísticas da próxima década, segundo o autor, devem se pautar pela noção de língua como recurso, "na gestão do multilinguismo e na criação de soluções plurilíngues onde antes se propunham soluções monolíngues" (Oliveira, 2016, p. 398).

Em outro texto, esse mesmo autor apresenta duas experiências de multilinguismo no mundo digital, a Google e a Wikipédia, que funcionam em muitas línguas (Oliveira, 2013). A produção em uma única língua, afirma o autor, já não atendia aos novos mercados. Nesse contexto, a questão da língua passa a ser prioridade de muitas nações, que se apressam em elaborar programas com base nos próprios delineamentos em lugar de trazer soluções externas. Para Oliveira (2013), a língua portuguesa tem um grande potencial para a internacionalização, pois é das línguas de maior crescimento e está entre as primeiras com maior número de usuários da internet.

Sua preocupação, contudo, está em uma **normatização divergente**, fruto das relações políticas entre Brasil e Portugal após a independência e, principalmente, depois da proclamação da República brasileira. O autor aponta essa divergência pela existência de duas Academias, duas ortografias, dois Vocabulários Ortográficos, duas políticas de certificação de proficiência, o Celpe-Bras brasileiro e o Caple português. Ainda, essas duas normas desenvolveram terminologias técnicas e científicas diferentes e, na internet, têm dois buscadores da Google, dois corretores, dois tradutores, dois sintetizadores de voz.

Enfim, Oliveira (2013, p. 422-423) explica que a consequência é que "os novos instrumentos do letramento digital que surgem a grande velocidade nascem já cindidos em dois, o que [...] restringe a importância veicular da língua no mundo". O autor, então, levanta a hipótese de que essa normatização divergente, à medida que as línguas vão se tornando mais centrais no processo econômico centralizado, se torna cada vez mais disfuncional.

Oliveira (2013, p. 424) defende, assim, que há uma pressão para uma **normatização convergente** resultante de transformações em vários campos, entre os quais estão, resumidamente:

- a presença da língua na internet – a existência de duas normas estanques aumenta o investimento;
- a constituição crescente de diásporas internas à CPLP – brasileiros em Portugal e em Angola; portugueses no Brasil, em Angola e em Moçambique; cabo-verdianos em Portugal e no Brasil;

- intercâmbios de produtos culturais, orais e escritos – um cidadão cabo-verdiano, por exemplo, pode ver na TV aberta a norma de Portugal e do Brasil, além de sua própria variedade regional, além da infinidade de material propiciado pela internet em língua portuguesa.

Mendes (2019), por sua vez, faz uma extensa análise sobre a promoção e a difusão do português no mundo, em especial quanto aos problemas e desafios enfrentados na implementação das políticas desenvolvidas. A autora apresenta um longo relato de ações governamentais, por meio de diferentes órgãos, direcionadas a: divulgar a língua e a cultura no exterior; desenvolver ações com a CPLP e o IILP em projetos multilaterais; promover eventos para realizar discussões sobre a língua no âmbito da CPLP; gerenciar ações diplomáticas do Brasil para a promoção da cultura brasileira e da língua falada no Brasil por intermédio da Rede Brasil de Cultura com representações nos cinco continentes.

Algumas iniciativas promissoras apontadas por Mendes (2019) são projetos para a gestão comum da língua portuguesa desenvolvidos pelo IILP, sob a organização econômica e política da CPLP. Os projetos do Vocabulário Ortográfico Comum da Língua Portuguesa (VOC)[b] e do Portal do Professor de Português Língua Estrangeira/Língua Não Materna (PPPLE)[c] estão em funcionamento com a participação de: Brasil, Cabo Verde, Moçambique, Portugal e Timor-Leste, no VOC; Angola, Brasil, Cabo Verde, Moçambique, Portugal e Timor-Leste,

---

b. O VOC é um banco de dados lexical eletrônico aberto, livre e acessível pela internet, que tem como objetivo implementar a reforma ortográfica em curso e oferecer uma base lexical comum de diversos recursos linguísticos, como as terminologias técnicas e científicas. O projeto VOC deve ampliar a participação dos países de língua oficial portuguesa na gestão da língua (Oliveira, 2013; Mendes, 2019).

c. O PPPLE é uma plataforma *on-line* que visa oferecer materiais e recursos para o ensino e a aprendizagem da língua portuguesa como língua estrangeira/segunda língua nas oito variedades linguísticas nacionais dos países de língua oficial portuguesa (Mendes, 2019).

no PPPLE. Mendes (2019) tece uma crítica em relação ao comportamento de isolamento do Brasil, embora presente e atuante nos dois projetos.

Apesar de muitas ações desenvolvidas, Mendes (2019, p. 55) lastima-se de certa "descontinuidade que predomina no cenário da política linguística brasileira, caracterizada, por um lado, por uma movimentação quase frenética em alguns períodos e, por outro, pelo total imobilismo". A autora conclui seu texto propondo algumas ações para que o Brasil saia do imobilismo e assuma seu lugar de protagonista na promoção da língua e da cultura brasileiras, tal como propôs Faraco (2012) em relação à lusofonia.

A proposta de Mendes (2019, p. 60-61) inclui as seguintes ações:

a. *O planejamento e o reforço de políticas linguísticas voltadas para a promoção do português no espaço da América do Sul, do Caribe, da África e da Ásia [...].*

b. *A participação mais ativa e cooperativa nas políticas multilaterais [...] no âmbito do Instituto Internacional da Língua Portuguesa (IILP) e, consequentemente, da CPLP.*

c. *O desenvolvimento de currículos referenciais [...] de ensino de PLE-PL2 [...].*

d. *A criação de programas específicos para a formação e o aperfeiçoamento de professores de PLE-PL2 no Brasil e no exterior, com uma política clara de atendimento e avaliação dos profissionais que atuam na Rede Brasil Cultural [...].*

e. *O desenvolvimento de uma política para a expansão do Celpe-Bras como mecanismo importante de política linguística e de promoção da língua e da cultura brasileiras [...].*

f. *A criação de uma política linguística voltada para o incremento das relações do Brasil e suas instituições de ensino superior com instituições de ensino e de pesquisa em outros países [...].*

Oliveira (2013) também menciona o projeto VOC como uma expressão de normatização convergente do português e qualifica a língua portuguesa como um veículo para acolher a internacionalização das instituições dos países de língua portuguesa. Esse autor igualmente conclui com uma proposta, com quatro frentes linguísticas para a internacionalização das instituições brasileiras, a saber (Oliveira, 2013, p. 429-430, grifo do original):

1. *Aumentar o potencial de* **internacionalização da e via língua portuguesa** *[...]*;

2. *Aprofundar a* **aliança estratégica entre o português e o espanhol**, *língua de 21 países em três continentes [...]*;

3. *Melhorar a* **interatividade em inglês**, *para conexão com produção científica e tecnológica e para tradução da pesquisa científica produzida em português para aquela língua de modo a, também, tornar a produção dos PLP (países de língua portuguesa) disponível a um mercado linguístico maior [...]*;

4. *Conhecer e* **otimizar os recursos linguísticos brasileiros**, *instrumentalizando as 38 línguas de imigração faladas no Brasil [...]*.

Oliveira (2013) considera que, nos diversos âmbitos de uso nesta era tecnológica por que estamos passando, uma **língua comum** é cada vez mais útil, mas não pode ser constituída pela imposição de uma forma central ou única; ela precisa ser uma língua policêntrica, e sua gestão deve ser conjunta e coordenada para que o português se torne uma língua propícia ao estabelecimento das relações econômicas e culturais em um contexto globalizado.

Será que temos aí um impasse? Ao longo do texto, demos um tom de identidade ao PB, que o torna especial, diferente do PE, denunciamos a polarização linguística como reconhecimento de nossa clivagem social, manifestamos nossa indignação com uma norma padronizadora que não reflete o uso real da língua no Brasil, inclusive no âmbito dos usos cultos. Se condenamos a padronização, como pensar em uma normatização convergente?

Ponderando sobre os conceitos de língua com que iniciamos esta seção, em especial a língua como afirmação, de Mateus (2008), e a língua como recurso, de Oliveira (2016), entendemos que seja viável o desenvolvimento de políticas conjuntas para a internacionalização da língua portuguesa voltada à afirmação daqueles países que saíram recentemente de estados lamentáveis de guerra, mas que já apresentam considerável crescimento econômico e, também, como recurso a ser empregado por todos os países para a interatividade em nível acadêmico, científico e comercial. Nesse sentido, a normatização convergente de uma base lexical que facilite essa interatividade é fundamental. Mas, de todo modo, como afirma Oliveira (2013), é preciso considerar o multilinguismo e a diversidade cultural de todos os países de língua portuguesa.

Síntese

Este capítulo teve um direcionamento para o futuro da língua, porém foi preciso analisar, primeiro, o presente. Iniciamos com uma discussão sobre linguagem inclusiva, enfocando os debates sobre linguagem politicamente correta e linguagem neutra. O debate sobre o politicamente correto no uso da linguagem, incluindo aí a linguagem neutra, não é uma exclusividade da língua portuguesa ou dos brasileiros. Vimos exemplos desse tema em outras línguas.

Na sequência, a polêmica sobre o preconceito em relação ao português brasileiro em Portugal introduziu o debate sobre lusofonia, questão polêmica que tem gerado tanto ações bastante positivas, como as estratégias de cooperação entre os países de língua portuguesa, quanto sentimentos negativos, como o da manutenção da colonialidade.

Tratamos, na sequência, do ensino de português para falantes de outras línguas e do exame Celpe-Bras como importante exemplo de política linguística positiva para a língua portuguesa do Brasil. Concluímos o capítulo e o livro com o tema das políticas linguísticas, refletindo sobre o potencial da língua portuguesa para a internacionalização.

Atividades de autoavaliação

1. Na seção em que abordamos a linguagem politicamente correta, apresentamos análises de autores sobre o tema. Tendo isso em vista, examine as afirmações a seguir sobre visões de linguagem e preconceito.

   I) Possenti e Baronas (2006) entendem que o preconceito não está nas palavras usadas, pois não há ligação direta entre as palavras e a conotação pejorativa que a elas se imputa. Os sentidos são decorrentes do discurso a que as palavras pertencem.

   II) Para Fiorin (2008), é um erro direcionar o preconceito à palavra por sua etimologia. O sentido original se perde ao longo da história.

   III) Morato e Bentes (2017) afirmam que, para combater o preconceito no uso da linguagem, é preciso entender que a língua não é apenas um signo, mas, sobretudo, ação, prática e cognição social.

   IV) Segundo Ramos (2017), o problema da linguagem politicamente correta está no cerceamento da expressão daqueles que sofrem o preconceito. Ou essas pessoas não frequentam as esferas dos debates, ou não têm voz.

   Agora, assinale a alternativa correta:

   a) Apenas a afirmação I está correta.
   b) As afirmações II e III estão erradas.
   c) Todas as afirmações estão corretas.
   d) A afirmação IV é a única que está correta.
   e) As afirmações II, III e IV estão corretas.

2. Indique se as afirmações a seguir são verdadeiras (V) ou falsas (F) em relação à linguagem neutra:

   ( ) Em inglês o pronome *they*, assim como suas formas flexionadas, é também usado como gênero neutro.

( ) No sueco, foi criada a forma *hen* para servir como alternativa neutra ao pronome masculino *han* e ao pronome feminino *hon*, mas não houve repercussão alguma.

( ) Schwindt (2020) considera que uma mudança deliberada no sistema morfológico é impossível.

( ) Tanto o termo *presidenta* como a adoção concomitante de formas femininas e masculinas, como *alunas e alunos*, seriam mais bem classificados como *uso neutro de gênero* em vez de *uso de gênero neutro* (Schwindt, 2020).

Agora, assinale a alternativa que corresponde à sequência obtida:

a) F, V, F, V.
b) V, F, F, F.
c) V, F, V, F.
d) V, F, F, V.
e) F, V, V, F.

3. Podemos considerar que está no imaginário dos portugueses a preocupação com o "brasileiro" pelas notícias que, por vezes, aparecem nos jornais, como o caso dos pais preocupados com a linguagem de seus filhos ou o da professora que deu uma nota mais baixa para a brasileira que não usou o português europeu em seu trabalho acadêmico. Identifique a afirmativa que **não** corresponde a esse imaginário, segundo os trabalhos de Behling (2020) e de Minga (2019):

a) Os portugueses têm como tradição conceber o português europeu como uma língua perfeita.

b) O brasileiro é um transgressor dessa língua e por isso é rejeitado, ao mesmo tempo que transgride por ser rejeitado.

c) Existe uma forte carga ideológica na visão do português que posiciona os povos colonizados como o "Outro".

d) Para os portugueses, a colonização foi branda e eles sempre foram um povo pacífico.

e) Os portugueses têm um grande orgulho de sua língua e o justificam pela hegemonia do português europeu no ensino como uma língua estrangeira na Europa.

4. O termo *lusofonia* remete a muita controvérsia, podendo ter conotações positivas ou negativas. Analise os comentários sobre lusofonia apresentados por diferentes autores e avalie se são positivos (P), negativos (N) ou indiferentes (I):

( ) O termo *lusofonia* indica os espaços ocupados pelos falantes de língua oficial portuguesa, a partir de uma identidade transcultural e transnacional desses falantes.

( ) O uso do termo *lusofonia* está relacionado à intenção de retirar de Portugal a culpa pela colonização.

( ) O interesse de Portugal na lusofonia está no pressuposto de inferioridade dos antigos povos colonizados.

( ) O termo *lusofonia* se refere aos falantes de português ao redor do mundo.

( ) O termo *lusofonia* se refere a projetos geopolíticos estratégicos nem sempre convergentes, muitas vezes até concorrentes.

( ) O termo *lusofonia* faz esconder o multilinguismo e a multiculturalidade existentes nos países da África.

( ) As funções sociais desempenhadas pela língua portuguesa nos países da África são de grande relevância.

Agora, assinale a alternativa que corresponde à sequência obtida:

a) P, P, I, I, N, N, P.

b) P, N, I, I, N, N, P.

c) N, N, I, I, N, N, P.

d) P, N, N, I, N, N, P.

e) I, P, I, P, N, N, P.

5. Indique se as afirmações a seguir são verdadeiras (V) ou falsas (F) em relação ao português para falantes de outras línguas:

( ) Alguns teóricos consideram diferentes os contextos de ensino de PLE e PL2. O ensino de PLE seria o ambiente natural imitando a aquisição de língua materna, enquanto o ensino como uma segunda língua aconteceria em ambiente de sala de aula.

( ) O termo designado pela sigla PLNM foi cunhado no Brasil, mas tornou-se popular em Portugal.

( ) O termo designado pela sigla PLA se refere à língua que se acrescenta ao repertório linguístico da pessoa.

( ) Filhos de brasileiros no exterior aprendem o português como língua de herança, assim como japoneses e italianos aprendem as línguas de seus ancestrais aqui no Brasil.

( ) O Celpe-Bras é um exame aplicado apenas fora do Brasil aos estrangeiros que querem trabalhar ou estudar no Brasil.

Agora, assinale a alternativa que corresponde à sequência obtida:

a) V, V, F, V, V.

b) F, F, V, V, F.

c) V, F, F, F, V.

d) V, V, F, V, F.

e) F, F, V, F, F.

Atividades de aprendizagem

Questões para reflexão

1. Assista a alguns vídeos na internet sobre a linguagem neutra. Procure assistir a falas com posicionamentos diferentes e faça sua própria lista de prós e contras em relação a esse tipo de linguagem. Depois, responda à seguinte questão:

É possível que a língua venha a sofrer uma mudança para a adoção de uma linguagem neutra? Apresente razões para seu posicionamento.

2. Faça uma pesquisa sobre os termos *anglófono, francófono* e *hispanófono*. Analise como são considerados nos países em que o inglês, o francês e o espanhol são falados. Faça, então, uma lista de semelhanças e diferenças entre esses termos e o termo *lusófono*.

Atividade aplicada: prática

1. Pesquise na internet provas aplicadas ou atividades desenvolvidas para o exame Celpe-Bras. Escolha um texto sobre um tema atual e crie uma atividade com base no texto selecionado usando a metodologia adotada nesse exame.

Considerações finais

Na escrita desta obra, não tivemos a pretensão de nos aprofundar na análise de nenhuma das questões abordadas. O objetivo foi oferecer uma amplitude de temas relacionados com a história da língua portuguesa – fatos históricos, formação, variação e mudança das estruturas linguísticas, políticas linguísticas envolvendo os países em que o português é língua oficial. Entendemos que esses temas são importantíssimos para o professor e a professora de língua portuguesa, mas também interessam a acadêmicos em geral e a profissionais que lidam com a língua, como docentes de outras disciplinas, pedagogos, tradutores e jornalistas.

Para discutir a formação da língua portuguesa, apresentamos os fatos históricos que abrangem desde a chegada dos romanos à Península Ibérica até a expansão da língua para outros continentes a partir das aventuras marítimas dos portugueses. Essa expansão conduziu a língua a contatos com as línguas dos povos autóctones que povoavam o território brasileiro e com as línguas dos milhões de escravizados que vieram da África. Os contatos também aconteceram com as dezenas de línguas europeias e asiáticas dos imigrantes que para cá vieram após a abolição da escravatura. Examinamos os fatos históricos e sociais, analisamos as questões estruturais e lexicais, abordamos o multilinguismo que imprimiu características especiais em nosso português, o português brasileiro.

Tratamos, ainda, da discussão sobre o nome da língua entre os defensores de uma língua brasileira e os puristas que defenderam a manutenção do nome *língua portuguesa* e uma norma equivalente à europeia. Destacamos a tese do conservadorismo, que caracteriza o português europeu como mais inovador que o português brasileiro. Também mencionamos as polêmicas dos projetos de reforma ortográfica, sempre entre conservadores e defensores de uma mudança mais radical no sistema ortográfico.

Na sequência, trouxemos à discussão outro tema polêmico: as teses de crioulização e de transmissão linguística irregular em contraste com a tese da deriva secular. As primeiras defendem que questões linguísticas que diferenciam o português popular do português culto no Brasil procedem do contato dos portugueses com africanos e indígenas no período da colonização. Os defensores da deriva secular sustentam que essas características morfológicas e sintáticas do português popular não passam de heranças do português clássico e, ainda, da língua românica.

Discutimos também a problemática da norma culta, ou da "norma curta"/"norma oculta", conforme a visão dos professores Carlos Alberto Faraco e Marcos Bagno, respectivamente. Tão importante quanto tratar de norma foi tratar de variação, dos fatos linguísticos e não linguísticos que configuram a riqueza e a diversidade da língua nos diversos contextos de interação. Norma e variação são temas da maior relevância para o ensino de língua. Todo profissional da educação deve ter a consciência de que não existe apenas aquela língua dos livros de gramática – há várias normas e todas são legítimas. Essa consciência é importantíssima para acabar com o preconceito linguístico, muito frequente em nossa sociedade, infelizmente.

Por fim, analisamos questões mais recentes em nosso percurso histórico: a linguagem politicamente correta, a linguagem neutra e o português brasileiro no exterior. Os dois primeiros temas não são exclusivos da língua portuguesa, uma vez que em vários países e em várias línguas se discute sobre machismo, racismo e ideologias de segregação pelo uso da língua. O português no exterior foi tratado com um viés negativo e um viés positivo. Abordamos a polêmica do preconceito em relação ao português brasileiro em Portugal e, nessa direção, tratamos de lusofonia. Do lado positivo, enfocamos o ensino de português para falantes de outras línguas e o exame Celpe-Bras, um bom exemplo de política linguística.

No texto de apresentação desta obra, falamos da língua como um superpoder. Agora, concluídos os capítulos, podemos dizer que, para nós, falantes, esse superpoder pode se apresentar em diversas facetas, ligadas à dominação e à subserviência. Como afirmamos no início, a história da língua pode nos alegrar e pode nos deprimir. No final, vimos que, em políticas linguísticas, a língua pode se caracterizar como problema, como direito e como recurso. A língua já foi problema muitas vezes, por meio de políticas desastradas de dominação, mas também foi capaz de atribuir direitos, desfazendo injustiças passadas. Hoje, ela pode ser um recurso inestimável para a inclusão digital, para a aproximação dos povos. Esperamos que ela também possa ser um importante instrumento de afirmação para que seja desconstruída toda forma de preconceito linguístico, para que um dia se desfaçam a polarização linguística no Brasil e qualquer outro tipo de dominação linguística no mundo.

Embora o objetivo desta obra tenha sido oferecer um panorama da língua portuguesa desde a sua formação até o seu estado na atualidade, muitas questões importantes podem ter ficado de fora, especialmente em relação a políticas linguísticas e ao ensino de português para falantes de outras línguas, dada a movimentação de povos pelos novos fluxos migratórios. A intenção, no entanto, foi apresentar a abrangência dos temas e, com as indicações de leitura na bibliografia comentada, apontar um caminho de aprofundamento. O caminho da abrangência pode conter o perigo da superficialidade, porém buscamos desviar desse risco destacando os principais fenômenos de variação e mudança da língua portuguesa e, sempre que possível, os fatos sociais que geraram esses fenômenos.

Para muitos dos leitores e leitoras deste livro, talvez este seja um começo! Se, de fato, este for o seu caso, esperamos que, por meio desta leitura, você tenha uma nova relação com a língua portuguesa. Esperamos sinceramente que os objetivos tenham sido alcançados, que as informações tenham sido úteis, que o texto tenha propiciado algum entretenimento, mas, principalmente, que os temas tenham tocado você e estimulado sua reflexão!

Glossárioᵃ

Abaixamento de vogais: fenômeno fonológico que se constitui na descida da língua na produção de uma vogal.

Alçamento de vogais: fenômeno de elevação da língua na articulação de uma vogal, oposto ao abaixamento.

a. Todas as definições dos termos deste glossário foram elaboradas com base em Cristófaro Silva (2011) e Crystal (2008), exceto as definições de multilinguismo e plurilinguismo, cujas fontes estão indicadas nos próprios verbetes.

Alofone: variação de uma unidade linguística – o fonema – que não afeta a identidade funcional dessa unidade. Constituindo-se como cada variante de um fonema, o alofone se caracteriza por não resultar em diferença de significado, como no caso de [t] e [tʃ] no português.

Alofonia: quando alofones se apresentam com equivalência funcional com um fonema, diz-se que estão em alofonia. Por exemplo, na realização de "r" em final de sílaba no português, nas diversas regiões do Brasil, acontece o fenômeno de alofonia.

Aproximante: na classificação dos sons da fala com base na articulação, termo geral que se refere à aproximação dos articuladores ativo e passivo sem a produção de obstrução total ou parcial. Por se comportarem como consoantes na estrutura silábica, as aproximantes são classificadas como segmentos consonantais.

Arquifonema: termo usado para indicar neutralização de dois ou mais fonemas em determinado contexto. Os fonemas /s/, /z/, /ʃ/ e /ʒ/, por exemplo, ocorrem no português, mas a distinção entre eles se neutraliza quando na posição de coda silábica.

Crioulo: termo empregado em referência a um *pidgin* que se tornou língua materna. O processo de crioulização expande e torna mais complexa a estrutura da língua *pidgin*.

Deriva: na linguística histórica, termo que se refere à origem ou ao desenvolvimento histórico de uma língua ou forma linguística. As mudanças são compreendidas como resultado de um estado anterior da língua ou da forma.

Descrioulização: um processo de descrioulização acontece quando uma língua padrão exerce influência sobre uma língua crioula.

Distribuição complementar: diz-se que os alofones estão em distribuição complementar quando se apresentam em ambiente exclusivo. Por exemplo, /t/ + /i/ = [tʃ], mas /t/ + qualquer outra vogal = [t].

Epêntese: fenômeno de inserção de um som vocálico ou consonantal, por exemplo, para desfazer um encontro consonantal, como em *pneu*, pronunciado [pe'neʊ].

Fonema: unidade mínima no sistema sonoro da língua que se distingue funcionalmente de outras unidades sonoras. São fonemas as unidades que resultam em diferenças de significado, como /t/ e /d/.

Glide [glaɪd]: termo usado na fonética para fazer referência a um movimento de transição na articulação. É um segmento com características articulatórias de uma vogal, mas que nunca ocupa núcleo silábico; por isso, pode ser chamado de *vogal assilábica*. Esse termo está em sinonímia com *semivogal* e *semiconsoante*.

Heterossilábico: encontro de segmentos adjacentes que pertencem a sílabas diferentes. No português, os encontros consonantais em palavras como *mesmo* e *porco* são heterossilábicos – *mes-mo, por-co*. Esse termo se opõe a *tautossilábico*, que se refere a um encontro de segmentos em uma mesma sílaba. Os encontros consonantais nas palavras *branco* e *clube* são tautossilábicos – *bran-co, clu-be*.

Homorgânico: termo usado em referência aos sons produzidos no mesmo ponto de articulação, como [p], [b] e [m].

Língua franca: expressão empregada para designar uma língua de contato usada para a comunicação entre falantes de línguas diferentes.

Língua lexicadora: língua que exerce a maior influência na composição do léxico quando ocorre a emergência de um *pidgin* ou crioulo.

Líquida: termo que se refere a uma consoante classificada como lateral ou rótica, ou os sons de "l" e "r". Na acústica, as consoantes líquidas se parecem com as vogais adjacentes.

Multilinguismo: "o conhecimento de um certo número de línguas ou a convivência de muitas línguas em uma sociedade" (Altenhofen; Broch, 2011, citadas por Ponso, 2018, p. 21).

Nativização: processo de transformação de um *pidgin* em uma língua crioula quando da aquisição da língua materna das crianças que nascem na situação de contato.

Nível subjacente: na fonologia, nível que representa o conhecimento linguístico do falante, no domínio da competência.

Nível superficial: representação fonética, a forma final a ser pronunciada; situa-se no domínio do desempenho.

Obstruinte: termo que abrange as classes das fricativas, das africadas e das oclusivas, por envolver constrição que impede a passagem de ar, total ou parcialmente.

Pidgin: língua de estrutura gramatical e lexical simplificada que se forma para a interação, com base em duas outras línguas ininteligíveis. Quando há um processo de redução dos léxicos e das estruturas gramaticais de línguas para facilitar a comunicação entre comunidades de fala, dizemos que há pidginização e, quando um *pidgin* se torna língua nativa de crianças que nascem nessas comunidades de fala, torna-se uma língua crioula.

Plurilinguismo: "desenvolvimento ativo do repertório linguístico pelo desejo e pelo esforço dos falantes individualmente" (Altenhofen; Broch, 2011, citadas por Ponso, 2018, p. 21). Indica tolerância à diversidade linguística.

Rótico: associados ao som da letra "r", os róticos têm características heterogêneas, podendo essa consoante apresentar-se como tepe, vibrante, fricativa ou retroflexa.

Semicrioulo: língua que tem características similares às das línguas crioulas, mas que não passou por processos identificáveis como crioulo.

Semivogal/semiconsoante: vogal assilábica. Esse tipo de segmento apresenta características de vogal – é articulado como vogal – e características de consoante – na sílaba, ocupa a posição de consoante – em ataque ou coda, nunca no núcleo. Podemos dizer que semivogais/semiconsoantes, foneticamente, são vogais e, fonologicamente, são consoantes.

Substrato: termo usado na sociolinguística e na linguística histórica para indicar uma variedade linguística que influencia a estrutura ou o uso de outra variedade ou de outra língua dominante.

Superstrato: termo usado na sociolinguística e na linguística histórica para indicar uma variedade linguística que influencia a estrutura ou o uso de outra variedade ou de outra língua menos dominante.

Variação livre: variação das formas em um mesmo ambiente, como no caso das diferentes pronúncias do "r" na palavra *mar*.

Yod: décima letra do alfabeto hebraico. Teyssier (1997) usa esse termo para se referir ao glide ou à consoante [y].

Referências

ABAURRE, M. B. Monotongações e ditongações. In: CASTILHO, A. T. (Coord.). **História do português brasileiro**: mudança fônica do português brasileiro. São Paulo: Contexto, 2019. p. 78-107.

ABAURRE, M. B.; GALVES, C. As diferenças rítmicas entre o português europeu e o português brasileiro: uma abordagem otimalista e minimalista. **Delta**, v. 14, n. 2, p. 377-403, 1998.

ABREU, M. Y.; AGUILERA, V. A. A influência da língua árabe no português brasileiro: a contribuição dos escravos africanos e da imigração libanesa. **Entretextos**, Londrina, v. 10, n. 2, p. 5-29, jul./dez. 2010.

AGÊNCIA O GLOBO. Governo proíbe uso de linguagem neutra em projetos da Lei Rouanet. **Exame**, 28 out. 2021. Disponível em: <https://exame.com/brasil/governo-proibe-uso-de-linguagem-neutra-em-projetos-da-lei-rouanet/>. Acesso em: 15 ago. 2022.

ALKMIN, T.; PETTER, M. Palavras da África no Brasil de ontem e de hoje. In: FIORIN, J. L.; PETTER, M. (Org.). África no Brasil: a formação da língua portuguesa. 2. ed. São Paulo: Contexto, 2020. p. 145-178.

ALVES, I. M. A integração dos neologismos por empréstimo ao léxico português. Alfa, São Paulo, n. 28, p. 119-126, 1984.

ALVES, I. M.; MARANEZE, B. O. Italianismos na língua portuguesa contemporânea. Revista de Italianística, n. 9, p. 29-36, 2004.

ANDRADE, C. D. Alguma poesia. São Paulo: Companhia das Letras, 2013.

ANNUARIO Politico, Historico e Estatistico do Brazil. Rio de Janeiro: Casa de Firmin Didot Irmãos, 1847.

ANTONIO, B. M.; ARAÚJO, J. R. de C. A diáspora coreana: o caso brasileiro. Confins, n. 39, 2019. Disponível em: <https://journals.openedition.org/confins/18851>. Acesso em: 30 jul. 2022.

ASSIS, L. M. O comportamento dos demonstrativos *este* e *esse* nas entrevistas do *Varsul* e da *Isto É*. Dissertação (Mestrado em Linguística) – Centro de Comunicação e Expressão, Universidade Federal de Santa Catarina, 2010.

AVELAR, J.; GALVES, C. O papel das línguas africanas na emergência da gramática do português brasileiro. Lingüística, Montevideo, v. 30, n. 2, p. 241-288, p. 2014.

BAENINGER, R.; MESQUITA, R. B. Integração regional e fronteiras: desafios para a governança das migrações internacionais na América Latina. Revista Transporte y Territorio, n. 15, p. 146-163, 2015.

BAGNO, M. A língua de Eulália: uma novela sociolinguística. 12. ed. São Paulo: Contexto, 2003.

BAGNO, M. Norma linguística, hibridismo & tradução. Traduzires, v. 1, n. 1, p. 19-32, 2012.

BAGNO, M. Português ou brasileiro? Um convite à pesquisa. São Paulo: Parábola Editorial, 2001.

BARBEIRO, E. P.; ISQUERDO, A. N. O Atlas Linguístico do Brasil e a descrição da norma lexical regional: contribuições no campo das brincadeiras infantis. In: AGUILERA, V. A.; ALTINO, F. C.; ISQUERDO, A. N. (Org). Atlas Linguístico do Brasil: descrevendo a língua, formando jovens pesquisadores... Londrina: Biblioteca Central da Universidade Estadual de Londrina, 2009. p. 108-117.

BARBOSA, P. A. Do grau de não perifericidade da vogal /a/ pós-tônica final. Revista Diadorim, Rio de Janeiro, v. 12, p. 91-107, 2012.

BASSO, R. M.; GONÇALVES, R. T. História concisa da língua portuguesa. Petrópolis: Vozes, 2014.

BAXTER, A. A concordância de número. In: LUCCHESI, D.; BAXTER, A.; RIBEIRO, I. (Org.). O português afro-brasileiro. Salvador: EDUFBA, 2009. p. 269-294.

BAXTER, A.; LOPES, N. O artigo definido. In: LUCCHESI, D.; BAXTER, A.; RIBEIRO, I. (Org.). O português afro-brasileiro. Salvador: EDUFBA, 2009. p. 101-124.

BAXTER, A.; LUCCHESI, D. A relevância dos processos de pidginização e crioulização na formação da língua portuguesa no Brasil. Estudos Linguísticos e Literários, Salvador, n. 19, p. 65-83, 1997.

BECHARA, E. Estudo da língua portuguesa: textos de apoio. Brasília: Fundação Alexandre de Gusmão, 2010a.

BECHARA, E. Da latinidade à lusofonia. In: BECHARA, E. Estudo da língua portuguesa: textos de apoio. Brasília: Fundação Alexandre de Gusmão, 2010b. p. 24-44.

BEHLING, J. O "brasileiro" como língua de afirmação em Portugal. Revista Prolíngua, v. 15, n. 1, p. 67-81, 2020.

BOLOGNINI, C. Z.; PAYER, M. O. Línguas de imigrantes. **Ciência e Cultura**, v. 57, n. 2, p. 42-46, 2005. Disponível em: <http://cienciaecultura.bvs.br/pdf/cic/v57n2/a20 v57n2.pdf>. Acesso em: 30 jul. 2022.

BONVINI, E. Línguas africanas e português falado no Brasil. In: FIORIN, J. L.; PETTER, M. (Org.) **África no Brasil**: a formação da língua portuguesa. 2. ed. São Paulo: Contexto, 2020a. p. 15-62.

BONVINI, E. Os vocábulos de origem africana na constituição do português falado no Brasil. In: FIORIN, J. L.; PETTER, M. (Org.) **África no Brasil**: a formação da língua portuguesa. 2. ed. São Paulo: Contexto, 2020b. p. 101-144.

BORBA, L. R. **Língua e mestiçagem**: uma leitura das reflexões linguísticas de Gilberto Freyre. Tese (Doutorado em Linguística) – Universidade Estadual de Campinas. Campinas, 2006.

BORTONI-RICARDO, S. M. **Manual de sociolinguística**. São Paulo: Contexto, 2014.

BRANDÃO-SILVA, F.; MÓDOLO, M. Português brasileiro e tiririca: duas pragas a serem combatidas? **Jornal da USP**, 15 dez. 2021. Disponível em <https://jornal. usp.br/artigos/portugues-brasileiro-e-tiri rica-duas-pragas-a-serem-combatidas/>. Acesso em: 29 ago. 2022.

BRASIL. Lei n. 5.765, de 18 de dezembro de 1971. **Diário Oficial da União**, Poder Legislativo, Brasília, DF, 20 dez. 1971. Disponível em: <https://legis.senado.leg.br/ norma/547641>. Acesso em: 15 ago. 2022.

BULLA, G. S.; KUHN, T. Z. ReVEL na escola: português como língua adicional no Brasil – perfis e contextos implicados. **ReVEL**, v. 18, n. 35, p. 1-28, 2020. Disponível em: <http://www.revel.inf.br/files/ d0e7e22f8c5191e1009a4ca3dc37df2e.pdf>. Acesso em: 10 ago. 2022.

CAMACHO, R. G. Sociolinguística. Parte II. In: MUSSALIN, F.; BENTES, A. C. **Introdução à linguística**: domínios e fronteiras. 3. ed. São Paulo: Cortez, 2003. p. 49-75.

CAMARA JR., J. M. **Estrutura da língua portuguesa**. 35. ed. Petrópolis: Vozes, 2002.

CAMARA JR., J. M. **Para o estudo da fonêmica portuguesa**. Petrópolis: Vozes, 2008.

CAMÕES, L. V. de. **Os Lusíadas**. 4. ed. Lisboa: Instituto Camões, 2000.

CARDEIRA, E. **O essencial sobre a história do português**. Lisboa: Caminho, 2006.

CARVALHO, C. A. Moisés de Lemos Martins: "português é uma língua não só de comunicação, mas também de culturas, pensamento e conhecimento". **MATRIZes**, São Paulo, v. 13, n. 1, p. 93-106, 2019.

CARVALHO, F.; ISQUERDO, A. N. Designações para *cambalhota* em capitais brasileiras das regiões Norte, Centro-Oeste, Sul e Sudeste. In: AGUILERA, V. A.; ALTINO, F. C.; ISQUERDO, A. N. (Org.). **Atlas Linguístico do Brasil**: descrevendo a língua, formando jovens pesquisadores... Londrina: Biblioteca Central da Universidade Estadual de Londrina, 2009, p. 226-234.

CASTRO, I. **Introdução à história do português**: geografia da língua – português antigo. Lisboa: Edições Colibri, 2004.

CAVALCANTE, R. A negação sentencial. In: LUCCHESI, D.; BAXTER, A.; RIBEIRO, I. (Org.). **O português afro-brasileiro**. Salvador: EDUFBA, 2009. p. 251-268.

CAVALCANTI, L.; TONHATI, T. Características sociodemográficas e laborais da imigração haitiana no Brasil. **Périplos**, n. 1, v. 1, p. 68-71, 2017. Disponível em: <https:// periodicos.unb.br/index.php/obmigra_ periplos/article/view/5882>. Acesso em: 30 jul. 2022.

CAVALCANTI, L. et al. Os imigrantes haitianos no Brasil: a empregabilidade dos haitianos no mercado de trabalho brasileiro. In: CAVALCANTI, L. et al. (Org.). **A inserção dos imigrantes no mercado de trabalho brasileiro.** Relatório Anual 2015. Observatório das Migrações Internacionais; Ministério do Trabalho e Previdência Social/Conselho Nacional de Imigração e Coordenação Geral de Imigração. Brasília, DF: OBMigra, 2015. p. 40-65.

CERQUEIRA, M. S. de; SILVA, L. A. da. Colocação pronominal e ensino de português: possibilidades metodológicas para a educação básica. **Linguística Scripta,** v. 25, n. 53, p. 618-651, 29 jun. 2021. Disponível em: <http://periodicos.pucminas.br/index.php/scripta/article/view/24165/18342>. Acesso em: 12 ago. 2022.

CHIARADIA, C. **Dicionário de palavras brasileiras de origem indígena.** São Paulo: Limiar, 2008.

COELHO, I. L. et al. **Para conhecer sociolinguística.** São Paulo: Contexto, 2015.

COELHO, O. F.; DANNA, S. M. G.; POLACHINI, B. S. O português do Brasil em gramáticas brasileiras do século XIX. **Revista do Instituto da Língua Portuguesa,** n. 46, p. 115-141, 2014.

COELHO, O.; SILVA, W. S. Páginas de história da terminologia relativa ao português brasileiro. In: CASTILHO, A. T. (Coord.). **História do português brasileiro:** o português brasileiro em seu contexto histórico. São Paulo: Contexto, 2018. p. 72-96.

COSERIU, E. **Teoria del linguaje y linguística general.** Madrid: Editorial Gredos, 1973.

CPLP – Comunidade dos Países de Língua Portuguesa. **Objectivos.** Disponível em: <https://www.cplp.org/id-2763.aspx>. Acesso em: 15 ago. 2022.

CRISTÓFARO SILVA, T. **Dicionário de fonética e fonologia.** São Paulo: Contexto, 2011.

CRISTÓFARO SILVA, T. **Fonética e fonologia do português.** 11. ed. São Paulo: Contexto, 2017.

CRYSTAL, D. **A Dictionary of Linguistics and Phonetics.** 6. ed. Oxford: Blackwell Publishing, 2008.

CUNHA, C.; CINTRA, L. **Nova gramática do português contemporâneo.** 7. ed. Rio de Janeiro: Lexikon, 2017.

CYTRYNOWICZ, R. Além do Estado e da ideologia: imigração judaica, Estado-Novo e Segunda Guerra Mundial. **Revista Brasileira de História,** São Paulo, v. 22, n. 44, p. 393-423, 2002. Disponível em: <https://www.scielo.br/j/rbh/a/J6m9LrTrTqqTWdYtq4ZYwPP/?lang=pt&format=pdf>. Acesso em: 30 jul. 2022.

DIAS, L. S.; GOMES, M. L. de C. **Estudos linguísticos:** dos problemas estruturais aos novos campos de pesquisa. 2. ed. Curitiba: InterSaberes, 2015.

DIMMICK, R. E. I. **Pequeno manual de fonética americana.** São Paulo: União Cultural Brasil-Estados Unidos, 1950.

ELIA, S. Brasileirismos: eu vi ele. In: BECHARA, E. **Estudo da língua portuguesa:** textos de apoio. Brasília: Fundação Alexandre de Gusmão, 2010. p. 169-180.

ENGELBERT, A. P. P. F. **Fonética e fonologia da língua portuguesa.** Curitiba: InterSaberes, 2012.

ENTWISTLE, W. J. **The Spanish Language.** London: Faber & Faber, 1936.

FACHIN suspende lei de Rondônia que proíbe linguagem neutra em escolas. **Consultor Jurídico,** 17 nov. 2021. Disponível em: <https://www.conjur.com.br/2021-nov-17/stf-suspende-lei-proibe-linguagem-neutra-instituicoes-ensino>. Acesso em: 15 ago. 2022.

FARACO, C. A. **História do português.** São Paulo: Parábola, 2019.

FARACO, C. A. Lusofonia: utopia ou quimera? Língua, história e política. In: LOBO, T. et al. (Org.) **Rosae**: linguística histórica, história das línguas e outras histórias [online]. Salvador: EDUFBA, 2012. p. 31-50. Disponível em: <https://books.scielo.org/id/67y3k/pdf/lobo-9788523212308-05.pdf>. Acesso em: 20 ago. 2022.

FARACO, C. A. **Norma culta brasileira**: desatando alguns nós. São Paulo: Parábola Editorial, 2008.

FERNANDES, P. D. et al. Os processos de formação de neologismos: uma análise nas redes sociais. **Revista Philologus**, Rio de Janeiro: CiFEFiL, ano 21, n. 61 supl., jan./abr. 2015.

FIORIN, J. L. A linguagem politicamente correta. **Revista Linguasagem**, São Carlos, v. 1, n. 1, p. 1-5, 2008.

FIORIN, J. L.; PETTER, M. **África no Brasil**. 2. ed. São Paulo: Contexto, 2020.

FREITAS, L. G.; ISQUERDO, A. N. Nomes para *cachaça* no Brasil Central: estudo na fala dos habitantes das capitais. In: AGUILERA, V. A.; ALTINO, F. C.; ISQUERDO, A. N. (Org.). **Atlas Linguístico do Brasil**: descrevendo a língua, formando jovens pesquisadores... Londrina: Biblioteca Central da Universidade Estadual de Londrina, 2009. p. 131-138.

FREITAS, J. A ziquizira. **Folha de S.Paulo**, 2 nov. 2004. Disponível em: <https://www1.folha.uol.com.br/fsp/brasil/fco211200405.htm>. Acesso em: 12 ago. 2022.

FREYRE, G. **Casa-grande & senzala**: formação da família brasileira sob o regime da economia patriarcal. 48. ed. São Paulo: Global, 2003. (Introdução à História da Sociedade Patriarcal no Brasil, v. 1).

GANANÇA, J. H. L. Neologia e neologismos no português brasileiro: principais ideias. **Revista GTLex**, v. 4, n. 1, p. 33-53, 2018.

GOMES, A. C. Imigrantes italianos: entre a italianità e a brasilidade. In: IBGE – Instituto Brasileiro de Geografia e Estatística. **Brasil**: 500 anos de povoamento: Rio de Janeiro: IBGE, 2000. p. 159-177. Disponível em: <https://biblioteca.ibge.gov.br/visualizacao/livros/liv6687.pdf>. Acesso em: 28 ago. 2022.

GOMES, A. K. Governo de Rondônia proíbe uso da linguagem neutra em escolas públicas e privadas. **G1**, 21 out. 2021. Disponível em: <https://g1.globo.com/ro/rondonia/noticia/2021/10/21/governo-de-rondonia-proibe-uso-da-linguagem-neutra-em-escolas-publicas-e-privadas.ghtml>. Acesso em: 15 ago. 2022.

GOMES, M. L. de C. **Metodologia do ensino de Língua Portuguesa**. 2. ed. Curitiba: InterSaberes, 2015.

GONÇALVES, C. R. De vossa mercê a cê: caminhos, percursos e trilhas. **Cadernos do CNLF**, Rio de Janeiro: CiFEFiL, v. XIV, n. 4, tomo 3, p. 2535-2550, 2020. Disponível em: <http://www.filologia.org.br/xiv_cnlf/tomo_3/completo_tomo_3.pdf>. Acesso em: 22 ago. 2022.

GONZAGA, L.; TEIXEIRA, H. **Assum-preto**. 1950. Disponível em: <https://www.letras.mus.br/luiz-gonzaga/47082/>. Acesso em: 13 set. 2022.

GONZAGA, L.; TEIXEIRA, H. **Juazeiro**. 1949. Disponível em: <https://www.letras.mus.br/luiz-gonzaga/261213/>. Acesso em: 13 set. 2022.

GUIDA, A. A. **Regência verbal em textos jornalísticos**: variação e norma. 148 f. Dissertação (Mestrado em Letras) – Universidade Federal Fluminense, Niterói, 2013. Disponível em: <https://app.uff.br/riuff/handle/1/9695>. Acesso em: 12 ago. 2022.

GUY, G. **Linguistic Variation in Brazilian Portuguese**: Aspects of Phonology, Syntax and Language History. Dissertation in Linguistics Presented to the Graduate Faculties of the University of Pennsylvania in Partial Fulfillment of the Requirements for the degree of Doctor of Philosophy, 1981.

HOLM, J. Creole Influence on Popular Brazilian Portuguese. In: GILBERT, G. G. (Ed). **Pidgin and Creole Languages**: Essays in Memory of John E. Reinecke. Honolulu: University of Hawaii Press, 1987. p. 406-429.

ILARI, R. **Linguística românica**. 2. ed. São Paulo: Contexto, 2018.

ILARI, R.; BASSO, R. **O português da gente**: a língua que estudamos, a língua que falamos. 2. ed. São Paulo: Contexto, 2009.

IBGE – Instituto Brasileiro de Geografia e Estatística. **O Brasil indígena**: língua falada. Disponível em: <https://indigenas.ibge.gov.br/estudos-especiais-3/o-brasil-indigena/lingua-falada>. Acesso em: 29 jul. 2022.

IPA – International Phonetic Association. **The International Phonetic Alphabet**, rev. to 2020. Disponível em: <https://www.internationalphoneticassociation.org/IPAcharts/IPA_chart_orig/pdfs/IPA_Kiel_2020_full.pdf>. Acesso em: 29 ago. 2022.

JYE, C. T.; SHYU, D. J. Y.; MENEZES JR., A. J. B. Os imigrantes chineses no Brasil e a sua língua. **Synergies Brésil**, n. 7, p. 57-64, 2009. Disponível em: <https://gerflint.fr/Base/Bresil7/chen.pdf>. Acesso em: 30 jul. 2022.

KALTNER L. F.; TEIXEIRA, V. L.; SANTOS, M. C. S. Gaspar da Índia: o língua e o Brasil quinhentista. **Confluência**, Rio de Janeiro, n. 57, p. 9-35, 2019. Disponível em: <https://revistaconfluencia.org.br/rc/article/view/328/200>. Acesso em: 26 ago. 2022.

LAGARES, X. C. Continuidades e rupturas linguísticas na Península Ibérica. **Revista da Abralin**, v. 10, n. 4, p. 123-151, 2011.

LAGARES, X. C. Galego-português-brasileiro: os desafios de uma perspectiva histórica integrada. In: LAGARES, X. C.; MONTEAGUDO, H. (Org.). **Galego e português brasileiro**: história, variação e mudança. Niterói: Ed. da UFF, 2012. p. 11-36.

LOREGIAN-PENKAL, L. Tu e você no Paraná. In: FAGUNDES, E. D.; LOREGIAN-PENKAL, L.; MENON, O. P. S. **O falar paranaense**. Curitiba: Ed. da UTFPR, 2015. p. 99-112.

LUCCHESI, D. A concordância em estruturas passivas e de predicativo do sujeito. In: LUCCHESI, D.; BAXTER, A.; RIBEIRO, I. (Org). **O português afro-brasileiro**. Salvador: EDUFBA, 2009a. p. 373-388.

LUCCHESI, D. A deriva secular na formação do português brasileiro: uma visão crítica. In: LOBO, T. et al. (Org.) **Rosae**: linguística histórica, história das línguas e outras histórias [online]. Salvador: EDUFBA, 2012. p. 249-274.

LUCCHESI, D. A língua mina-jeje no Brasil: um falar africano em Ouro Preto do século XVIII. **Delta**, v. 20, n. 1, p. 171-179, 2004.

LUCCHESI, D. A periodização da história sociolinguística do Brasil. **Delta**, v. 33, n. 2, p. 347-382, 2017. Disponível em: <https://www.scielo.br/j/delta/a/NGxLPBSqNXYNGhFtwqrrwgh/?format=pdf&lang=pt>. Acesso em: 25 jul. 2022.

LUCCHESI, D. A realização do sujeito pronominal. In: LUCCHESI, D.; BAXTER, A.; RIBEIRO, I. (Org.). **O português afro-brasileiro**. Salvador: EDUFBA, 2009b. p. 167-184.

LUCCHESI, D. As duas grandes vertentes da história sociolinguística do Brasil (1500-2000). **Delta**, v. 17, n. 1, p. 97-130, 2001.

LUCCHESI, D. História do contato entre línguas no Brasil. In: LUCCHESI, D.; BAXTER, A.; RIBEIRO, I. (Org.). O português afro-brasileiro. Salvador: EDUFBA, 2009c. p. 41-74.

LUCCHESI, D. Língua e sociedade partidas: a polarização sociolinguística do Brasil. São Paulo: Contexto, 2015.

LUCCHESI, D. Por que a crioulização aconteceu no Caribe e não no Brasil? Condicionamentos sócio-históricos. Gragoatá, Niterói, v. 24, n. 48, p. 227-255, jan.-abr. 2019. Disponível em: <https://periodicos.uff.br/gragoata/article/view/33628/19615>. Acesso em: 12 ago. 2022.

LUCCHESI, D.; BAXTER, A. A transmissão linguística irregular. In: LUCCHESI, D.; BAXTER, A.; RIBEIRO, I. (Org.). O português afro-brasileiro. Salvador: EDUFBA, 2009. p. 101-124.

LUCCHESI, D.; BAXTER, A.; RIBEIRO, I. (Org.). O português afro-brasileiro. Salvador: EDUFBA, 2009. Disponível em: <https://repositorio.ufba.br/bitstream/ufba/209/4/O%20Portugues%20Afro-Brasileiro.pdf>. Acesso em: 22 jul. 2022.

LUCCHESI, D.; BAXTER, A.; SILVA, J. A. A. A concordância verbal. In: LUCCHESI, D.; BAXTER, A.; RIBEIRO, I. (Org.). O português afro-brasileiro. Salvador: EDUFBA, 2009. p. 331-372.

LUCCHESI, D.; MENDES, E. dos P. A flexão de caso dos pronomes pessoais. In: LUCCHESI, D.; BAXTER, A.; RIBEIRO, I. (Org.). O português afro-brasileiro. Salvador: EDUFBA, 2009. p. 471-488.

LUZ, P. S. "Há crianças portuguesas que só falam 'brasileiro'". Diário de Notícias, 10 nov. 2021. Disponível em: <https://www.dn.pt/sociedade/ha-criancas-portuguesas-que-so-falam-brasileiro-14292845.html>. Acesso em: 29 ago. 2022.

MÄDER, G. R. C; SEVERO, C. G. Sexismo e políticas linguísticas de gênero. In: FREITAG, R. M. Ko.; SEVERO, C. G.; GÖRSKI, E. M. (Org.) Sociolinguística e política linguística: olhares contemporâneos. São Paulo: Blucher, 2016. p 245-260.

MAGALHÃES, J. Vogais pretônicas. In: CASTILHO, A. T. (Coord.). História do português brasileiro: mudança fônica do português brasileiro. São Paulo: Contexto, 2019. p. 60-77.

MARINHO, J. E. P. O português brasileiro em gramáticas do final do século XIX (1880-1890): uma análise de dados sintáticos no período científico. Revista Prolíngua, v. 15, n. 1, p. 16-27, 2020.

MATEUS, M. H. M. Difusão da língua portuguesa no mundo. In: SIMPÓSIO MUNDIAL DE ESTUDOS DA LÍNGUA PORTUGUESA, 1., 2008, São Paulo. Anais... São Paulo: FFLCH – USP, 2008. p. 1-13. Disponível em: <https://dlcv.fflch.usp.br/sites/dlcv.fflch.usp.br/files/01_37.pdf>. Acesso em: 15 ago. 2022.

MATTOS E SILVA, R. V. Ensaios para uma sócio-história do português brasileiro. São Paulo: Parábola Editorial, 2004a.

MATTOS E SILVA, R. V. M. O português arcaico: fonologia, morfologia e sintaxe. 2. ed. São Paulo: Contexto, 2006.

MATTOS E SILVA, R. V. O português brasileiro: sua formação na complexidade multilinguística do Brasil colonial e pós-colonial. In: COSTA, S. B. B.; MACHADO FILHO, A. V. L. (Org.) Do português arcaico ao português brasileiro. Salvador: EDUFBA, 2004b. p. 115-138.

MENDES, E. A promoção do português como língua global no século XXI – um cenário a partir do Brasil. Linha D'Água, São Paulo, v. 32, n. 2, p. 37-64, 2019.

MERÇON, M. Imigrantes bolivianos no trabalho escravo contemporâneo. **Revista do Ceds**, v. 1, n. 2, mar./jul. 2015. Disponível em: <http://sou.undb.edu.br/public/publicacoes/revceds_n_2_imigrantes_bolivianos_e_trabalho_escravo_contem poraneo_caso_zara_marineis_mercon.pdf>. Acesso em: 30 jul. 2022.

MINGA, E. A. P. **A construção do outro na opinião pública:** representações contemporâneas do Brasil e dos brasileiros na sociedade portuguesa. Tese (Doutorado em Ciências da Comunicação) – Faculdade de Ciências Sociais e Humanas da Universidade de Lisboa, 2019.

MIOTO, C.; FIGUEIREDO SILVA, M. C. F.; LOPES, R. **Novo manual de sintaxe**. São Paulo: Contexto, 2013.

MIRANDA, G. Português brasileiro rende nota menor e discriminação em escolas e universidades de Portugal. **Folha de S.Paulo**, 3 maio. 2021. Disponível em: <https://www1.folha.uol.com.br/mundo/2021/05/portugues-brasileiro-rende-nota-menor-e-discriminacao-em-escolas-e-universidades-de-portugal.shtml>. Acesso em: 15 ago. 2022.

MOLLICA, M. C. Fundamentação teórica: conceituação e delimitação. In: MOLLICA, M. C.; BRAGA, M. L. (Org.). **Introdução à sociolinguística:** o tratamento da variação. São Paulo: Contexto, 2010. p. 9-14.

MONARETTO, V. N. O.; PIRES, C. C. O que aconteceu com o gênero neutro latino, **Revista Mundo Antigo**, v. 1, n. 2, p. 155-172, 2012.

MONTEAGUDO, H. A diversidade linguística da Península Ibérica: um panorama sociolinguístico. **Abralin ao Vivo**, 5 jun. 2020. Disponível em: <https://www.youtube.com/watch?v=DksIhNDF2ac&t=6260s>. Acesso em: 20 ago. 2022.

MONTEAGUDO, H. Galego, portugués e brasileiro no tempo: achegas para unha diacronia comparada. In: LAGARES, X. C.; MONTEAGUDO, H. (Org.). **Galego e português brasileiro:** história, variação e mudança. Niterói: Ed. da UFF, 2012. p. 37-104.

MORATO, E.; BENTES, A. C. "O mundo tá chato": algumas notas sobre a dimensão sociocognitiva do politicamente correto na linguagem. **Revista USP**, n. 115, p. 11-28, 2017. Disponível em: <https://www.revistas.usp.br/revusp/article/view/144198>. Acesso em: 29 ago. 2022.

NARO, A.; SCHERRE, M. M. P. **Origens do português brasileiro**. São Paulo: Parábola Editorial, 2007.

NARO, A.; SCHERRE, M. M. P. Sobre as origens do português popular do Brasil. **Delta**, v. 9, n. 3, p. 437-454, 1993. Disponível em: <https://revistas.pucsp.br/index.php/delta/article/view/45496>. Acesso em: 29 ago. 2022.

NASCIMENTO. M. F. B.; MENDES, A.; DUARTE, M. E. L. Sobre as formas de tratamento no português europeu e brasileiro. **Diadorim**, Rio de Janeiro, v. 20, p. 245-262, 2018. Disponível em: <https://revistas.ufrj.br/index.php/diadorim/article/view/23276/15236#>. Acesso em: 12 ago. 2022.

NOLL, V. A Evolução fonética do português do Brasil: arcaicidade e inovação. In: LOBO, T. et al. (Org.). **Para a história do português brasileiro**. Salvador: EDUFBA, 2006. p. 443-457. v. VI: Novos dados, novas análises.

OLIVEIRA, E. E. B.; ISQUERDO, A. N. Designações para "bolinha de gude" na Região Centro-Oeste: dimensões diatópicas e léxico-semânticas. In: AGUILERA, V. A.; ALTINO, F. C.; ISQUERDO, A. N. (Org.). **Atlas Linguístico do Brasil**: descrevendo a língua, formando jovens pesquisadores... Londrina: Biblioteca Central da Universidade Estadual de Londrina, 2009. p. 101-107.

OLIVEIRA, G. M. Políticas linguísticas: uma entrevista com Gilvan Müller de Oliveira. ReVEL, v. 14, n. 26, p. 382-399, 2016. Disponível em: <http://www.revel.inf.br/files/e92f933a3b0ca404b70a1698852e4ebd.pdf>. Acesso em: 29 ago. 2022.

OLIVEIRA, G. M. O. Política linguística e internacionalização: a língua portuguesa no mundo globalizado do século XXI. **Trabalhos em Linguística Aplicada**, v. 52, n. 2, p. 409-433, 2013.

OLIVEIRA, J. M. O futuro da língua portuguesa ontem e hoje: variação e mudança. 254 f. Tese (Doutorado em Língua Portuguesa) – Universidade Federal do Rio de Janeiro, 2006.

OLIVEIRA, L. A. Perífrases com gerúndio e com infinitivo preposicionado: revisitando um dos aspectos da hipótese conservadora da formação do PB. **Revista Argumento**, ano 18, n. 27, p. 41-65, 2017.

ONDJAKI. A lusofonia vista por Ondjaki. Debate conduzido por Luís Aguilar no Festival Internacional de Literatura Metropolis Bleu, maio 2014. Disponível em: <https://www.youtube.com/watch?v=01ZR7H9hyBM&t=171s>. Acesso em: 29 ago. 2022.

ORLANDI, E. P. A língua brasileira. **Ciência e Cultura**, v. 57, n. 2, p. 29-30, 2005.

PAULINO, M. Os 40 anos da Revolução dos Cravos. **Desafios do Desenvolvimento**: Revista do Ipea, ano 11, ed. 81, 5 out. 2014. Disponível em: <https://www.ipea.gov.br/desafios/index.php?option=com_conten t&view=article&id=3093&catid=28&Ite mid=39>. Acesso em: 22 jul. 2022.

PEREIRA, D. **Crioulos de base portuguesa**. Alfragide: Caminho, 2006. (Colecção O Essencial sobre Língua Portuguesa, v. 3).

PEREIRA, H. B. "Esse" versus "este" no português brasileiro e no europeu. Dissertação (Mestrado em Filologia da Língua Portuguesa) – Faculdade de Filosofia, Ciências e Letras da USP, 2005.

PINKER, S. **The Language Instinct**: How the Mind Creates Language. New York: Perennial, 2000.

PINKER, S. **Words and Rules**: the Ingredients of Language. New York: Perenial, 2000.

PONSO, L. C. Plurilinguismo e línguas em contato: uma introdução. In: SILVA, J. E. do N. et al. (Org.). **Línguas e culturas**: contatos, conflitos, nomadismos. Rio de Janeiro: Faculdade de Letras – UFRJ, 2018. p. 21-39.

POSSENTI, S.; BARONAS, R. L. A linguagem politicamente correta no Brasil: uma **língua de madeira? Polifonia**, v. 12, n. 2, p. 47-72, 2006.

PRETI, D. Dicionários de gíria. **Alfa**, São Paulo, v. 44, p. 57-73, 2000.

QUEIROZ, A. C. **Politicamente correto e direitos humanos**. Brasília: SEDH, 2004. Disponível em: <http://www.dhnet.org. br/dados/cartilhas/a_pdf_dht/cartilha_ politicamente_correto.pdf>. Acesso em: 29 ago. 2022.

QUEIROZ, T. A. P. **O Renascimento**. São Paulo: Edusp, 1995.

QUERIQUELLI, L. H. Sobre o settling do português brasileiro. **Fórum Linguístico**, v. 10, n. 3, p. 237-250, 2013. Disponível em: <https://www.researchgate.net/publication/271160876_Sobre_o_settling_do_portugues_brasileiro>. Acesso em: 29 jul. 2022.

RAMOS, S. S. O politicamente correto e a topologia da exclusão. **Revista USP**, n. 115, p. 41-50, 2017.

RIBEIRO, I. As sentenças relativas. In: LUCCHESI, D.; BAXTER, A.; RIBEIRO, I. (Org.). **O português afro-brasileiro**. Salvador: EDUFBA, 2009. p. 185-208.

RUBIO, C. F. **Padrões de concordância verbal e de alternância pronominal no português brasileiro e europeu:** estudo sociolinguístico comparativo. 391 f. Tese (Doutorado em Estudos Linguísticos) – Instituto de Biociências, Letras e Ciências Exatas, Universidade Estadual Paulista, 2012. Disponível em: <https://repositorio.unesp.br/bitstream/handle/11449/100100/rubio_cf_dr_sjrp.pdf?sequence=1&isAllowed=y>. Acesso em: 12 ago. 2022.

SABBATINI, R. M. E. **As contribuições do idioma italiano ao português:** estrangeirismos que ficaram. Campinas: Instituto Edumed, ago. 2007. Disponível em: <https://www.renato.sabbatini.com/papers/ContribuicoesIdiomaItaliano Portugues-2012.pdf>. Acesso em: 29 ago. 2022.

SAID ALI, M. História resumida da língua portuguesa. In: BECHARA, E. **Estudo da língua portuguesa:** textos de apoio. Brasília: Fundação Alexandre de Gusmão, 2010. p. 19-24.

SANTOS, A. C. C.; ISQUERDO, A. N. Designações para *papagaio de papel* e *cabra cega*: um estudo geolinguístico. In: AGUILERA, V. A.; ALTINO, F. C.; ISQUERDO, A. N. (Org.). **Atlas Linguístico do Brasil:** descrevendo a língua, formando jovens pesquisadores... Londrina: Biblioteca Central da Universidade Estadual de Londrina, 2009. p. 72-86.

SAUSSURE, F. Curso de linguística geral. Tradução, notas e posfácio de Marcos Bagno. São Paulo: Parábola, 2021.

SCHERRE, M. M. P.; NARO, A. Sobre as origens estruturais do português brasileiro: crioulização ou mudança natural? Papia: Revista Brasileira de Estudos do Contato Linguístico, v. 11, p. 40-50, 2001.

SCHWINDT, L. C. Sobre o gênero neutro em português brasileiro e os limites do sistema linguístico. **Revista da Abralin**, v. XIX, n. 1, p. 1-23, 2020.

SEARA, I. C.; NUNES, V. G.; LAZAROTTO-VOLCÃO, C. **Para conhecer fonética e fonologia do português brasileiro.** São Paulo: Contexto, 2015.

SECCO, L. Trinta Anos da Revolução dos Cravos. **Revista Adusp**, n. 33, p. 6-12, out. 2004. Disponível em: <https://www.adusp.org.br/files/revistas/33/r33a01.pdf>. Acesso em: 22 jul. 2022.

SILVA, A. P. A. Breve história da ortografia portuguesa: período, reformas e acordos. **Revista de Villegagnon**, n. 4, p. 58-63, 2009. Disponível em: <http://www.redebim.dphdm.mar.mil.br/vinculos/000004/000004c7.pdf>. Acesso em: 15 ago. 2022.

SILVA, L. C.; AGUILERA, V. A. As variantes lexicais para o *diabo* na fala paranaense e sua relação com as formas tabuizadas. In: AGUILERA, V. A.; ALTINO, F. C.; ISQUERDO, A. N. (Org.). **Atlas Linguístico do Brasil**: descrevendo a língua, formando jovens pesquisadores... Londrina: Biblioteca Central da Universidade Estadual de Londrina, 2009. p. 125-130.

SILVEIRA, A. F. S. A denominação do idioma nacional do Brasil. In: BECHARA, E. **Estudo da língua portuguesa**: textos de apoio. Brasília: Fundação Alexandre de Gusmão, 2010. p. 71-76.

SIQUEIRA, J. C. **Estudos de neologismos**. São Paulo: Agbook, 2015.

STURZA, E. R. Línguas de fronteira: o desconhecido território das práticas linguísticas nas fronteiras brasileiras. **Ciência e Cultura**, v. 57, n. 2, p. 47-50, abr./jun. 2005. Disponível em: <http://cienciaecul tura.bvs.br/pdf/cic/v57n2/a21v57n2.pdf>. Acesso em: 30 jul. 2022.

TAMMARO, R. Influenciadores digitais brasileiros podem causar mudanças na linguagem de crianças portuguesas? **Jornal da USP**, 6 dez. 2021. Disponível em: <https://jornal.usp.br/atualidades/ influenciadores-digitais-brasileiros-podem-causar-mudancas-na-linguagem-de-criancas-portuguesas/>. Acesso em: 29 ago. 2022.

TEYSSIER, P. **História da língua portuguesa**. São Paulo: M. Fontes, 1997.

UENO, L. M. M. O duplo perigo amarelo: o discurso antinipônico no Brasil (1908-1934). **Estudos Japoneses**, n. 41, p. 101-115, 2019. Disponível em: <https://www.revistas. usp.br/ej/article/view/170435/160997>. Acesso em: 30 jul. 2022.

UNILA – Universidade Federal da Integração Latino-Americana. **Institucional**. Disponível em: <https://portal.unila.edu.br/ institucional>. Acesso em: 30 jul. 2022.

VIDAL, D. Convivência, alteridade e identificações: brasileiros e bolivianos nos bairros centrais de São Paulo. In: BAENINGER, R. (Org.). **Imigração boliviana no Brasil.** Campinas: Núcleo de Estudos de População – Nepo/Unicamp; Fapesp; CNPq; UNFPA, 2012. p. 93-108.

VIEIRA, S. R. Entre o variável e o categórico: a concordância verbal e a colocação pronominal em variedades do português. In: REZENDE, L. M. et al. (Org.). **A interdisciplinaridade e a especificidade linguística**: teorias e práticas. São Paulo: Cultura Acadêmica, 2014. p. 75-98.

VITORIO, E. Ter e haver existenciais: gramática versus uso. **Revista Urutaguá**, v. 21, p. 90-98, 2010.

Bibliografia comentada

BAGNO, M. **Português ou brasileiro?** Um convite à pesquisa. São Paulo: Parábola Editorial, 2001.

Esse livro é direcionado a professores e ensina como fazer uma pesquisa com alunos sobre questões gramaticais importantes que não são inseridas nas gramáticas, porém fazem parte do português da gente, principalmente na fala, mas também na escrita.

BORTONI-RICARDO, S. M. **Português brasileiro, a língua que falamos.** São Paulo: Contexto, 2021.

Nesse livro, a autora discute diversas questões sobre a formação do português do Brasil e analisa os contínuos linguísticos, as questões dialetais e os aspectos da fonologia do português do Brasil. Além disso, trata da sintaxe, abordando a concordância verbal e nominal.

COELHO, I. L. et al. **Para conhecer sociolinguística**. São Paulo: Contexto, 2015.

Nesse livro, você vai encontrar todos os conceitos e discussões importantes sobre variação e mudança linguística. Com uma linguagem bastante acessível, os temas são tratados com a profundidade necessária para uma boa iniciação ao tema.

FARACO, C. A. **História do português**. São Paulo: Parábola, 2019.

Esse livro traz as grandes questões relacionadas à história sociopolítica e cultural da língua portuguesa. De forma crítica, o autor apresenta os fatos de acordo com uma base conceitual oriunda da linguística, da sociolinguística, da antropologia, da sociologia e da história.

FARACO, C. A. **Norma culta brasileira**: desatando alguns nós. São Paulo: Parábola Editorial, 2008.

Nesse livro, o autor realmente desata diversos nós: analisa profundamente o conceito de norma, de forma clara e crítica, e apresenta os conceitos de norma culta, norma-padrão e norma gramatical, acompanhados dos fatos históricos e sociais que fizeram dessa uma discussão acalorada atualmente.

ILARI, R.; BASSO, R. **O português da gente**: a língua que estudamos, a língua que falamos. 2. ed. São Paulo: Contexto, 2009.

Esse livro também aborda os fatos históricos, mas vai além, pois trata de quase todos os temas contemplados neste livro e apresenta diversas imagens, textos e curiosidades que ilustram os fatos históricos introduzidos nos vários capítulos.

LAGARES, X. C.; MONTEAGUDO, H. (Org.). **Galego e português brasileiro**: história, variação e mudança. Niterói: Ed. da UFF, 2012.

Recomendamos, em especial, o segundo capítulo, cujo título é "Galego, portugués e brasileiro no tempo: achegas para unha diacronia comparada", escrito por um dos organizadores, o Prof. Henrique Monteagudo. O autor apresenta uma excelente trajetória dos três sistemas linguísticos – o galego, o português europeu e o português brasileiro –, tanto histórica quanto linguística. Além disso, como o texto é escrito em galego, temos uma oportunidade de comparar essa língua com o português.

LUCCHESI, D. **Língua e sociedade partidas**: a polarização sociolinguística do Brasil. São Paulo: Contexto, 2015.

Com uma linguagem muito leve e fácil de ser entendida, mas com um conteúdo forte e crítico, o autor discute a polarização linguística no Brasil, relacionando-a com o sistema econômico e os graves processos de exclusão social no país. Ganhador do Prêmio Jabuti, em sua 58ª edição.

OLIVEIRA, G. M. Política linguística e internacionalização: a língua portuguesa no mundo globalizado do século XXI. **Trabalhos em Linguística Aplicada**, v. 52, n. 2, p. 409-433, 2013. Disponível em: <https://doi.org/10.1590/S0103-18132013 000200010>. Acesso em: 26 jul. 2022.

O texto trata da internacionalização da língua portuguesa com foco nas ações da Comunidade dos Países de Língua Portuguesa (CPLP) e no contexto do plurilinguismo.

TEYSSIER, P. **História da língua portuguesa**. São Paulo: M. Fontes, 1997.

Traduzido por Celso Cunha, esse talvez seja o livro mais citado sobre a história do português. É uma obra bastante completa e, ao mesmo tempo, concisa. Encontramos fatos históricos, como os tratados no Capítulo 1 deste livro, mas, principalmente, dados sobre o desenvolvimento estrutural da língua, desde o latim clássico, o latim imperial e o galego-português até o galego atual, o português europeu, o português brasileiro e, também, as outras variedades.

Respostas

Capítulo 1

Atividades de autoavaliação

1. a
2. c
3. b
4. d
5. d

Atividades de aprendizagem

Questões para reflexão

1. O infográfico deve conter as seguintes atividades, nesta ordem: exploração do pau-brasil com a escravização dos indígenas; cultivo da cana-de-açúcar com atividade escrava de africanos; exploração das minas em Minas Gerais, também com o trabalho dos escravizados africanos.

2. No texto, deve-se indicar que o português em Portugal é língua hegemônica e vista como uma espécie de propriedade

dos portugueses, uma vez que Portugal é o berço da língua. No Brasil, a língua é considerada hegemônica, porém convive com outras línguas que não têm visibilidade, mas são faladas por 2% da população – um contingente de duas vezes a população de Portugal. São elas: as línguas indígenas, as línguas dos imigrantes, a Língua Brasileira de Sinais (Libras). Em todos os Países Africanos de Língua Oficial Portuguesa e no Timor-Leste (Palop), o português é língua minoritária e convive com muitas outras línguas.

Capítulo 2

Atividades de autoavaliação

1. e
2. e
3. a
4. b
5. b

Capítulo 3

Atividades de autoavaliação

1. e
2. c
3. a
4. b
5. d

Atividades de aprendizagem

Questões para reflexão

1. Em Bagno (2003), os verbos iniciados com *a-*, como nos exemplos de Camões e Luiz Gonzaga, são tidos como arcaísmos. O autor argumenta que essas palavras consideradas "erradas" nos

falares regionais, rurais não padrão do Brasil são, na verdade, arcaísmos, verdadeiros "fósseis" linguísticos.

2. Embora não sejam traduções literais, a escolha de nomes de filmes pode refletir diferenças lexicais, como *garota/rapariga* e *trem/comboio*, ou preferências por uma tradução mais literal, como no caso de *Sozinho em casa* (*Home alone*), ou por um título que retrate melhor a história do filme, como *Esqueceram de mim*.

Capítulo 4

Atividades de autoavaliação

1. b
2. d
3. b
4. c
5. e

Capítulo 5

Atividades de autoavaliação

1. c
2. b
3. d
4. d
5. a

Capítulo 6

Atividades de autoavaliação

1. c
2. d
3. e
4. d
5. b

Sobre a autora

Maria Lúcia de Castro Gomes é pós-doutora em Letras pela Universidade Federal do Rio Grande do Sul (UFRGS), doutora e mestre em Linguística pela Universidade Federal do Paraná (UFPR) e graduada em Letras pela Fundação Faculdade de Filosofia Ciências e Letras, hoje Universidade Estadual do Norte do Paraná (Uenp). É professora aposentada da Universidade Tecnológica Federal do Paraná (UTFPR), onde trabalhou por dez anos. Trabalhou por oito anos no Centro Universitário Internacional – Uninter, onde coordenou o ensino de línguas e desenvolveu diversos projetos de curso. Suas pesquisas concentram-se na área de fonética e fonologia, voltadas tanto para o ensino de língua materna e estrangeira como para a fonética forense. É autora de livros publicados pela Editora InterSaberes e de artigos divulgados em diversos periódicos da área da linguagem.

Impressão: Reproset
Maio/2023